再也沒有難談的事

哈佛法學院教你如何開口，解決切身的大小事

Difficult Conversations

How to Discuss What Matters Most

道格拉斯·史東 Douglas Stone
布魯斯·巴頓 Bruce Patton
席拉·西恩 Sheila Heen／著
歐陽鳳／譯

遠流出版公司

國家圖書館出版品預行編目資料

再也沒有難談的事：哈佛法學院教你如何開口,解決切身的大小事 / 道格拉斯.史東(Douglas Stone), 布魯斯.巴頓(Bruce Patton), 席拉.西恩(Sheila Heen)作；歐陽鳳譯. -- 初版. -- 臺北市：遠流, 2014.10
面； 公分
譯自：Difficult conversations : how to discuss what matters most
ISBN 978-957-32-7493-3(平裝)

1.溝通 2.人際關係

177.1 103018054

再也沒有難談的事

哈佛法學院教你如何開口，解決切身的大小事

Difficult Conversations: How to Discuss What Matters Most

作　　者 道格拉斯・史東（Douglas Stone）、布魯斯・巴頓（Bruce Patton）、席拉・西恩（Sheila Heen）
譯　　者 歐陽鳳
執行編輯 陳希林
行銷企劃 顏妙純

發行人 王榮文
出版發行 遠流出版事業股份有限公司
地址 臺北市南昌路2段81號6樓
客服電話 02-2392-6899
傳真 02-2392-6658
郵撥 0189456-1
著作權顧問 蕭雄淋律師
法律顧問 董安丹律師

2014年10月01日 初版一刷
行政院新聞局局版台業字號第1295號
定價 平裝新台幣320元（如有缺頁或破損，請寄回更換）

ISBN 978-957-32-7493-3
YLib 遠流博識網 http://www.ylib.com E-mail: ylib@ylib.com

目錄

新版序

人情反覆，職場險惡，但這本書可以幫你維護權益

十多年前，這本書剛完成的時候，我們希望既能滿足讀者在工作職場上的需要，又能幫助讀者改善自己的人際關係。十年後的今天，很高興的是，這兩個目的都達成了。

本書的對話技巧，翻轉了許多人的生命。我們常收到各種電子郵件，寄件人分享了他們如何使用這本書裡的對話技巧，翻轉了他們的生命。我們也常聽到各種故事，告訴我們這本書如何挽救了一段婚姻關係，修復了手足情誼。有的父母利用這本書跟孩子溝通有關「晚上怕黑」這件事，也有人利用這本書的技巧，和即將去世的朋友談論死亡、愛及繼續活著的親人等話題。曾有夫妻使用這本書來消弭彼此間對於教養觀念的差異，或利用這本書和青少年子女溝通。有些人則是採用本書的技巧，向鄰居抱怨對方聲音太大。當然，也有人告訴我們：「老婆丟了這本書過來叫我看，還不錯啦。」對於這些願意花時間分享親身經驗的朋友，我們報以十二萬分的感謝！

職場上也對這本教導人如何講話的書大表歡迎，一般都肯定這本書是面對艱難挑戰時的最佳指

引，也就是利害關係不同的人之間產生了棘手問題，可用本書做出明智的決定；面對低劣的績效，該怎麼提出改善意見；如何要求懶散的單位發揮功能；該怎麼讓優秀的團隊更上層樓。從新進人員到最高總裁，都曾經藉著這本書的指引而打破低潮，提振士氣，跳脫表面一團和氣的文化，從而達到真正的效率、公開和相互尊重。

最令人驚訝的是，這本書的觸角無遠弗屆。有位舞蹈老師利用這本書教導學員學習阿根廷探戈舞曲；巴勒斯坦的教育家利用這本書的阿拉伯文版本，設計了一系列溝通課程；以色列人利用這本書的希伯來文版本，協助解決各種外部及內部衝突；在中部非洲的蒲隆地境內，胡圖族和圖西族連年爭戰之後，兩族的領導人展開合作，利用這本書的法文版本，為該國年輕的下一代制定了一套解決衝突的計畫。許多國際組織也利用這本書解決跨文化工作中的挑戰。據瞭解，國際太空站上面已經上傳了本書二十五種語言版本——那裡空間狹小，很容易發生衝突。

無論是北海鑽油設備的操作者、阿拉斯加北坡因紐特族談判專家（該地油藏量豐富），還是沙烏地阿拉伯國家石油公司內部的商業領袖，都曾經接受過本書內容的訓練。這本書也受到波士頓地區性侵害危機中心、聯合國愛滋病防治總部及各地辦事處的廣泛採用。全美國的醫師、護士及醫療行政人員也都曾經借助這本書的內容，為病患提供更好的醫療照顧，並且打造出更人性的工作環境。

在美國政府內部，司法部、國稅局、聯邦儲備局以及郵局等部門也都引進了這本書。白宮最近的一次內閣改組中，本書更獲選為指定閱讀書籍，提供給一千六百位重要的政治任命人選閱讀。全美國各大學、法商學院、高中老師、成長顧問、心理治療師以及牧師也都紛紛推薦這本書。

這一切，要如何解釋呢？只能說：人就是人。人同此心，心同此理。

每個人都擁有自己的認知、思想及感受。而與我們一同工作、一同生活的人，也都會有他們各自的認知、思想及感受：

●你任職的機構擁有非常扁平化的組織，大家的目標齊一，組織規模適當又沒有閒人。可是，你還是受不了你的老闆。

●你坐了三千英里的飛機，又開了兩個小時的車，才辛苦見到年邁獨居的老爸。但他第一句話卻是責備你：「怎麼這麼晚才來！」

●你有四個電郵信箱，又有兩個語音信箱，工作關係最密切的五個同事也都坐在你旁邊。可是卻沒有一個人能夠告訴你：大家打心底覺得你這人很難相處。

●你費盡苦心，卻一直沒辦法讓銷售團隊、製造團隊及產品開發團隊齊心合作。

人就是人。人同此心，心同此理。這句話今日聽來真實無比，這句話十年前就已經是真理，幾萬年前也是真理：「這次打獵會成功，都是我籌劃出來的，可是我才分到這一點點肉？這樣公平嗎？！」

不管我們年紀多老，不管我們官做多大，都必須處理高難度對話。就算是在工作環境最佳、效率最佳的組織內，也存在著高難度對話。一般人眼中的模範家庭裡有它，熱戀情人和多年老友之間也有它。事實上，我們可以很合理的說，如果能妥善處理高難度對話，則彼此的關係就不會太差。如果能用有建設性的方法處理生活中無法避免的壓力，彼此的關係就會更持久。如果兩人願意而且能夠共渡難關，就會更加信任對方，因為兩人知道，彼此之間的關係經得起考驗。

從緊張關係中找到解決問題的方法。本書之所以受到歡迎，原因一方面在於，從個人的層次來看，本書可以幫助一般人在家庭或工作的緊張關係中找到解決問題的辦法；另一方面，本書也有更廣大的組織需求，所以才會受到商業界的重視——商業界已經體認到，一個組織能不能長期成功或永續存在，全都看這個組織是否有能力妥善處理高難度的話題。

為什麼這麼說呢？因為全球競爭非常激烈，加上科技發展太快，任何組織想要存續下來，就必須快速應變及調整；而一個組織能不能快速的應變與調整，前提在於該組織是否能夠妥善處理高難度對話。

當然，商界人士談到「下一個重大變革」的時候，多少都會有點懷疑；每當聽說要推動學習型組織、全面品質管理、流程改造或其他新想法時，大家就開始覺得不以為然。這時往往會有企管顧問帶著研究成果出現，鼓吹如果採用創新的做法會帶來多大的好處，然後公司就會大張旗鼓推動各項專案，可是到頭來總是虎頭蛇尾草草收場，最初承諾的大部分好處也都沒有看到。

就我們來看，這並不表示那些研究不對或太誇張，好處的確存在；也並不是因為相關人員懶散或漠不關心，相反的，大部分的人都會很關心也都積極投入這些專案。

推動變革的關鍵在於如何處理「高難度的話題」。我們相信，變革經常會失敗的原因在於，若要成功執行變革，則相關人員終究必須針對高難度的話題進行高難度的對話，可是若相關人員沒有足夠的技能處理這類高難度對話，變革就會失敗。

不可避免的，每個人對於事情的優先順序、投資的水準、成功的衡量標準以及正確的步驟等等，都有各自不同的見解。若每個人都各執己見，認為只有自己是對的，而且將意見與自己相反的人都打成是本位主義，則變革的進度當然就會遲滯不前。

此時決策會變得很緩慢，就算後來做出決策，也缺乏執行單位的認同，大家的關係也就惡化了，最後只好灰頭土臉的放棄變革。當初推動變革的人也就把焦點轉移到其他的挑戰，或開始追逐又一次的「下一個重大變革」。

因此，想要完成任何重大變革，就必須具備有效處理高難度對話的能力。

處理高難度對話的技能，除了有助於於達成重大變革之外，對於日常的例行業務也越來越重要。現實的競爭壓力迫使大部分企業必須擴大規模，以提升效率及競爭優勢。許多產業的觸角已遍及全球，而由於必須對市場做出快速、彈性且適當的回應，許多組織都已經扁平化，希望讓經營決策更趨精緻，做事更有效率。

在這樣的情況下，勢必引發更多衝突，因此也更加需要進行高難度的對話。

請想想看：你上班的組織裡，人們是否能夠直接、自動而妥善的處理衝突？還是說，大家都利用電子郵件及茶水間的閒聊來抱怨公司有多無能，卻沒有談到最重要的事？我們曾與無數的企業合作過，但真的忍不住要說，有的企業生存下來的唯一原因，竟然只是因為競爭對手在處理最重要的事情上，表現得跟他們一樣糟糕。

有效處理衝突，可將歧異化為競爭優勢。未來的壓力只會越來越大，要求每個人都必須更快速、更有效地工作。過去二十多年以來，企業一直專注於製程及技術的改良，不斷壓低成本，現在的成本已經低到不能再低了。未來十年或五十年間，如果想要突破局勢，就必須讓人員學習如何以更有效的方法處理衝突，並將這樣的技能發展成競爭優勢。理想的話，如果能將衝突及歧異的觀點做一個妥善、有效的處理，則這些衝突和歧異就會成為競爭力的資產，也會推動快速學習與創新。

好處是：如果公司可以培養領導人的這些核心溝通技能，競爭對手將望塵莫及。

＊＊＊

在最新版中，我們決定不去變動原本的主要內容，但透過「關於高難度對話的十個問題」這個新單元，我們新增了讀者的一些回饋，以及我們在輔導及諮詢過程中的經驗，同時也針對有些重要主題做了評論。希望這些新增的資料可以幫助讀者更深入、更廣泛的瞭解如何處理高難度的對話。也希望能藉此激發出新的議題。

一個感人的實例。最後，讓我們用一個感動我們的故事來做結論。過去幾年來，與眾多讀者無數的信函中，有很多讓我們非常感動的故事。我們盡量讓每一封來函都能獲得回覆，有時候也會透過通信和讀者進行很長的對話。以下就是這個故事。①

二〇〇二年初，一位名叫阿里的美籍阿拉伯裔父親寫了封電子郵件給本書作者之一席拉，因為阿里已經束手無策了，無法處理他十一歲兒子的棘手問題。他相信兒子偷了他的錢，但兒子死也不肯承認。該怎麼辦？他告訴我們：「我從你們的書裡學到，不能用責備的方法。這點我雖然同意，但總也該弄清事實的真相吧？」

席拉最初只想簡單告訴他說，是啊，做父母的，有時的確必須直接面對孩子的問題，好好教訓他們一頓，尤其是偷了錢還撒謊的小孩。但席拉除了這麼說之外，還另外提出了幾項建議。首先，她請阿里持續探究兒子心底真正的感受。其次，她並提醒阿里：事情的真相如何，阿里可能還沒全盤掌握。

幾天後，席拉收到了這封電子郵件：

席拉妳好：

非常感謝妳在百忙中回信。

雖然很難，但我還是主動跟兒子好好談了一下，終於發現了事情的原委。原來自從發生了可怕的九一一恐怖攻擊事件之後，身為阿拉伯裔，兒子在學校遭到同學的霸凌。為了不要繼續挨揍，他只好不斷花錢消災。

他不敢告訴我們，主要是有兩個原因：第一，因為我們夫妻有很多朋友都是美國人，兒子認為我們不可能會瞭解他的狀況。第二，學校的那幫人把他嚇到了，他覺得，若把事情抖出來，他們一定會更凶狠的報復。

自從九一一恐怖攻擊事件之後，我們一直盡力向他說明當天的狀況，希望瞭解他對那件事的感受。但他總是不太想談，他總是說沒事沒事。很不幸，我把他的話信以為真，卻沒有更深入的探究。我最初有所顧忌的原因是，我知道他一直是個善解人意、有同情心而又誠實的孩子，即使發生再多事情，我也不相信他是個壞孩子。經過這次，我們談了很多，我希望他能信任我們，不論遇到多困難的情況，他都可以來找我們幫忙。

非常感謝妳的協助，真心祝福妳。

阿里 敬上

阿里，謝謝你跟我們分享你與兒子的溫馨談話。謹將本書的全新版獻給你，也獻給每一位和我們分享勇氣與故事的讀者。

道格拉斯・史東（Douglas Stone）

布魯斯・巴頓（Bruce Patton）

席拉・西恩（Sheila Heen）

①我們已獲阿里同意將他的故事分享出來。為求精簡，他的信函已經略做編輯。

寫在前面

哈佛大學法學院談判中心曾經出版一本廣為人知的《哈佛這樣教談判力》（Getting to Yes），主要討論談判與解決問題的能力，銷售量迄今已逾三百萬本。那本書自從一九八一年發行以來，已使全球許多讀者明白，談判雙方必須拋棄對立心態，共同創造雙贏局面，才能發揮最大效益。

這種拋棄對立、共創雙贏的溝通原則，一般又稱為「哈佛方法」（the Harvard Method），強調輕鬆的雙向溝通。可是每當我們真正要談判的時候，或者是在日常生活當中的許多小事上，我們卻經常因為各種理由而停止和對方對話，甚至是拒絕溝通。有時候即使說了，反而把事情弄得更糟，各種感覺如氣憤、自責、受傷等也油然而生、。我們越堅持自己沒錯的時候，和我們對立的他方也更相信他沒錯。

這就是本書要處理的範圍，也正是本書之所以如此實用、有這麼大需求的原因。本書探討的是：為什麼雙方的對話會變得很困難？我們為什麼不敢面對高難度的對話？我們為什麼無法妥善處理高難度的對話？雖然撰寫本書最初的動機是希望對於談判者有幫助，可是本書內容的影響力卻更為深遠。本書探討的是人際互動的關鍵問題，可以應用在我們和子女、父母、房東、房客、供應商、客戶、銀行、經紀商、鄰居、團隊成員、病患、員工以及同事等之間的關係上。

本書的三位作者都是我在哈佛法學院的同事，他們將在本書中引導我們，為各種人際關係打開更豐碩的大門。他們也會告訴讀者，我們必須具備哪些必要的心態、思維和表達技巧，才能在人際關係、商場交易甚或國際事務上，跨越人與人之間因經驗、信仰及感受不同而產生的鴻溝，進而達成有效的溝通。

本書教授的技巧可用於處理商業組織中的嚴重衝突，將這些衝突從競爭力的絆腳石轉化成公司進步的動力。在個人層次上，這些技巧可以幫助我們經營美滿的婚姻，拉近親子的距離，癒合撕裂的情感，創造更好的明天。

第二次世界大戰期間，我曾在美國陸軍航空隊服役多年，退伍後才知道我的室友、最好的兩個朋友以及幾十位同學都已戰死沙場。從那個時候開始，我便致力研究如何處理人與人之間的差異，為下一代更美好的未來而奔走；並號召更多理想相同的有志之士一起努力。現在，由哈佛談判中心的年輕同事完成了這本驚世好書，讓我感到無比欣慰，慶幸人類又向這些目標跨進了一大步。

羅傑・費雪（Roger Fisher），哈佛法學院教授，
《哈佛這樣教談判力》作者，於麻薩諸塞州劍橋市

前言

向老闆要求加薪。想要結束已經變調的感情。必須打出攸關他人前途的考績。回絕有需要協助的人。要求對方不要繼續對我們不敬或傷害我們。在團體中反對大多數人的意見。向他人道歉或請求原諒。

不論是上班、在家還是跟左鄰右舍打交道，我們每天總是在思索著如何進行或如何逃避以上的這類「高難度對話」。

所謂「高難度對話」，就是你覺得不好開口或很難討論的事

一講到「不太方便談」的事，許多人都會聯想到性傾向、種族、性別、政治以及信仰等議題。但真正令人感到不自在或尷尬的，並不僅限於這些常見於報章雜誌的主題。每當我們與人交談時，若覺得自己會受到傷害或自尊受損，或如果正在討論的是自己非常關切的話題，或是和自己非常關切的人討論這些話題，那麼我們就可說是正在面臨一場「高難度」或「令人不舒服」的對話了。

大家都曾經有過讓自己害怕或不舒服的談話。對於這種談話，我們能逃就逃，逃不掉的才會像吞

苦藥一般去面對。舉例來說：

公司有位老工程師已經不中用了，他是你多年老友。可是管理階層要你去開除他。

妳無意間聽到婆婆跟鄰居抱怨，說妳把孩子都寵壞了，一點規矩也沒有。而此時妳們正準備去她家渡假，真不曉得妳們婆媳倆能不能和平度過這幾天，不要吵起來。

你正在著手的案件需要更多的時間才能完成，比你原先告訴客戶的時間多出一倍。對於多出來的時間，如果不計費的話就虧大了也賠不起，但是你又不敢向客戶開口要求。

好想跟老爸說你有多愛他，但又怕這麼親暱的話會搞得兩個人肉麻兮兮的。

最近聽到警隊裡幾個黑人同事說你為了拍白人上司馬屁而甘願出賣親朋好友。雖然你一肚子火，但又覺得如果和他們講開來，可能也於事無補。

還有很多日常生活裡的瑣事要處理，這些日常瑣事看似稀鬆平常，但真要面對的時候還是令人煩惱。例如想要退貨的時候偏偏找不到發票；吩咐秘書去做一些影印之類的工作；告訴油漆工不要在你家裡抽菸等等。這類的互動我們總是能拖就拖，逼不得已必須面對的時候往往又吞吞吐吐。有些事情我們會放在腦子裡反覆推敲演練，希望事前就先想好要怎麼說，但又在事後才覺得似乎不該那麼說。

這些狀況，為什麼永遠是這麼難以面對呢？那是因為我們害怕這些事情的後果——不論是主動提出這些問題之後必須面對的後果，或者是逃避這些問題會帶來的後果。

逃避還是面對，都不是好辦法

我們都經歷過以下這種左右為難的困境：腦子裡反反覆覆想著同樣的問題，不知到底是該攤開來講，還是該自己吞忍下去才好？

舉例來說，鄰家養的狗深夜叫個不停，吵死了。你在想：「要不要找飼主理論一番？」剛開始你決定不用講了，反正多一事不如少一事，也許過一會兒狗就不叫了，也許漸漸你就習慣了。但才這樣想，那隻死狗又叫了，於是你下定決心明天要找鄰居談談，圖個一勞永逸。

決定之後，現在你又開始為了另一個問題搞到失眠：想到可能會為了條狗和鄰居吵架，你整個人就焦慮起來。你希望和鄰居好好相處，也懷疑自己是不是有點反應過度。於是最後你又決定算了，別說了。想到這裡，你不安的心也平靜了下來。但是，好不容易才剛要睡著的時候，那隻神經兮兮的狗又像見了鬼似的嚎叫起來。你再次陷入猶豫，思前想後的拿不定主意。

似乎不論怎麼決定，都無法讓自己安然入睡。

為什麼在「逃避」與「面對」這兩個選項之間，會這麼難抉擇呢？因為在某種程度上我們知道：如果逃避問題，就會覺得自己吃虧了，心情會因此沮喪，會責怪自己為什麼不敢挺身捍衛自己的權益，同時也害得別人喪失了改善問題的機會。但是，如果選擇面對問題，事情可能變得更糟，我們可能會被拒絕，甚或受到污衊，也可能在無意間傷害了對方，彼此的關係因而破裂。

沒有所謂包了糖衣的苦藥

我們都想要跳脫這樣進退兩難的窘境，我們不知道有沒有更圓融的方法，可以將所有事情處理到皆大歡喜的結局。

圓融固然很好，但卻不能解決所有的「高難度對話」。圓融不會讓你與父親的談話變親密，也沒辦法讓客戶快樂接受漲價。沒有任何簡單圓融的方法可以用來炒朋友魷魚，或讓婆婆知道她搞得妳抓狂，或幫助你面對同事傷人的偏見。

開啟一段「高難度對話」，其實就像丟手榴彈一樣，不論有沒有裹上糖衣，也不論是用力丟還是輕輕丟，只要丟出去都會造成傷害。即便你盡了全力，也不可能丟出一顆受人歡迎的手榴彈，不可能避免手榴彈會爆炸的結果。但如果選擇不把話說出來而一味的隱忍，也未必高明。若你決定壓住情緒，就像拉開手榴彈的保險，卻又握在手裡不丟出去一樣。

所以，我們會覺得好像卡住了。常見的「圓融」或「正面積極」這種建議並無法幫到我們，問題沒那麼簡單，答案當然也必須更深入。

這本書可以幫助你解決這些問題

其實，前述的情況是有辦法可以解決的！在「哈佛談判專案中心」的課程裡，我們幫助過成千上萬的人，協助他們面對各種高難度的、令人不舒服的對話。我們也找到了方法，可以降低這類談話的壓力，並且讓這類談話更有效果。運用我們的方法，你既可以真誠、友善待人，同時又能以更具創意的方式，解決棘手的人際問題。不論對方願不願意配合，你都可以平心靜氣的面對問題，處理問題。

本書中，我們將協助你跳脫這種「必須要扔手榴彈」的困境。其實，只要能超越傳遞訊息、接受訊息的模式，便可以將毀滅性的訊息大戰，轉變成建設性的談話，也就是我們稱之為「學習型」的談話（Learning Conversation）。

結果會讓你滿意的

當然，想要提升自己處理「高難度對話」的能力，可得下一番苦功夫才行。這樣很像要你改變高爾夫球的揮桿姿勢，也像把駕駛座改到右邊然後靠左行駛，或像是學習新的語言一樣，改變之初總是會彆彆扭扭的。想要突破自己的舒適圈也不是件容易的事，有時充滿了危險和威脅，有時必須嚴格自我反省，有時候必須徹底改變才能成長。雖然如此，但我們寧可奮力一搏，也不願坐以待斃。

改變的回報是豐厚的。只要遵循本書的步驟，你就會發現，所有的高難度對話變簡單了，再也不會引起焦慮了。你的談話會更有效率，結果會更令你滿意。當焦慮程度降低，而滿意度提升的時候，你就會發現，再也沒有你不敢面對的話題了。

事實上，上過我們課的人都學到了新的方法，可以面對最具挑戰性的話題。他們表示，不管面對哪種談話，自己都已經沒那麼焦躁了，談話的效果也提升了，再也不擔心對方會說什麼了。他們說，即使情況依舊困難，但他們更有自信，更有尊嚴，行動也更加自由。他們也發現，如果能夠用建設性的方式處理高難度、令人不舒服的議題和棘手的狀況，就有機會強化對話雙方的關係。如此大好機會，切勿錯失！

真的這麼好嗎？

如果你還在懷疑是否真的會有這麼好的方法，我們也可以理解。這類問題可能已經困擾了你好幾個星期、好幾個月，甚至好幾年了。人世之間的問題永遠是千頭萬緒，牽涉的人形形色色，牛鬼蛇神，怎麼可能光靠讀一本書就想搞定？

一本書可以告訴你的人際互動技巧的確有限。我們並不知道你的實際狀況，也不知道你面對的困難，更不知道你擁有的優點及缺點。但是我們發現，不論內容如何，所有的「高難度對話」背後都有相同的原因；而人類面對「高難度對話」之際，無論在思考及行為上所犯的錯誤，也都是類似的。不論你遇到的是什麼事或什麼人，這本書一定能幫助你。

的確，不管你多能幹，有些狀況就是無法改善。有些人可能無法控制自己的情緒，有的事情可能太過嚴重，有些衝突可能非常強烈，實在不可能靠一本書來解決；即便是有專業團隊介入斡旋，可能也無濟於事。但我們曾經輔導的千百個案例中，有許多乍看之下似乎完全無解，後來卻也能撥雲見日。來找我們幫忙的人常常說：「我需要一些建議，不過我先警告你們，我的狀況根本無解。」結果最後我們證明了他們的看法錯了。我們就是有辦法和他們一起找出解決之道，對他們的「高難度對話」產生重大的正面影響。

當然，你可能還沒有準備好要面對困難的狀況或關係，可能正在自怨自嘆或自我療傷，可能只是需要一點時間來自我調適；你也可能是氣炸了，或是一時搞不清楚自己的目標在哪裡。就算你現在不打算做任何實質的對談，這本書仍有助於理清你自己的感受，讓你朝著更好的處境前進。

眼光要放遠

你自己都還沒有想到、但我們卻可以建議的事情，可能還不少。因為，問題並不在於你有沒有努力去尋找「高難度對話」的答案，而在於你有沒有正確的觀點。其實，問題不在於你的行動，而是你的想法。如果你只想用不同的行動去解決「高難度對話」，那是沒有用的。

本書針對「高難度對話」提供了許多建議，但最重要的是，本書可以幫助你瞭解真正的問題在哪裡，以及為什麼必須從「傳遞訊息的立場」轉變成「學習的立場」。唯有如此，才能瞭解並朝著「學習型對話」的方向前進。

人生的每一天都是「高難度對話」

不論你的成就有多高，仍然會不斷遇到高難度、令人不舒服的對話。本書的作者群在這方面有許多親身經驗。我們知道，那種感覺就像是：我們不想傷害別人，但也不願委曲自己；我們深怕自己的行為打擾到別人，但也不甘心總是壓抑自己。即使我們心存善念，人際關係仍有可能惡化或糾纏不清；更何況，我們也會有私心，人總有軟弱自私的時候。

因此，我們的目標應該要實際一點。想要「完全消除恐懼及焦慮」，似乎不太實際。比較可能達到的目標是「降低恐懼及焦慮，並且學會管理這些恐懼與焦慮」。完美而沒有風險的結果可遇不可求，但在合理的風險下尋求改善則是合理的期待。

如果可以達到這樣的結果，大部分的人都會感到很滿意了。人雖然有時候很脆弱，但其實也很有彈性，可以適應不完美的環境。

找出問題在哪裡

第一章 「高難度對話」的三種基本類型

小傑正在面對一場高難度、讓他不舒服的對話。以下是小傑的敘述。

「有天下午老麥打電話給我，他是我的哥們，也有一點業務往來。他很著急的說：『兄弟，火燒屁股了！我急需一份財務簡介設計稿，明天下午要發印！』平常和他合作的那個美術設計不在，他快要急瘋了。」

當時小傑自己手上也有別的案子在忙，但為了哥們，兩肋插刀也在所不辭。於是小傑放下一切，當晚熬夜幫老麥把設計稿趕了出來。

次日一大早，老麥看過初稿，認為沒有問題，於是就送印了。還沒到中午，印好的財務簡介就放到他桌上了。雖然小傑因為熬夜累歪了，但總慶幸能解決朋友的問題。

沒想到，小傑一回到辦公室，就接到老麥的語音留言。老麥說：「喂，兄弟，搞什麼烏龍啊！我知道這次時間很趕，但是……唉……你那個收益表弄得不清不楚，圖也歪了，實在看不下去耶！兄弟，這個客戶對我來講很重要的，拜託你一定要幫我搞定，你一進辦公室立刻打電話給我。」

大家可以想像，小傑聽了這段留言會有多惱火。那個圖表是有點歪，但也不是多麼誇張的錯誤。於是他立刻打了個電話給老麥。

兩人接下來的對話如下：

小傑：嗨，老麥，我聽到你的留言了。

老麥：你聽好，老兄，整個設計稿要重做！

小傑：等等，我知道東西不是很完美，但圖表已經夠清楚了，不可能看不懂的！

老麥：拜託，老兄，你也知道，這樣的東西是端不出去的！

小傑：我覺得……

老麥：這事不用爭了！反正我們搞砸了，現在快點重做吧。

小傑：那今天早上給你看的時候，你為什麼不說？

老麥：校對是你的工作啊！我已經一個頭兩個大了，手上事情那麼多，又不能隨便做做。你到底要不要幫我重做嘛？

小傑：（臉上三條線）好啦！好啦！就重做啦！

以上這段對話非常經典，所有「高難度對話」當中可能出錯的地方，在上面這段對話裡全都看得見。好幾個月以後，小傑還是很火，他和老麥的友誼也一直沒辦法修補。他經常想，當時他的處理方法到底對不對，而現在又該怎麼辦。

回答這些問題之前，先讓我們以這段對話為例，分析「高難度對話」的本質。

解構高難度對話

所有的高難度對話雖然外表不同，但其實結構是相同的。如果你卡在這種對話所帶來的焦慮和內容細節裡面，那就無法看清高難度對話的結構了。唯有徹底瞭解它的結構，才能真正提升你處理高難度對話的技巧。

沒說出口的話才重要

在小傑和老麥的談話中，雙方所說出來的、彼此聽到的都只是表面的東西。如果想要看清楚高難度對話的結構，就要瞭解他們心裡沒有說出來的想法和感受，不能只聽他們嘴裡說出來的話。在這種對話裡，那些沒有說出來的東西才是關鍵。

現在讓我們仔細看看小傑在談話中沒有說出來的想法和感受（左頁）。同時，老麥也有很多沒說出口的想法和感受。他心裡抱怨著，一開始就不該找小傑做這件事。他以前就對小傑的設計不太滿意，這次他又不管公司的意思，自己冒險給朋友小傑另一次機會，老麥這下對小傑真的失望透了，他認為於公於私，這次都是錯誤的決定。

顯然，小傑和老麥心裡都有太多沒說出來的東西了。

這是個很典型的例子。事實上，心裡想的和嘴裡說的永遠有差距，而這樣的差距正是妨礙有效對話的關鍵。我們都會受到內心的影響，不確定什麼可以說，什麼又不該說。而你也很清楚，毫不遮攔的說出心裡的話，並不一定會讓談話更容易。

小傑與老麥的對話	小傑心裡想但嘴裡沒說的話
小傑：嗨，老麥，我聽到你的留言了…… 老麥：你聽好，老兄，整個設計稿要重做！	他怎麼可以留這種訊息？為了他，我放下手邊所有工作，取消了和老婆的晚餐約會，又通宵熬夜趕工。他是這樣報答我的嗎？！
小傑：等等，我知道東西不是很完美，但圖表已經夠清楚了，不可能看不懂的！ 老麥：拜託，老兄，你也知道，這樣的東西是端不出去的！	他反應過度了吧！即使是會計師也看不出那個圖表是歪的。當然，我自己也很懊惱，竟然犯了這麼愚蠢的錯誤。
小傑：我覺得…… 老麥：這事不用爭了！反正我們搞砸了，現在快點重做吧。	老麥永遠欺負同事，凡事都得順著他，但對我怎麼可以也來這一套？有把我當朋友嗎！我想要嗆回去，又不想為這檔事和他吵架。不管他是我的客戶還是我的朋友，我都不想得罪他。鬱卒啦！
小傑：那今天早上給你看的時候，你為什麼不說？	搞砸了？又不是我的錯。經過你核准的咧，忘了嗎？
老麥：校對是你的工作啊！我已經一個頭兩個大了，手上事情那麼多，又不能隨便做做。你到底要不要幫我重做嘛？	難不成我就活該要幫你校對？
小傑：（臉上三條線）好啦！好啦！就重做啦！	真是夠了！我才不會像他那麼卑鄙。重做就重做，有什麼大不了的！

每一次的高難度對話其實包含三種類型的談話

在研究了數百次不同的談話之後，我們發現，所有的人類對話都有一個基本結構。唯有瞭解這個基本結構，才有機會真正提升我們的能力，來處理高難度的對話。不管我們談什麼，我們的想法和感受都脫離不出三種類型。而在每一種類型中，我們都會犯特定的錯誤，而這些錯誤又會扭曲我們的想法和感受，進而讓我們陷入困境。

前面老麥和小傑的對話中，兩人所說的、所想的以及所感受到的，都可歸類於以下這三種談話基本類型中的一種。

類型一：「談事實」。大部分的高難度對話裡，談話的雙方對於已發生的事實或可能發生的事實，都有不同的看法。誰說了什麼？誰做了什麼？誰對誰錯？誰的意思是什麼？誰該負責？小傑和老麥表面上和骨子裡爭論的，其實也就是這些問題而已。圖表有必要重做嗎？老麥有沒有強迫小傑？誰該事先發現錯誤？

類型二：「談情緒」。每一個高難度對話也都在探詢以及答覆個人的內心感受。我的感受合理嗎？適當嗎？該正視它還是忽略它？該拿上檯面講清楚，還是放在心裡想？我應該如何處理對方的情緒？如果對方生氣了或受傷了，又該怎麼辦？小傑和老麥的思維中充斥著各種感受，例如：「他是這樣報答我的嗎？！」這句話，表示小傑有委曲和憤怒；而「我已經一個頭兩個大了」則顯示老麥的焦慮。

他們的談話中雖然沒有直接說到這些情緒，但這種情緒卻處處可見。

類型三：「談尊嚴」。這是我們每一個人內心的自我交談，不斷思索眼前的情況對我是什麼意義。我們的內心質疑著：這樣是否代表我能力不夠？我是好人還是爛人？我值不值得被愛？眼前的情況，對我的自尊、形象、前途、利益有什麼影響？對於這些問題，我們的答案大多取決於我們在談話中是否感覺到心境的「平衡」，還是感覺不安和焦躁。在小傑與老麥的談話中，小傑一直被自己沒把事情做好的情緒糾纏著，讓他感覺很不平衡。而老麥則是懷疑自己是不是笨到了極點，才會請小傑辦事。

每一次的高難度對話裡面，都交織著這三種類型的談話。如果想要成功的完成高難度對話，就必須學會有效掌控這三種談話。當然，要同時做好這三種談話並不容易，但若盲目的面對一場高難度對話，後果會更嚴重。

有些事我管不到，有些事我可以改

不論我們有多麼精明幹練，這三類談話裡面都有一些我們無法改變的棘手問題，我們仍然會遭遇到一些超乎預期、複雜又無解的狀況。對話的雙方各自握有對方不知道的資訊，可是雙方又很難增進彼此的瞭解。我們也會繼續經歷各種令人情緒抓狂的場合，一再讓我們的自尊心受到打擊。

我們可以改變的是我們的態度，也就是如何回應這些棘手問題的態度。我們經常疏忽於探究對方究竟握有哪些我們還不知道的事實，卻自以為是的認為我們已經掌握了所有必要資訊；我們也不曾建設性的管理自己的情緒，只是一味隱藏情緒，或肆意宣洩之後再來懊悔；我們沒去探究有哪些重要的自尊問題會嚴重影響到我自己或對方，反而輕率展開一場高難度的對話，彷彿事不關己似的，結果永遠沒有搞清楚到底我們焦慮的核心問題在哪裡。

我們如果能夠理解上述的錯誤，理解這些錯誤的破壞力，就能找到人與人之間更好的溝通辦法。接下來就讓我們進一步剖析這三種類型的對話。

「談事實」：事情的始末

在所有的高難度對話裡，我們大部分的時間都在談「事實」：誰對誰錯、誰是什麼意思、誰該負責等等，為了這些事各說各話，爭執不休。對於事情的真相、雙方的意圖以及責任的歸屬，我們常常會做出錯得離譜的假設。如果想要提升自己妥善處理高難度對話的能力，就必須弄清楚這三種假設。

1. 假設真相

在談話中，一般人往往堅信「我沒錯，都是你不對！」但這麼簡單的假設卻常會帶來無盡的麻煩。想想，你自己究竟是對在哪裡？我沒錯，都是你車開得太快了！我沒錯，都是你沒有給年輕人做好榜樣！我沒錯，你的謝師宴致詞太不得體了！我沒錯，病人在那麼大的手術後應該有更細心的照顧！我沒錯，本來就應該給我加薪！我沒錯，簡介做得已經夠好了！我沒錯的事情，簡直多到數也數不清。

問題的關鍵在於：我有錯。

怎可能？我也總有對的時候吧！

未必。高難度對話的重點其實不在於釐清事實的真相，而在於如何去理解那些原本相互衝突的感受、詮釋和價值觀；重點不在於契約的文字，而在於契約的精神；重點不在於哪一本子女教育指南最暢銷，而在於我們應該參考哪一本。

重點不在於「真相是什麼」，而在於「什麼才是真正的重點」。讓我們再回頭看看小傑和老麥的談話。其實，他們對於圖表是否完美並沒有爭議（兩人都認為圖表不完美）。他們爭執的是：圖表上的的錯誤是否該處理；如果要處理，又應該如何處理。這些問題都無關對錯，而是詮釋與判斷的問題。如果一味爭執誰對誰錯，只會走進死胡同。

在「談事實」的對話裡，只要拋開對於真相的假設，則談話的目的就不再侷限於證明自己沒有錯，反而可以轉而去瞭解雙方的感受、詮釋與價值觀。這樣可以讓我們不再只是傳遞訊息而已，更能夠提出問題，探究每個人對於事情的理解是什麼。然後，我們可以把我們的觀點提出來，並告訴對方，這些是我們的感受、詮釋及價值觀，而不是拘泥於「事實真相」的爭執。

2.猜測意圖

在「談事實」的對話類型中，第二個錯誤是對於意圖的誤解：你吼我是因為故意要給我難堪？你吼我是想強調你的論點？你扔了我的香菸，是想控制我的行為？還是想幫我戒菸？你認定對方的意圖之後，就會影響到你對他的評價，最終也就影響到你們之間的談話。

我們在判斷別人意圖的時候所犯的錯誤非常簡單，但卻十分嚴重：我們常常自以為知道對方的意圖（其實我們並不知道），而更糟糕的是，當我們不清楚對方的意圖時，我們往往傾向認定對方不懷好意。

意圖是看不見的，我們只能根據對方的言行判斷他的意圖。換句話說，別人的意圖是我們自己創造或猜測出來的。不幸的是，我們常猜錯，因為人的意圖很難捉摸（就像高難度對話裡的許多因素也一樣）。有些行為的意圖錯綜複雜，有些行為背後毫無意圖，或雖有意圖但卻與我們無關。甚或有些時候有些行為雖然出於善意，卻讓我們受到傷害。

進行高難度對話的時候，雙方對於他方意圖的判斷十分重要，因此，毫無依據即驟下斷論是很危險的。

3.追究責任

我們在「談事實」這類對話中所犯的第三個錯誤，就是過度追究責任。大部分的高難度對話都在爭論誰該為眼前混亂的狀況負責。例如，當公司掉了大客戶的時候，一定很快就展開無情的批鬥大會。但是，只要確知自己不用負責，便沒有人會真正關心「問題到底出在哪裡」。

人際關係也一樣。你和繼母之間的關係緊張嗎？都是她的錯！她不該一直囉唆妳房間太亂，更不該過問妳和誰交往。

前面在小傑和老麥的衝突中，小傑認為是老麥的錯：老麥可以挑剔圖表不好，但應該在送印之前講清楚，而不該放馬後炮。當然，老麥認為是小傑的錯：他排的版，排錯了當然應該他負責！

但是，如果一直卡在「究竟是誰犯了錯」這件事上，只會橫生歧見，被指責的人也會一直否認，卻無法增加彼此的瞭解（這點和一味強調找出真相是一樣的）。光談犯錯會讓人擔心受到懲罰，然後整個對話就會卡在「有錯還是沒錯」的主題上打轉。沒有人願意被指控，尤其是不公平的指控，因此，他們會將全部的心力都用在自我防衛之上。

子女還小的父母都明白這個道理。當兩個小孩在車子後座打鬧不休的時候，如果父母責備其中的一個，他一定立刻大哭說：「是他先打我的！」或「是他先罵我，我才打他的！」小孩會否認大人的指控，不僅僅是擔心沒糖吃，更因為他們追求公平。他們不願意承認都是自己一個人的錯，因為事實上真的不是一個人的錯。

父母從前座往後看，比較容易看得出來是哪個孩子在搗蛋，那是因為旁觀者清。但是，問題和自己相關的時候，有時就看不到自己要負什麼責任，那是因為當局者迷。任何衝突往往都是因為雙方做了不該做的事，或沒做該做的事，此時談懲罰是不重要的，甚至不相關的。明智的人如果做出了蠢事，最好的對策就是先瞭解為什麼事前沒發現，然後就是想辦法避免再次發生。

一味的追究責任會讓我們的注意力分散，使我們沒有去探討錯誤發生的原因，更無力修正這些錯誤。唯有去瞭解「背後到底有哪些原因一起造成了現在的結果」（也就是去瞭解『原因系統』，contribution system），才能找到問題的根本原因，也才能修正問題。追究責任與探究原因看起來好像一樣，但這兩者的差異之處，正是有效處理高難度對話的關鍵之處。

「談情緒」：如何處理自己的感受？

高難度對話不僅涉及事實（到底發生了什麼事），還包括情緒。別再管情緒會不會出現了（一定會的），要管的是當情緒出現時該如何處理。到底要不要告訴老闆你對他的管理風格有意見？到底要不要告訴老闆有同事剽竊了你的構想？老姊竟然和妳的前男友交往，妳究竟該不該告訴她妳有多難過？路邊小販常會喊幾句性別歧視的話，妳決定要制止他，過程中該如何控制自己一觸即發的憤怒呢？

情緒激動的時候，許多人都希望能保持理性。太情緒化會讓一切變得混亂，影響我們的判斷力，也可能會在工作場合中失態。情緒激動會使別人害怕或不悅，也讓自己變得脆弱。如果對方沒注意到或者誤會了我們的情緒怎麼辦？如果對方因為重視我們的情緒而受到傷害，或對彼此的關係造成無法彌補的破壞，又該怎麼辦呢？若我們恣意發洩情緒，對方可能也做出同樣的反應，此時我們是否能夠聆聽他們的憤怒和痛苦呢？

上述的推理似乎告訴我們：最好大家都不要談情緒。小傑最好不要談他的憤怒和痛苦，老麥最好也不要談自己有多失望，最好都專注在哪裡出了問題即可，最好只談「正事」就好。

但是，這樣真的有比較好嗎？

沒有音樂的歌劇

這樣的推理忽略了一個簡單的事實：高難度對話不但與情緒有關，而且根本就是情緒的問題。情緒並不是高難度對話產生的副作用，而是衝突的主要因素。處理高難度對話的同時，又想要避開情緒問題，就很像演歌劇卻沒有音樂一樣，雖然你還是可以瞭解劇情，但卻抓不住重點。例如在小傑和老麥的談話中，小傑從來沒有明確的說他覺得老麥刻薄無情，但幾個月之後還是對老麥一肚子惱火。

請回想一下自己以前面對高難度對話的一些經驗。有哪些情緒？難過？憤怒？失望？難堪？迷惑？是不是感覺不公平或沒有受到尊重？有時候，即使簡單的說一句「我愛你」或「我以你為榮」都不敢開口。

情緒是一定要處理的。短期來看，進行高難度對話的時候如果避開情緒的部分，或許可以節省時間並降低焦慮，對於自己、對方以及彼此的關係而言，或許都不失為避免特定風險的好方法。但是問題的根本還在：既然情緒才是關鍵，如果避開而不處理情緒，那麼幹嘛一開始要談？

身為人類，我們最大的挑戰之一就是要瞭解情緒、談論情緒、管理情緒。雖然處理情緒很難，而且還有風險，但大多數人在「談情緒」的對話技巧上，都有進步的空間。或許你不太相信，可是「談情緒」的技巧真的是可以練出來的。

當然，並不一定要在所有的談話中都談到情緒。俗話說：不要吵醒熟睡中的狗。不幸的是，如果缺乏「談情緒」的技巧，要躲的可就不僅僅是熟睡中的狗了，而是要躲開所有的狗，包括那些讓你不得安寧的狗。

「談尊嚴」：這句話和我有什麼關係？

在這三種談話中，「談尊嚴」類型的對話可能是最微妙、最困難的一種，卻可以幫助我們控制焦慮，並提升另外兩種談話的技巧。

「談尊嚴」是一種自省的過程，談的都是關於自己的事，以及自己如何看待自己。外面發生的事，對於我的自尊、自我形象、自我認知有什麼影響？對於我的未來有何意義？我對自己存有什麼懷疑？簡單的說，在高難度對話開始之前、進行之中以及完成之後，「談尊嚴」的對話所談的都是自我評價。

或許你會認為：「我只是想請老闆給我加薪，這和我的自我認知又有什麼關係？」或者小傑可能會認為：「我們談的是一份設計稿，又不是談我！」事實上，有些話之所以很難談，關鍵原因都是這些對話和「我自己」切身相關，在這些談話的背後有一些與自己息息相關的事情。

與你相關的事情或許很小。如果跑去告訴鄰居他們的狗太吵，這樣的舉動會反映出你是什麼樣的人呢？也許你出生於祥和的小鎮，一輩子自詡要做個友善的好鄰居，所以你很害怕鄰居會認為你愛找麻煩、不好相處。

要求加薪呢？如果被拒絕了怎麼辦？尤其是如果老闆拒絕的理由很有道理，又該怎麼辦？這樣對於一向自認為是優秀員工的你而言，自我形象會受到什麼樣的打擊？加薪表面上是錢的問題，但真正讓你不自在的，其實是自我形象的問題。

就算只是負責傳遞壞消息，仍然會傷到你的尊嚴。即使你只是負責傳遞壞消息，仍然必須進行一場「談尊嚴」的對話。假設你必須去告知創意部，他們認為絕佳的建議案已遭否決。即使這並不是你的決定，但面對提案相關人員仍會讓你感到焦慮。你焦慮的部分原因是，你擔心這樣的談話會影響你對自己的感受：「我不是那種愛澆別人冷水的人。我受人尊敬，因為我能幫助別人達成目標，而不是去拒絕別人。」你的自我形象一直是幫助別人達成目標，現在礙於現實卻必須去拒絕別人。如果你不能繼續扮演大英雄，別人會不會把你看成是大壞蛋？

自我認知可能受影響，導致你失去平衡了

如果你覺得某一番談話會影響到你的自我認知，則你就失衡了。創意部的主管年輕又充滿熱忱，讓你回想起當年的自己。他聽到你帶來的壞消息，滿臉不可置信，感覺像是被公司遺棄了。這時你突然疑惑焦躁起來，你開始懷疑是不是該這麼草率的就放棄他們的構想。你明知不太可能翻案，但仍不

自覺支吾其詞，言不由衷的告訴他說公司會重新考慮他們的提案。

如果你自己失去平衡，情況輕者會讓你信心全失、茫然不知所措；嚴重者將會讓你覺得天崩地裂、全身癱軟、驚恐不安，想要倉皇逃避，甚或呼吸困難。

「談尊嚴」是高難度對話的一部分，只要知道這個事實就很不錯了。然而，就像另外兩種談話一樣，你可以做的不僅僅是知道而已。看起來好像你一定會失去平衡，但其實未必要用那麼大的焦慮去面對「談尊嚴」的對話。就像處理情緒一樣，只要培養出一定的技能，就可以輕鬆應付「談尊嚴」的對話了。真的，只要找到你在「談尊嚴」對話類型當中的立足點，便可將焦慮的種子轉變成力量的果實。

邁向「學習型對話」

不管如何掩飾，我們展開高難度對話的最初目的，通常就是想要證明某個觀點，或說出我們的心意，或要求對方滿足我們的要求。換言之，就是傳遞訊息。

一旦瞭解了前述三種談話的特質，以及在每一種談話中容易犯的錯誤之後，你會發現，你展開特定談話的目的已經變了。你會開始注意到：談話中會有複雜的感受及意圖；麻煩是談話雙方共同製造出來的；情緒是不容忽視的核心問題；所談論的議題對每個人的自尊與認知會有不同的意義。同時你也將發現到，單向的傳遞訊息並不夠。事實上，你可能會發現已經沒有訊息值得傳遞了，你反而會想

典型的「單向傳遞訊息」與「學習型對話」有下列差異：

	單向傳遞訊息	學習型對話
談事實 可是：事實太複雜，遠超過雙方的理解	我的假設：一切該知道的我都知道了，我已經瞭解狀況了。 我的目的：說服對方。	我的假設：雙方各有不同的資訊及感受；也可能有雙方互不知道的重點。 我的目的：瞭解各自的處境：我們彼此對於眼前狀況的認知及其原因。
	我的假設：我知道對方的意圖。 我的目的：讓對方承認自己做錯了。	我的假設：我知道自己的意圖，也知道對方的行動對我造成了什麼影響。但我不知道，也無法知道對方在想什麼。 我的目的：分享自己承受的衝擊，並瞭解對方的想法。同時也要瞭解對方受到了哪些影響。
	我的假設：全都是對方的錯（或者全都是我的錯）。 我的目的：要求對方認錯並負責修正。	我的假設：混亂的狀況可能是雙方共同造成的。 我的目的：瞭解「原因系統」，亦即我們雙方的行動是如何相互糾葛，最後造成這種結果。
談情緒 可是：情緒會主導全局	我的假設：我的感覺不重要，說了也沒用。（或者，都是對方的錯，他們應該聽我的感覺）。 我的目的：避談感覺。（或向對方發洩！）	我的假設：感覺才是核心問題。感覺通常很複雜。我可能必須更進一步瞭解自己的感覺。 我的目的：正視雙方的感覺，不要批判或歸咎原因。解決問題之前，應該先認同這些感覺。
談尊嚴 可是：自我認知受到狀況的威脅。	我的假設：適任或不適任，好或不好，可愛或不可愛。中間沒有灰色地帶。 我的目的：保護我的形象。若保不住，就一切都完了。	我的假設：在心埋上，雙方都各有許多很在意的事，每個人都很複雜，但沒有人是完美的。 我的目的：瞭解雙方各自在意的形象問題。建立更複雜的自我形象，以便更有效的維持自己的平衡。

要和對方分享一些資訊，並問一些問題。

幫助對方瞭解我們。你再也不像以往那樣，只想說服別人接受你的意見。你會想要從對方的觀點瞭解究竟發生了什麼事，說明你自己的觀點，分享自己的感受，試著瞭解對方的感受，合作找出解決問題的方法，然後一起解決問題。如果你能夠這麼做，相信對方也會放開胸懷，更願意被你說服；而你對問題的看法也會大大的改變。

改變立場就是邀請對方與我們展開對話，協助我們解決問題。如果想要達到自己的目的，就必須瞭解對方，並協助對方瞭解我們。因此，我們需要的是「學習型談話」。

本書可協助你用更有效的方法處理「談事實、談情緒、談尊嚴」這三種對話，提升你處理這三種談話的能力，進而幫助你將所有的高難度對話轉變成「學習型對話」。

對話中常犯的錯誤有哪些。接下來的五個章節，我們將深入剖析一般人在這三種談話中常犯的錯誤。下次你進行高難度對話時，如果覺得自己很難敞開胸懷，則接下來的章節內容就可以幫助你採取「學習型」的立場來進行對話。第二、三、四章將探討「談事實」的三種假設。第五章換到「談情緒」。而第六章則專注於「談尊嚴」。這些章節可助你整理自己的想法與感覺。在你進入任何高難度對話之前，這些準備是絕對必要的。

如何決定要不要談。若要談，該怎麼談。本書最後六個章節中，我們將回到談話本身；我們會先說明什麼時候可以提出特定議題，什麼時候又應該放手不談；而如果決定要提出來談的話，可以期待哪些結果，又不該期待哪些結果。也就是說，先認清哪些目標是合理的。接著，我們會將重點轉到「如何有效談論對你重要的議題」：找出開始談話的最佳方法、以探詢及聆聽的方式學習、有力而清楚的表達自己、一起解決問題、談話失焦的時候如何回歸正題。最後，我們將回過頭來，看看小傑可以如何繼續和老麥展開另一次談話，藉以說明在現實生活中如何應用本書傳授的技能。

轉向學習的立場：「談事實」的對話

第二章　別爭對錯，先瞭解彼此的故事

在第一章裡，老麥對於到底發生了什麼事，有他自己的想法。而且他的想法和小傑的想法完全不同：

這幾年來，我真的用盡各種辦法，想要幫小傑一把，但他每次都給我出狀況。他好像搞不懂什麼叫做「客户永遠是對的」，老愛跟我辯！真不曉得以後還能不能再請他做任何事。

但我最火的是，小傑情願花時間狡辯，也不肯修正圖表的錯誤。他自己也知道做出來的東西不夠專業，而且那張圖又是財務報表裡面最重要的部分。

在「談事實」這類型的對話中，最大的特徵就是雙方的意見分歧。存退休金最好要用什麼方法？廣告預算要編多少？鄰居小孩是不是該讓你家女兒一起玩棒球？簡介做得夠不夠專業？

意見分歧並不是壞事，也不一定會造成高難度對話。我們經常會和別人意見不同，而大家通常也都不以為意。

但有時候我們又非常在意。意見分歧似乎成了雙方決裂的關鍵。我們同意的，他們卻反對；需要他們做的，他們偏不做。不管最後是不是照著我們的意思去做，牽涉的雙方都會覺得沮喪、難過或委曲。而且，通常這種歧見會一直持續下去，稍一不慎便難以收拾。

意見分歧的時候，爭執就難免會發生，且好像也應該發生。不過，爭執卻無法產生益處。

爭什麼？為什麼爭了也沒用？

請回想自己經歷過的高難度對話：雙方對於眼前的狀況及處置的措施存有嚴重的歧見。為什麼會變成這樣？你認為原因出在哪裡？

都是他的錯

心情好一點的話，你可能會覺得「每個人都有自己獨到的看法」，或「每件事都有正反兩面的說法」。但大部分人不會這樣想。大家都直接認為：還不都是對方的錯！

對方太自私：「我女友不肯和我一起去做婚姻諮商，她說那樣只是浪費錢而已。我告訴她諮商對我很重要，但她根本不在乎。」

對方太天真：「我女兒誇口要去紐約闖天下，在舞台上發光。她根本沒搞清楚要面對多少困難。」

對方太跋扈：「真受不了，什麼事都得依照老闆的交待。他老是以為他的意見比別人高明，其實，他常常搞不清楚自己在說什麼。」

對方不可理喻：「蓓珊姑婆的風濕腰痛好嚴重，可是她睡的床墊又破舊又凹凸不平。不管我怎麼說，她就是不肯讓我給她買個新床墊。家人都勸我：『蓓珊姑婆死腦筋，講不通的啦！』我也覺得她真的是不講理。」

如果我們心裡真的這麼認為，也就難怪會以爭執收場了。例如，如玉其實很關心蓓珊姑媽，她願意而且也有能力提供具體的協助。因此，如玉做了我們一般人都會做的事：如果對方很固執，我們就表現得更堅持，企圖打破對方的成見。（「姑婆，只要試一試，妳就會知道新床墊有多舒服了！」）如果對方太天真，我們便會忍不住想要告訴他現實生活中的殘酷；而如果對方太自私或太跋扈，我們則會直截了當告訴他們我們心裡的想法。我們堅持的原因，其實還是希望對方能照著我們的意思去做。

但是，我們的堅持經常會引發爭執，而爭執卻不能解決任何問題。兩方都覺得對方沒有在聽我們說話，不重視我們；我們都覺得對方實在不可理喻，對情況我們也都無能為力了，於是我們就會沮喪。持續的爭執對雙方的關係也沒有任何好處。

除了爭執之外，我們也不知道到底還能怎麼做。總不能假裝沒意見，假裝問題不重要，假裝不在乎。其實問題是很重要的，而且我們也很在意。這就是為什麼從一開始大家都那麼激動的原因。但是，如果爭執解決不了問題，我們又能怎麼辦呢？

該做的第一件事就是聽聽蓓珊姑婆怎麼說。

他認為都是我的錯

姑婆當然知道自己的床墊已經很老舊了。她說：「這是我和老伴共用了四十多年的床墊，它給我安全感。生命中有太多無奈的改變，這個一直沒變的床墊就像是個避風港，對我有很大的意義。」留著這個床墊，讓蓓珊姑婆覺得還能掌控自己的生活。她抱怨床墊老舊的時候，並不一定是想要得到什麼回應，只是希望引起周遭人的注意，關心她的日常生活。

我想幫姑婆換床墊，姑婆是這麼評價我的：「她是個好孩子，但真的很難相處。她從來聽不進別人的話，也不關心別人怎麼想；跟她說了她還生氣不高興。」我認為是蓓珊姑婆有問題；但似乎姑婆認為我才有問題。

這個故事引出了一個很有趣的問題：為什麼永遠都是對方太天真、太自私、不講道理、太跋扈？為什麼從來沒有人認為是自己有問題？當你在進行高難度對話時，若對方問你為什麼要反對，你總不可能回答「因為我所說的話根本沒道理」吧？

在自己的故事裡，每個人都有道理

自己永遠不會認為自己有問題，而且永遠認為自己說的話絕對有道理。我們不容易看到的是，其實對方也有道理。對於所有的事情，每個人都有自己不同的故事：我想幫姑婆換床墊，我的想法和行動絕對是合理的。而在蓓珊姑婆的故事裡，她的想法和行動也同樣的合理。但我不僅僅是「我的故事」裡的主角而已，我在蓓珊姑婆的故事裡也是一個重要的角色。在蓓珊姑婆的故事中，我說的話太強勢又不近人情。而在我的故事中，蓓珊姑婆所說的話聽起來非常不可理喻。

平常我們不會注意到自己的故事與對方的故事不同。可是高難度對話之所以會出現，正是因為自己故事中的重要部分與對方的故事有所衝突。我們總認為對方本身就是衝突的原因，而對方也認為原因出在我們本身。但其實，衝突只是因為雙方的故事不同，而且雙方都沒有體會到這一點。難怪就像是雞同鴨講，只能爭執不休比誰大聲。

爭執使我們看不見對方的故事

爭執，不僅僅是「雙方看不到彼此各有不同故事」的結果，更是原因。爭執使得我們無法瞭解對方的觀點。在爭執中，雙方只會以自己的底線當作結論相互抗衡：「買新的床墊」vs.「休想控制我」；「我要去紐約一鳴驚人」vs.「你太天真了」；「婚姻諮商很重要」vs.「婚姻諮商只會浪費時間」。

但是，在對方的故事裡，我的任何底線都顯得不合理；在我的故事裡，對方的底線也不合理。因此，雙方都會否定對方的論點。爭執無法幫助我們瞭解彼此不同的觀點，只會強化單方的傳遞訊息大戰；爭執不會讓雙方團結，只會讓彼此對立。

爭執，卻沒有理解

爭執會使得高難度對話顯得更麻煩：爭執阻礙改變。如果我們要求對方改變，對方可能更不願意改。因為，在得到別人的瞭解之前，幾乎沒有人會願意改變。

讓我們看看德雷弗與凱倫的對話。德雷弗是社會局的財務人員，凱倫是與該局配合的社工人員。德雷弗說：「凱倫每次報表都遲交，我跟她講過幾百次了，她還是我行我素，還搞得大家不高興。」

當然，這個故事還有德雷弗並不知道的另一面。德雷弗只有告訴凱倫應該做什麼（不要遲交），但並沒有針對問題與凱倫進行雙向溝通。當德雷弗改變他的目的，不再努力嘗試改變凱倫的行為（指責她遲交），而嘗試先瞭解凱倫，然後也讓凱倫瞭解他，狀況就大幅改善了：

凱倫說她的工作實在太繁重緊繃了，她將所有的精神都放在有迫切需要的輔導個案身上。她覺得我好像一點都不瞭解的樣子。事實上，我的確不太瞭解。我則向她解釋，如果她遲交報表，就會增加我許多額外的工作；我也詳細的對她說明了有哪些額外工作。她聽了之後覺得很不好意思。很明顯的，她只是沒有從我的立場考慮問題。她答應以後會優先處理報表，現在她都準時提交了。

終於，雙方都多瞭解了對方的情況，未來也可能出現很有意義的改變了。

要想打破歧見的僵局，就必須瞭解對方的故事，以及為什麼在他的故事中會出現他的結論。我們也必須協助對方瞭解我們的故事，以及我們的結論為什麼也有道理。從內部瞭解彼此的故事不一定就能「解決」問題，但在凱倫及德雷弗的案例中，這是關鍵的第一步。

不同的故事：為什麼彼此看到的世界不一樣

只要跳開爭執，並嘗試瞭解對方的故事，就比較能體會為什麼每個人的故事從一開始就不盡相同。我們的故事並非憑空而來，也不是機緣巧合。我們的故事不是刻意編織出來的，而是有系統的。首先，我們會接收資訊，經歷這個世界的景物、聲音及感受。其次，我們會詮釋所看到的、所聽到的以及所感受到的，賦予它們意義。然後，我們會對所發生的狀況做出結論（如下圖）。而在每一個階段，都有可能發

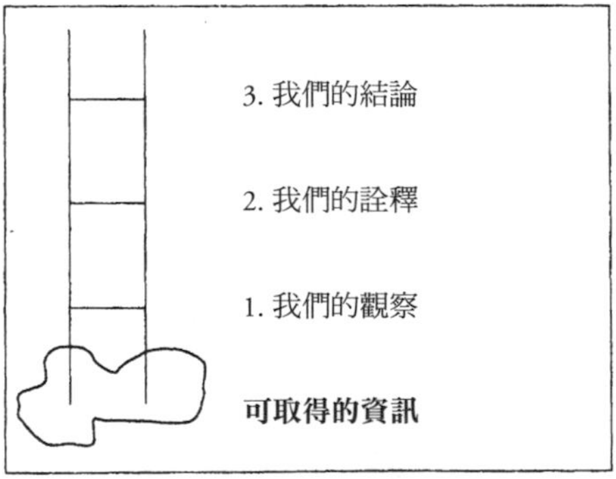

故事的源起

展成每個人不同的故事。

簡單的說，由於每一個人所接觸到的資訊不同，而又以自己獨到的方式詮釋，因此，每個人的故事自然也就不盡相同了。

在進行高難度對話的時候，我們通常都只針對結論討價還價，而沒有深入探究真正的重點：讓我們看法不同的資訊及詮釋。

每個人掌握的資訊不同

在這個世界裡，每個人掌握的資訊都不盡相同，其原因有二。第一，每個人在成長過程中，以及遇到困難的時候，都會接觸非常大量的資訊，但我們不可能完全記住所有的景象、聲音、事實及感受，只能注意到其中的一部分，忽略掉其他的部分。而每個人所注意、所忽略的部分都不一樣。第二個原因則是，每個人本來就會接觸到不同的資訊。

每個人注意到的事物不同：陶格帶他四歲的外甥安卓去看花車遊行。安卓騎在舅舅肩膀上，興高采烈的看著一輛輛華麗的花車，上面載著運動選手、啦啦隊員和學生樂隊。事後安卓說：「這是我看過最棒的卡車遊行！」

每一輛花車的前方，都有一輛卡車牽引著。安卓本來就很喜歡卡車，所以他只看到卡車，其他什麼都沒看到。但舅舅陶格對卡車沒什麼興趣，所以一輛卡車也沒看到。同一個場景，但安卓和他舅舅卻看到完全不同的遊行。

就像陶格和安卓一樣，我們是什麼人，我們關心什麼，就會注意到什麼事物。有些人比較在意感覺和關係，有些人在意身分和權利，也有些人在意事實與邏輯。有些人像藝術家，有些像科學家，有些則是實用主義者。有些人總想證明自己是對的，有些人想要避免衝突或息事寧人。有些人自認為是受害者，有人些自認是英雄、觀察家或倖存者。因此，每個人所注意到的資訊自然不盡相同。

當然，陶格或安卓看完遊行之後不可能這樣想：「我在這個遊行裡面，根據我所關心的資訊而觀察到了某些東西，而這些東西我很喜歡。」大家反而會這麼想：「我很喜歡整個遊行。」每個人都認為，自己所注意到的，就是整個體驗中最重要的部分。每個人都會認為，自己掌握的就是「事實」。

現在讓我們換一個比較嚴肅的場合：藍迪和丹尼是生產線上的同事，工作環境相同。兩人間曾有幾次因為種族議題差點吵起來。藍迪是白人，他覺得公司在少數民族的任用及升遷方面的記錄還算不錯。在他的七人裝配小組中，有兩個非洲裔美國人和一個拉丁美洲人，而工會理事長也是拉丁美洲人。他也知道，他的主管來自菲律賓。藍迪認為，能包容不同種族，才是一個良好的工作環境。他也注意到，最近有幾個有色人種獲得了晉升。

丹尼是韓裔美國人，他卻有不同的看法。他常常聽到有關自己的奇怪問題。曾經有幾個同事針對他的血緣羞辱他，其中一個還是工頭。這些經驗一直存在他心裡。他也知道，有幾個少數民族同事沒有得到應有的升遷，而且公司的高層主管中，白人的比例明顯偏高。丹尼常常聽到高層主管們談話，在他們眼中，好像只有白種人和非裔美國人值得重視。

雖然藍迪和丹尼掌握了一些相同的資訊，但也各自擁有很多完全不同的資訊。他們都認為自己所知道的就是全部的事實，如果分開來聽他們的故事，會以為他們任職於不同的公司。

通常，我們在談話或互動的過程中，都忘了其實雙方注意的事物不同，而且雙方的觀點也都建立於不同的資訊之上。

自己最瞭解自己：每個人除了會篩選不同的資訊之外，也會接觸到不同的資訊。例如每個人可以接觸到關於自己的資訊，其他人不一定接觸得到；每個人知道自己的限制、希望、夢想及恐懼，其他人不一定知道。我們常常自以為已經取得了瞭解對方所需的重要資訊，但其實並沒有。對方的內心世界遠比我們想像的更為複雜。

讓我們再回過頭來看看小傑和老麥的例子。當老麥在描述整個過程的時候，他從來沒有提到小傑熬夜趕工這回事。他可能並不知道小傑為了他的事整夜沒睡，即使知道了，他的感受也不會像小傑一樣的深刻。熬夜的是小傑，因此，只有小傑自己才能感受到那種徹夜不睡的折騰，只有他知道半夜裡沒有暖氣的滋味，只有他知道老婆多氣他取消晚餐的約會，只有他知道放下其他重要工作幫老麥做事的掙扎。也只有小傑自己知道，能幫朋友的忙有多開心。

但是，也有很多小傑不知道的事。他不知道就在當天早上，老麥的客戶對老麥大發雷霆，因為老麥在另一份簡介中所安排的照片讓客戶很不滿意；他不知道圖表中的收益數字事關客戶的重大決策；他不知道老麥的平面設計師在公司最忙的時候臨時請假，影響到好幾個大案子；他不知道老麥對他以前的作品就並不十分滿意；而且他也不知道，老麥以為是幫助了小傑而感到高興。

當然，一開始我們並不知道自己有所不知。但總不該因此就自認為已經一切都知道了，反而更應該假設自己還有很多不知道的重要資訊。事實通常也正是如此。

每個人的詮釋不同

在電影《安妮霍爾》（Annie Hall）中，影星伍迪艾倫主演的男主角抱怨道：「妳都不跟我嘿咻。」他女朋友回說：「我們一天到晚嘿咻個沒完。」諮商師問：「你們到底多久嘿咻一次？」兩人異口同聲的回答：「每星期三次！」

故事不同的第二個原因是，我們會對相同的資訊賦予不同的意義，並做出不同的詮釋。我單純地看見杯子裡就只剩半杯水；你卻看到人性脆弱的隱喻。我渴得半死；你卻還有詩人般的閒情。我們如何詮釋周遭的事物，取決於以下兩個重要的因素：每個人過去的經驗，每個人做事的潛規則。

每個人都受到過去經驗的影響：過去的經驗決定了現在的意義。通常，想要瞭解一個人言行背後的意義，應該先從瞭解他過去的經驗開始。

邦妮為了慶祝長期經營的大案子終於完成了，於是和同事共同出資，請主管卡洛琳到高級餐廳慶功。整頓飯吃下來，卡洛琳一直抱怨：「怎麼每樣東西都那麼貴？」「真搞不懂這裡怎麼還會有客人？」「簡直開玩笑，這麼小一份點心就要五美元！」安妮感到既尷尬又沮喪，回到家後心想：「早就知道她很小氣，但這也太誇張了吧，是我們請客吔，都不要她付錢了還嫌東嫌西的，真掃興！」

雖然邦妮打心底認為卡洛琳簡直是煞風景的小氣鬼，但還是決定要問問她，為什麼會對吃飯的價錢反應那麼強烈。卡洛琳回想了一下解釋說：

我想可能是因為小時候家裡太窮了吧。以前每天上學前，媽媽總會提醒我說：「卡洛琳呀，桌上有一塊錢拿去買午餐！」她很驕傲能供得起我每天的中飯。等我高中的時候，一塊錢已經根本買不到可以吃飽的中飯了。但我始終不忍心告訴她。

多年之後，卡洛琳雖然已經有不錯的收入，但受到童年經驗的影響，只要能吃到平價的餐點，她就已經覺得是一種奢侈了。

我們心裡的每一個執念，都深受過去經驗的影響。要去哪兒度假？該不該打小孩？要編多少廣告預算？這些問題的答案，都會因為每個人的家庭背景以及生活經驗而有所不同。我們往往甚至沒有感覺到這些經驗影響了我們對周遭事物的詮釋，只一味的以為，事情本來就應該如此。

每個人應用的潛規則不同：過去的經驗常常會發展成我們生活行事的「規則」。每個人都遵循著這些規則，卻未必能夠自我察覺到。這些規則告訴我們世界如何運行，應該如何做人處事。在高難度的對話裡，這些潛規則也會決定我們如何描述事情。

如果雙方的規則相互牴觸，事情就麻煩了！

例如歐立和蒂瑪這兩位業務代表的情況。兩人的潛規則不同，卻經常要一起出差，有天晚上，他們約好次日早上七點在飯店大廳碰面，為簡報做最後的準備。蒂瑪如往常一樣在七點整到達，但歐立卻一直到七點十分才出現，這已經不是他第一次遲到了。蒂瑪一肚子不高興，也因此在開會的前二十分鐘都不能專心。歐立也因為蒂瑪不高興而感到沮喪。

雙方都不自覺的應用了自己的潛規則。蒂瑪認為：「遲到就表示不夠專業，而且不尊重對方。」歐立則認為：「專業人士怎麼可以為了點芝麻小事就心神不寧，誤了真正重要的大事！」由於蒂瑪和歐立都是透過自己的潛規則詮釋當下的狀況，因此都在責怪對方的不是。

每個人的潛規則通常都在說別人「應該」或「不該」怎麼做：「應該把錢花在教育上，而不該花在買衣服上」、「不該在別人面前指責自己的同事」、「應該把馬桶座放下來」、「不該從中間擠牙膏」、「不該讓小孩看太多電視」……這類事情多得不勝枚舉。

建立自己的一些規則並沒有什麼不好。事實上，我們也的確需要有些規則，生活才能有條不紊。但是，如果發現自己與別人的規則有衝突，最好能把自己的規則說明白，也鼓勵對方說明白他的規則。這樣彼此才不至於在矛盾的規則中做著無謂的角力。

我們的結論都對自己有利

讓我們來思考一下：為什麼要講述自己的故事？無疑的是為了自身的利益。我們會尋求支持自己觀點的資訊，進而做出對自己最有利的詮釋，然後就更加肯定自己的觀點。

哈佛商學院教授賀華．萊法（Howard Raiffa）曾經利用分組討論的方式說明這個現象。他將有關某公司的資訊拆解之後分給不同的小組，指定某些小組負責併購該公司，某些小組負責出售該公司，然後要求各小組儘量客觀的估計該公司的價值（不是他們願意併購或出售的價格，而是他們認定的實際價值）。萊法發現，賣家估算出來的平均價值，比獨立客觀估算出來的公平市價高出百分之三十。相反的，買家的估價卻是低了百分之三十。

在這個實驗裡，每個小組都不自覺的發展出了對自己立場有利的評估方式。大家都專注在自己願意相信的事實，忽略又忘了其他事實。《哈佛這樣教談判力》作者羅傑．費雪回憶自己還在執業律師的時候，就曾有過同樣的怪現象：「有時候我沒辦法說服法官，但每次一定都能說服我自己！」

不自覺的發展出偏見是人性的一部分，但這樣也很危險。對於自己的觀點是否「公正」，我們還是要謙虛一點比較好，尤其在事關重大的時候。

從武斷轉向好奇

瞭解對方故事的唯一方法就是保持好奇心。不要問：「他們為什麼認定是那樣？！」而應該自問：「他們掌握了哪些我不知道的資訊？」不要問：「他們怎麼這麼不講道理？」應該問：「他們是如何看待整件事情的？或許有他們的道理？」武斷會妨礙雙方的溝通，而好奇才能促進彼此的瞭解。

好奇：瞭解對方的途徑

讓我們看看東尼和小可這對夫妻之間的爭執。東尼的妹妹剛剛生了第一胎，小可第二天就想去醫院探視。令她驚訝的是，東尼竟然要在家看足球轉播，不想陪她去。小可追問原因，東尼嘟囔著「重要比賽、我明天再順道過去」等。

小可對東尼的反應十分不解，她在心裡自問：「怎麼會有人把足球看得比家人還重要？這真是我聽過最自私、膚淺、荒謬的事！」但她立刻察覺到自己的武斷，硬是壓下了差點要脫口而出的「你怎麼可以這樣？」這句話。她要求自己維持好奇心，去探究東尼心裡有哪些她不知道的事，以及這整件事在東尼心裡的感覺是什麼、他的理由是什麼。

東尼的說法和小可想的不太一樣。表面上，東立是在看電視球賽。但對東尼而言，這其實攸關他的心理健康。整個星期下來，他每天都在極大的壓力下工作十個小時，回家又有兩個兒子纏著，對他予取予求；好不容易哄他們上床之後，又要花時間聽小可講她白天的瑣事；終於能睡覺的時候，整個人都已經癱掉了。因此對東尼來說，看球賽是整個星期唯一可以真正休息的時候。他可以藉著看球賽消除壓力，效果就像打坐冥想一樣。這三個小時可以幫助他累積能量，應付接下來的一個星期。東尼認為，他妹妹不會在意他是今天去還是明天去，因此他選擇先照顧自己的心理健康。

當然，問題還沒有解決。小可也必須把自己的看法告訴東尼，把事情攤開來之後，兩人才有機會一起想辦法來解決。但是，如果小可一開始就武斷的認為自己知道東尼的故事，就不可能有任何的轉圓了。

你有什麼故事？

我們經常會武斷的認為自己已經把事情各層面都想清楚了。為了避免這樣，不妨試試先探究一下「關於我自己，我還有哪些不知道的事。」這樣聽起來很奇怪，畢竟，自己一直伴隨著自己，還會有什麼不瞭解的呢？

簡單說，還真的是不太瞭解。我們觀察外在世界，然後建構故事，可是這個過程往往太快、幾乎是一種本能反應，我們甚至忽略了到底有哪些因素會影響到我們的觀點。例如在小傑和老麥的談話中，我們看到了小傑真正的想法和感受，但這中間完全沒有提到暖氣關了的事，也沒有提到小傑老婆因為晚餐約會取消而生氣。即使是小傑自己，可能也並不清楚自己的反應背後有什麼原因。

重點不在誰的規則比較好，而在彼此的規則不同

小傑重視的潛規則是什麼呢？他對自己說：「真不敢相信，老麥會用這種態度對我。」但小傑並不知道，他的這個觀點建立在彼此「應該」如何對待的潛規則上面。小傑的規則大概是「不管結果怎樣，都應該要感謝對方的努力」。許多人都同意這樣的規則，但這畢竟也只是一種個人規則，不見得所有人都會遵守。而老麥的規則可能是「好朋友彼此發個脾氣應該無妨，但總不能一直放在心上」。重點並不在於誰的規則比較好，而在於彼此的規則不相同。除非小傑能先反省自己故事背後的規則，

否則便無法知道雙方的規則有什麼不同了。

讓我們回想一下安卓和他舅舅陶格一同看遊行的故事。我們提過，安卓是個卡車迷。這是從他舅舅的觀點來看所得到的結論，舅舅很清楚「安卓就是這樣」，但舅舅並不清楚「自己是怎樣」。如果以舅舅對卡車的著迷程度（完全沒興趣）為基準，安卓的確是個卡車迷；但是，如果從安卓的角度來看，舅舅可能就是「啦啦隊迷」了。在四歲大的小孩眼中，安卓的觀點才是正常的。

包容雙方的故事：採用「同時立場」

如果堅信只有自己的故事才是正確，就很難聽得進別人的故事。畢竟，自己的故事與對方的故事差異太大，對自己而言又是那麼的合理。如果採用所謂的「同時立場」，便可助你聆聽對方的故事。

我們常以為，在接受與拒絕對方的故事之間，一定要做出決定。而且，如果接受對方的故事，就必須完全放棄自己的故事。但以前面的幾個故事而言，究竟是老麥對還是小傑對呢？是歐立對還是蒂瑪對呢？是安妮對還是她的老闆卡洛琳對呢？是開窗睡覺對還是關窗睡覺對呢？

這些問題的答案應該是「不必問」！事實上，我們不需要二擇一，我們反而可以兩者兼容，這就是「同時立場」。

同時接受雙方的故事，聽起來像是想要兩面討好，似乎是在「假裝雙方都是對的」。其實不是這樣。我們不需要假裝任何事，也不需要操心到底是應該接受或拒絕對方的故事。我們只要先去瞭解對方的故事就好。瞭解對方的故事並不一定就要放棄自己的故事。如果雙方都站在「同時立場」之上，就可以瞭解到，「對方怎麼看事情」其實很重要，「對方的感覺是什麼」也很重要。不論最後決定怎麼做，也不論彼此的故事是否相互影響，雙方的故事都很重要。

「同時立場」是假設這個世界很複雜，我們可能會覺得受傷、憤怒及委曲，而對方也可能會有完全相同的感覺。對方可能盡了全力，而我們可能覺得還不夠好。我們可能做了很愚蠢的事，而對方也可能讓問題變得更嚴重。我們可以怨恨對方，也可以喜歡並感激對方。

「同時立場」提供了一個緩衝的空間，讓我們可以充分主張自己的觀點及感受，又不必否定其他人的觀點及感受。同樣的，我們可以聆聽別人對事情有哪些不同的感受及看法，而不需要放棄自己的感受。因為雙方可能會有不同的資訊或不同的詮釋，而且雙方的故事可能都很合理。

當雙方分享了彼此的故事之後，自己的故事可能會因為新的資訊或不同的觀感而改變，但雙方的故事仍然可能不同。這樣也沒什麼不好，有時候人和人之間的確會有真正的歧見。即使如此，最好的問題並不是「誰對誰錯」，而是「既然已經相互瞭解了，那麼，有什麼解決問題的好方法呢」？

兩個似是而非的說法

你可能會認為，通常來說，我們應該從武斷及爭辯轉向好奇及「同時立場」，不過一定會有例外的時候。讓我們看看兩個似是而非的例外情況：(1)如果我確信自己絕對沒錯的時候怎麼辦？(2)在任何情況下都能夠「瞭解對方的故事」嗎？即使我決定要開除某人或與某人絕交時也適用嗎？

(1)我絕對沒錯

有個故事說，從前有兩位傳教士，為了該如何做神的工作而吵了起來。基於和解的精神，其中一位對另一位說：「我們看事情的角度不同，不過也沒有關係，我們不一定要達成共識。你可以用你的方式去做神的工作，不過我要用神的方式做祂的工作。」

其實我們的想法也常像這位發言的傳教士一樣。有時即使我們很真誠的以同理心聆聽、瞭解了對方的故事，接下來還是不知所從，還是認為「不管對方的故事對他自己而言多麼有道理，我還是『對的』，對方還是『錯的』」。

例子很容易舉，例如你想和女兒談她抽菸的問題，你確信抽菸對她絕對有害，而且越早戒掉越好。客觀的說，這些事情你都沒錯。但問題就出在，這些並不是談話的重點。重點其實在於你和女兒兩人對於她抽菸這件事的感覺、她應該怎麼做、你應該扮演什麼角色。重點在於當你想像到她生病時，你心裡的那種恐懼及悲傷，以及你感覺無力讓她立即戒菸時的憤怒。重點在於她覺得自己已經獨立了，她希望突破「乖女兒」形象。重點是她感覺到矛盾，對於自己做的事情一方面沾沾自喜，一方面又感到害怕。談話的重點應該是你們父女之間複雜、重要而且需要加以探究的諸多問題，而不是抽菸是否有礙健康的真理。其實，你們之間對於抽菸的危害早就已經有共識了。

即使是在爭論對與錯，你也會發現，就算自己真的沒錯，事情也不會有什麼進展。你的朋友可能會否認自己是個酒鬼，也可能否認喝酒影響了他的婚姻。即使全世界都同意你的看法，認為你沒有錯，並嘗試要求他認錯，但這樣也沒辦法幫助你的朋友戒酒。

有幫助的做法是告訴他，他這樣酗酒對你有什麼影響，然後進一步嘗試瞭解他的故事：他為什麼要否認自己酗酒？要他承認自己有問題，這對他代表什麼意義？他為什麼很難承認自己有問題？除非你瞭解他的故事，並讓他瞭解你的故事，否則就無法幫他找出方法，改寫自己的未來。在這個案例中，你可能沒錯，可能是你的朋友不對；但只是「沒錯」並不能讓整件事情好轉。

(2)傳遞壞消息

如果你必須開除某人，或想要結束一段感情，或告訴供應商你們即將減少八成的訂單，這時候又該如何呢？在大部分高難度的對話裡，你很難單方面決定最後的結果。但對於開除某人、分手或減少訂單這一類的事，你的確是可以單方面決定的。在這類情況下，我們很合理的會懷疑，是否還需要瞭解對方的故事。

開除某人或與人分手之所以困難，大多都與「談感覺」及「談尊嚴」這兩類對話有關（這點稍後再討論）。但我們也必須瞭解對方的觀點。記住，瞭解對方的故事並不表示必須認同對方，也並不需要放棄自己的故事。同時，願意瞭解對方的觀點並不會減損你執行自己決定的能力。更明白的說，自己的決定才是最後的決定。

事實上，在進行高難度對話的時候，如果必須傳遞或執行壞消息，「同時立場」可能是最有力量的立場了。如果確定要和某人分手，你可以說：「我已經決定要和你分手了，因為這樣對我比較好（這就是理由）；同時我瞭解你一定很難過，而且認為我們應該繼續嘗試在一起；同時我心意已決；同時我瞭解，你認為我應該更早就澄清自己的疑惑；同時我並不認為這樣我就會是壞人；同時我瞭解，有些事情是我傷害了你；同時我知道，有些事情是你傷害了我；同時我知道，我可能會後悔做這個決定；同時我還是決定分手；等等……」

「同時立場」可以幫助你維持好奇心，願意去探究對方的立場，同時保持你自己的清醒。

踏出下一步之前，先弄清自己所處的位置

如果想要繼續提升處理高難度對話的能力，就會一直碰到「如何解釋自己的故事」這個問題。這個問題就像是一個參考點，不論我們在哪裡或遇到什麼問題，都可以回到這個原點來。

更深入瞭解對方及自己之後，並不表示歧見會就此消失，也並不表示不用再解決實際的問題或做實際的選擇。深入瞭解雙方並不表示所有的觀點都同樣的重要，也並不表示不能堅持自己的信念。但是，深入瞭解雙方可以幫助我們評估，在有了新的資訊及不同的詮釋之後，自己所堅持的觀點是不是依然還有道理；如此也有利於我們協助對方瞭解這些觀點的力量。

不論想要做什麼，第一步就是設身處地瞭解對方。先要知道自己在哪裡，才能知道如何踏出下一步。

接下來的兩章將深入探討，當我們想瞭解雙方故事時，會碰到兩個問題：第一，我們經常會誤解對方的意圖；第二，我們經常會專注於歸咎責任。

第三章　不要假設對方是故意的：將「意圖」與「造成的衝擊」區隔開來

在對立的狀況中，我們常會認為對方是故意的。而「意圖」這件事也會嚴重影響我們對於對方的判斷：如果某人故意傷害我們，我們對他的判斷，就會比不小心傷害我們的人嚴苛。如果對方有很好的理由，我們可能會比較願意多一些容忍；但如果我們認為對方根本不在乎他的行為影響到我，我們就會火冒三丈。同樣是在窄巷子裡面並排停車，停的是鳴笛的救護車還是耍帥的敞篷車，給人的感覺就完全不同。

你是故意的吧？

羅琳和李歐交往了兩年，但經常為了與「意圖」相關的事吵得不可開交。有天兩人在朋友的派對上，羅琳正準備再拿一球冰淇淋，怎知李歐立刻說：「羅琳，別再吃了！」雖然羅琳一直在煩惱自己太胖，但她對李歐這樣公開喊她的舉動很不滿，於是惡狠狠瞪了他一眼，然後兩人在派對上就像陌生人似的避不見面。當晚回家後，兩人就吵起來了：

羅琳：你真的很討厭耶！竟然在派對上當著朋友的面那樣對我。

李歐：我是怎樣了？不懂妳在說什麼！

羅琳：冰淇淋呀，你一付我老爸的樣子，老想管我，害我丟臉！

李歐：我不是要惹妳生氣，是妳自己說要節食的，我只是提醒妳。不要老像刺蝟一樣，聽到什麼都覺得是要針對妳來的。連我好心幫忙也被妳嫌。

羅琳：幫你個頭咧！在朋友面前讓我丟臉，這也叫幫忙？！

李歐：可以，我講不贏妳！每次只要我一開口，妳就說我給妳難堪；我閉嘴，妳又怪我讓妳吃太多！真是夠了，妳是故意要跟我過不去就是了！

這番對話讓他們兩人憤怒、難過，產生誤會。更糟的是，這樣的談話不斷重複。他們兩人的對話是一種很典型的「意圖大戰」，責怪對方是故意的：羅琳指責李歐故意讓她出糗，但李歐不承認。他們陷入了自己不能理解、又無法跳脫的漩渦。

兩種關鍵錯誤

其實問題是可以解決的。在他們的談話中，羅琳和李歐各犯了一種嚴重的錯誤，讓整件事情變得更加困難。羅琳說「你老想管我，害我丟臉！」的時候，她是在指控李歐的意圖。她的錯誤在於，她自以為知道李歐的意圖，但事實上，她並不知道。這是一種很容易犯而又很傷感情的錯誤。我們也一天到晚都在犯這樣的錯誤。

李歐的錯誤則在於，他以為只要說自己是出於好意，羅琳就不應該繼續生氣了。他說，他並沒有想要惹羅琳生氣，他只是想幫忙。他認為，他解釋完了以後，事情就應該結束了。因此，他並沒有去瞭解羅琳真正的感覺或生氣的原因。這也是一般人常犯的嚴重錯誤。

所幸的是，只要有所警覺，這兩種錯誤都可以避免。

第一種錯誤：關於對方意圖的假設，通常都是錯的

如果想要探究「羅琳的錯誤」，就必須先瞭解：我們在推測對方意圖時，我們的心思是如何運作的。同時也要認清：我們的推測，其實是立基於一整套錯誤的假設之上。問題就在於，雖然我們很想知道別人的意圖到底是什麼，但我們並不真的知道，也無從知道。別人的意圖只存在於他們的心眼和腦袋裡，我們看不到也摸不著。對於別人意圖的假設，不論我們認為多麼實際而正確，通常都不完整，或著根本就完全弄錯了。

我們會根據自己承受的衝擊臆測對方的意圖

第一種錯誤的特點是，我們會根據自己所承受的衝擊，來臆測對方的意圖。若我們感覺難過，就會推知對方是有意要傷害我們。我們感覺未受到重視，就會推知對方便是有意要怠慢我們。我們的思維會自動運作，甚至不會察覺到自己的結論只是一種假設。我們情願相信自己的假設，也不願想像對方可能會有不同的意圖。

我們總往最壞的方向想

如果我們依據自己承受的衝擊來臆測對方的意圖，這時我們通常會比較嚴苛。約了看電影，朋友卻遲到，我們心裡絕對不會想「大概有人急需要他幫忙」，而可能會認為「這傢伙根本不在乎，害我錯過片頭」。別人的行為傷害我們的時候，我們總會往最壞的方向想。

茉莉就落入了這樣的模式。她的髖骨手術醫生頗有聲望，但她卻覺得他太嚴肅又很難溝通。手術後當她第一次回診，步履維艱好不容易抵達，卻發現醫生臨時延長休假還沒回來。茉莉氣呼呼認為，財大氣粗的醫生一定還在加勒比海摟著老婆或女朋友逍遙，真是自私又沒有醫德。於是越想越生氣！

一個星期之後，茉莉終於見著了醫生。她冷冷的問他度假過得怎樣，他回答說還不錯。她嘴裡說：「猜想也是。」心裡卻在想要不要直接表示不滿。但醫生接著說：「這次休假其實是去工作，我在幫戰火不斷的波士尼亞建一間醫院，那裡的狀況真的太悽慘了。」

就算瞭解了醫生的實際行程，並不能改變茉莉所承受的不便，但她知道醫生原來不是貪圖自己的享樂，而是為了崇高無私的奉獻，她對於多等一個星期的感覺也就好多了。

我們常會臆測對方的意圖。不論在職場或朋友之間，我們越來越多機會使用電子郵件、語音信箱、傳真或視訊會議，因此經常必須從字裡行間推敲對方真正的用意。例如客戶在信上寫道：「猜想你還沒開始處理我的訂單……」他究竟是在挖苦還是生氣？或者他只是想告訴你他知道你很忙？溝通缺乏了音調或表情，我們就很容易會往壞的地方想。

寬以待己

諷刺的是，雖然我們經常認為對方不懷好意，但卻從不質疑自己的意圖。或許這就是人性。如果是老公忘了去拿送洗的衣服，就是不負責任；如果是自己忘了訂機票，就是因為工作太忙太累而忘記了。如果是同事在部門同僚前批評你的工作，就是羞辱你；但如果是自己在同一個會議中提出意見，就是求好心切。

當自己在採取行動的時候，我們大都確信，自己並不想激怒、攻擊或鄙視對方。我們只注意到自己關切的事，而忽略了自己對他人帶來了負面的衝擊。但是，當我們受他人行動影響的時候，就很容易認為對方不懷好意且行徑惡劣。

真的沒有壞人嗎？

當然，有時候別人真的是故意想要傷害我們。我們周遭的確會有一些邪惡、自私的人，故意要讓我們丟臉或搶走我們的朋友。但這類狀況比我們想像的要少。除非對方親口說出來，我們沒辦法真的知道他的意圖。

誤會對方的意圖，會付出很大的代價

意圖很重要，但猜錯對方的意圖將危及雙方的關係。

我們認為不懷好意的就是壞人

如果認為對方不懷好意，這時會有一個風險：我們會從「對方不懷好意」立刻跳到「對方是壞人」。一旦認定了對方是壞人，我們便會以有色的眼光看待對方，此時所影響的就不僅僅是雙方的談話，還影響到雙方的關係。一旦將對方貼上了標籤，我們便會透過這樣的偏見觀察對方的行為，也就產生了對立的態勢。即使我們並沒有說出自己的觀點，但我們受到衝擊的這個事實仍然存在。我們越是認定對方很壞，就越認為可以避開對方或在背後說對方的壞話。

如果你察覺到自己認為「那個交通警察是個怪胎」或「老闆是控制狂」或「鄰居不可理喻」，就該自問為什麼會有這樣的觀點。你的依據是什麼？如果是因為無力感、害怕被控制或覺得沮喪，就請特別注意，這樣的結論只是根據他人行為對自己造成的衝擊，完全不足以判定對方的意圖或人格。

指控對方不懷好意便會引起防衛心態

片面臆測對方的意圖，也可能影響到雙方的談話。最常見的指控包括：「為什麼故意讓我難過？」「為什麼忽視我？」「我做了什麼，讓你覺得可以這樣糟蹋我？」

我們自以為是在與對方分享難過、沮喪、憤怒及困惑。我們展開對話的目的，本來是想增進彼此的瞭解，期待可以改善對方的行為，甚至獲得對方的道歉。但對方往往覺得我們在挑釁、指控或詆毀。換句話說，對方也犯了同樣的錯誤，開始臆測我們的意圖。我們的臆測經常不周全甚或錯誤，讓對方覺得受到指控，而且是不實的指控。很多事情因此變得更難處理。

所以，對方想要辯解或反擊也就不足為奇了。從對方的觀點來看，他們只是抗拒不實的指控。但從我們的觀點來看，對方真的就是在強辯了。因為，我們沒有錯，對方只是沒有雅量來承認。結果當然就是一團混亂，沒有人得到任何教訓，沒有人道歉，事情沒有任何改善。

羅琳和李歐的情況就是這樣。李歐從頭到尾一直都在辯解，最後還說有時候懷疑羅琳是不是故意要和他過不去。他實際上就是指控羅琳有惡意，雙方也因此相互指責。如果事後跟他們討論，羅琳和李歐可能都會認為自己是對方惡意之下的受害者。也都會宣稱自己的說法只是想要說出心裡的話。這樣的惡性循環有兩個典型的特徵：雙方都認為自己是受害者，而所有的行為也都只是想要把話說清楚。就這樣，好心好意卻讓自己惹上麻煩。

想多了也會成真

關於對方的心態，我們的臆測往往會成真，即使對方原先可能並沒有那個意思。例如，你覺得老闆始終不肯讓你負重大的責任，那是因為她不信任你的辦事能力。在這樣的想法下，你開始意志消沉，認為不論自己怎麼做，都無法改變老闆的心意。於是你的工作表現越來越差，老闆原本可能並沒有注意到你的工作，但現在卻開始擔心了，也因此更不願意讓你負責。

如果認為別人對我們有惡意，就會影響到我們自己的行為。而我們的行為，又會影響到別人對待我們的態度。不知不覺中，我們臆測的惡意就成真了。

第二種錯誤：好意還是會造成負面的衝擊

正如我們看到的，羅琳自以為知道李歐的意圖，這個錯誤看似微不足道，但影響卻很嚴重。現在回過頭來看李歐，他在談話中也犯了同樣嚴重的錯誤。他認為，因為自己並無惡意，所以羅琳不應該難過。他的想法是：「妳說我故意讓妳難過，但我已經澄清了我並無惡意。因此，妳應該就不要難過了。而如果妳還要繼續難過，就是自討苦吃。」

沒有聽到對方真正想說的話

我們常忙著澄清自己的意圖，因此錯過了對方想要說的重點。對方如果說「你為什麼故意要讓我難過？」他其實是想溝通兩個獨立的訊息：第一個是「我知道你的意圖」，第二個是「我很難過」。當自己被指控的時候，通常都只專注於第一個訊息，而忽略了第二個訊息。為什麼會這樣呢？因為我們覺得必須要為自己辯護。李歐就是因為忙於為自己辯護，而沒有聽到羅琳說她很難過。他沒有理會這件事對羅琳的意義，也不知道她有多難過，或者這個問題為什麼這麼難處理。

務必要盡力瞭解對方真正想說的話，因為，對方如果說「你故意要讓我難過」，其實那並不是他們真正的意思。如果只注意語言表面的意思，會讓談話更加困難。通常，我們說「你故意要讓我難過」的時候，意思其實是說「你不夠關心我」。兩者的區別很大。

父親如果因為工作太忙而沒有去觀賞兒子的籃球比賽，絕對不是故意要讓兒子難過。他只是更想要工作，或更需要去工作。做為承受的一方，大部分的人都分不太清楚「對方故意要讓我們難過」和「雖然對方不希望我們難過，但並沒有優先考慮我們的需要」。不論是哪一種狀況，我們都會覺得難過。如果父親對兒子的抱怨只說「我不是故意要讓你難過」，其實並沒有真的解決兒子的問題。兒子心裡的問題是：「或許你不是故意要讓我難過，但你也知道你不來我會很難過，而你終究還是讓我難過了。」

嘗試說明自己的意圖確實會有所幫助，但應注意時機。如果是在談話的開始就想要辯解，可能就還沒有完全瞭解對方真正想要表達的意思。

不要忽略動機的複雜性

善意就可以化解負面的衝擊嗎？別這樣想。因為人的意圖不僅僅是「善」或「惡」這麼簡單。李歐的意圖真的純潔無瑕嗎？真的只是想要幫助羅琳節食嗎？也許他自己也因為羅琳吃得太多而感到尷尬，才會脫口而出叫她別再吃了。或者他希望她減肥，不單是只為她自己的健康，而也是為了他。如果李歐真的關心羅琳，豈不就更應該注意自己的措詞對她的影響嗎？

就像大部分的時候一樣，李歐的意圖可能很複雜，可能連他自己都不知道當時的動機是什麼。「究竟是什麼動機？」這個問題的答案其實並不重要，重要的是李歐問自己這個問題並進而找出答案的意願。如果李歐對羅琳的第一句回應是「我是出於善意的」，就像是挖了一道鴻溝，將更難以在兩人接下來的談話中獲取新的資訊。這樣也等於是告訴羅琳：「我只想為自己辯解，而不想知道我們之間的關係出了什麼問題。」

有趣的是，當我們開始努力審視自己的意圖時，就已經清楚的告訴對方，自己非常重視彼此的關係。畢竟，我們只會為自己重視的人做這樣的努力吧！

敵意會加劇——尤其是在族群之間

族群之間有衝突的時候，我們更容易臆測對方的意圖，更容易採取自我防衛或是忽視自己對他人帶來了什麼樣的衝擊。這些對立的族群可能包括工會對抗管理階層，住戶對抗建商，行政人員對抗專業人員，我的家人對抗你的家人。如果牽涉到種族、性別或性傾向的差異時，一般人會更想要為自己的意圖辯解。

幾年前有家報社就發生了員工間的種族衝突。非洲裔及西班牙裔記者抱怨說，編輯部完全不聽少數民族的聲音，同時揚言要籌劃杯葛行動，除非有具體的改善。為了因應這個問題，執行編輯們召開閉門會議，卻沒有邀請少數民族員工參與。少數民族的記者們得知後簡直氣炸了。某位記者說：「他們再次證明，他們根本不在乎我們想說什麼。」

當一位白人編輯聽到這個聲音的時候，她覺得很冤枉，因而極力的想要澄清那次會議的目的：「我瞭解你們為什麼會感覺被排除在外，不過那真的不是我們的本意。那次只是編輯人員開會，希望找出好的辦法來接納少數民族的聲音。」那位白人編輯以為，只要澄清了意圖，「會議目的」的問題應該就解決了。畢竟，一切應該都已經很清楚了。但問題才沒那麼簡單，白人編輯的意圖很重要，同樣也很重要的是，不論是否有意排除少數民族，少數民族已經感覺到被排除在外。這種感覺需要相關人員花時間及心思才能慢慢淡去。

將意圖與衝擊區隔開來	
你知道的是	**你不知道的是**
我的意圖	他人的意圖
他人對我的衝擊	我對他人的衝擊

避免這兩種錯誤

幸好，關於意圖及影響的這兩種錯誤都是可以避免的。

避免第一種錯誤：將「意圖」與「造成的衝擊」區隔開來

羅琳可以如何避免誤會李歐意圖的錯誤呢？第一步就是要先認清，「李歐對她造成的衝擊」和「李歐的意圖」是不同的兩件事。如果不能區隔這兩件事，什麼問題也解決不了（見前頁表）。

如果想要將衝擊與意圖區隔開來，就必須先意識到，我們經常會將「我很難過」自動連結到「你故意要讓我難過」。只要問自己三個問題，就可以分辨其中的差異了：

1. 行為：對方實際說了什麼或做了什麼？
2. 衝擊：對自己造成什麼衝擊？
3. 假設：根據這樣的衝擊，我針對他人的意圖做了什麼假設？

先將自己的觀點當成是一種假設

清楚回答上述這三個問題之後，下一步就是確定自己對他人意圖的臆測真的只是臆測，一種猜測，一種假設。

其實你的假設並非毫無依據，最起碼你知道對方說了什麼或做了什麼。但我們也知道，這樣的證據還不夠。你的猜測可能沒錯，也可能不對。事實上，你的反應不僅透露出對方做了什麼，還透露出你自己是什麼樣的人。或許是你過去的經驗，將對方的行為賦予了特別的意義。例如，有些人與兄弟姊妹曾有不愉快的經驗，因而認為開個玩笑就是一種敵意；但其他人可能認為適度的玩笑話是表示親密的一種互動。不論如何，我們都不能根據這麼微弱的證據，來指控對方的意圖。

分享自己受到的影響，並詢問對方的意圖

你可以利用前面三個問題的答案，做為高難度對話的開始：先說出對方的行為，告訴對方那樣的行為對你造成的衝擊，然後解釋你的臆測。請謹慎，此時你只是在檢驗自己的假設，但還不能確定自己的假設就是事實。

讓我們看看，改用這樣的方式，對於羅琳和李歐之間的談話能帶來什麼改變。羅琳可以不再以指控做對話的開端，而可以先指出李歐說了什麼，以及對她的影響：

羅琳：你知道嗎，你說「別再吃了！」的時候，我真的覺得不好受。

李歐：是喔？

羅琳：對呀！

李歐：我當時只是想幫妳維持節食，妳為什麼會生氣呢？

羅琳：你在那麼一大群朋友面前這樣說，我覺得好尷尬。那時我在想，你是不是故意要讓我出糗或讓我難過？其實我不知道你為什麼要那麼說，但當時我真的是這麼想的。

李歐：我絕對不是故意的。我想，當時我的確沒有顧慮到妳的感受。但是，我實在不知道，以後我看到妳破戒猛吃的時候，妳會希望我怎麼說呢？

這只是對話的開始，但卻好多了。

不用假裝心中沒有假設

請注意，我們並沒有建議你忘掉自己的臆測，這樣並不實際。我們也沒有建議你隱藏自己的觀點。你應該要認清自己的臆測，它是可以修正或推翻的。羅琳並沒有說「我不在意你說了什麼以及為什麼說」，或「我知道你不是故意要讓我難過」。這樣就太假了！分享自己的臆測時，要清楚知道所分享的只是臆測或猜測，目的是檢驗這樣的臆測在別人看來是否合理。

無法避免對方的防衛行動

不論你處事多麼圓融，對方都可能會有防衛行動。意圖及衝擊這兩件事情非常複雜，而其中的差異有時候又很細微。因此你要做好心理準備，對方可能出現防衛行動，此時應澄清自己想要溝通的問題。

如果你越能解除對方的自我防衛，對方就越願意聽你講話，並反省自己複雜的動機。例如，你可以說「我很驚訝你這麼說，這不太像是你的風格……」假設真的不像是對方的風格，那麼你說的話就比較中肯了。如果對方的話中的確含有敵意，他自己也比較容易承認。

避免第二種錯誤：傾聽對方的感受，並反省自己的意圖

當我們像李歐一樣，被人指控不懷好意的時候，我們會展現出強烈的自我防衛，辯稱「我的意思不是這樣」。人都難免會防衛自己的意圖及人格，但麻煩也都是從這裡開始的。

傾聽隱藏在指控背後的感受

請記得，別人指控我們不懷好意，這背後包括兩個獨立的觀點：其一是對方認為我們的確不懷好意，其二是對方感到沮喪、難過或尷尬。你也不用假裝對方沒有指責我們不懷好意，因為你一定會想要回應這種指控的。但也不要忽略了「對方感到沮喪、難過或尷尬」這件事。如果先傾聽並認同對方的感受，然後再回到意圖的問題上面，談話就會變得更輕鬆而有建設性了。

以開放的心胸反省自己複雜的意圖

在反省自己意圖的時候，請不要說「我的意圖很單純」。我們常常會自認如此，雖然有時候自己的意圖的確很單純，但大部分時候，人的意圖是很複雜的。

請想像一下，如果李歐遵循這樣的建議和羅琳講話，情況會是如何：

羅琳：你真的很討厭耶！竟然在派對上當著朋友的面那樣對我。

李歐：我是怎樣了？不懂妳在說什麼！

羅琳：就冰淇淋的事呀，你一付我老爸的樣子，老想管我，害我丟臉！

李歐：哇！聽起來，我真的讓妳很難過喔。

羅琳：當然難過呀，不然你以為咧？

李歐：喔，那時候我在想，妳不是說要節食嗎？我以為可以幫妳堅持一下。不過我現在可以瞭解，在這麼多人面前說那種話，的確讓妳很尷尬。當時我怎沒注意到呢？

羅琳：或許當時你也覺得尷尬，所以必須要說句話吧！

李歐：也許吧！我應該是覺得妳當時有點失控了，我一直認為，如果妳失控的話，這件事很嚴重。

羅琳：真的耶！我當時可能真的有點失控了。

李歐：不管怎樣，的確是我的錯，不過，我真的不想讓妳難過。現在讓我們想想看，如果以後遇到類似的狀況，我應該怎麼做或怎麼講會比較好！

羅琳：好主意……

* * *

曲解對方的意圖會讓原本就很困難的談話更加困難。唯有瞭解到這一點，才能化解雙方之間的問題。但在「談事實」類型的對話中，還有一件事困擾著我們，那就是「誰該負責」的問題。

第四章　別再指責：找出原因來

「極限運動」是一家快速成長的運動服飾公司，也是你很想開發的重要客戶。你搭機去拜會該公司的高階主管。到了對方公司，當你正要開始簡報的時候，赫然發現竟然帶錯了簡報檔案，尷尬之餘也只能毫無重點的一陣閒扯，原本大好的機會就此化為烏有。簡報資料是你的助理為你準備的，她的一個疏漏，讓你們幾個星期的辛苦付之一炬。

責任歸屬很清楚

於是你回去後狂罵助理。不罵她還能罵誰？況且也該讓大家知道那是她的錯，這樣才能挽救你的聲譽。罵她還有個真正的原因：明顯就是她的錯嘛。

然後，你和助理開始檢討整個過程，此時你會採取以下兩種方法之一。首先，你可以挑明責備她：「真搞不懂妳怎麼會犯這種錯誤！」其次，若你不想這麼尖銳（或者你認為責備也於事無補），就可以含糊一點的要求她：「下次注意一點。」不論採用哪一種方法，她都會感覺到你是在責備她。

忍不住要指責

在很多高難度對話裡面，「責怪」都是很重要的成分。不論是在檯面上還是檯面下，話題總圍繞著「誰該負責」這個問題：在這段關係中誰是壞人？誰犯的錯？誰應該道歉？誰可以發脾氣？

一味的指責，這樣並不好。原因並不是這樣很難進行討論，也不是因為這樣會破壞關係，造成痛苦及憂慮。有很多其他問題都不好討論，也可能會有負面的影響，但卻必須要正面處理。一味的指責之所以不好，原因是這樣會妨礙我們找出問題發生的真正因素，使我們無法進行任何有意義的改正措施。指責通常於事無補又有失偏頗。我們想要指責他人，是因為我們雙方對於問題的起因看法不同，而且大家都害怕自己會遭受指責。很多時候，我們受了傷害卻不願意直接告訴對方，反而以指責對方的方式取代。

「不要指責對方」的建議無法解決問題。除非瞭解指責的本質及動機，並找出其他更好的解決方法，否則還是難免要相互指責。而這個更好的方法就是「探究原因」的概念。「指責」與「探究原因」這兩者的差異很難區分，但卻是提升處理高難度對話能力的關鍵因素。

如何區別「探究原因」和「指責」

在本質上，指責的重點是批判，而探究原因的重點則是瞭解。

指責重在批判，只看過去

「誰的責任？」其實是個三合一的問題。第一，麻煩是這個人造成的嗎？是因為助理的行為或疏失才害你帶簡報檔案嗎？第二，如果是的話，那麼，應該用什麼標準來評斷她的行為呢？能力不足？不講道理？不合企業倫理？第三，如果對她的評斷是負面的，那麼該如何處分？斥責？警告？乾脆開除？

當我們說「都是你的錯」，就等於是給了前面三個問題一個草率而魯莽的答案。我們的意思不僅僅是說對方造成了這樣的結果，而且還表示對方做了壞事，應該受到懲罰。難怪指責是那麼敏感的問題，一旦感覺被指責，任何人都會立刻自我防衛起來。

一旦開始相互指責，必定會看到自我防衛、情緒激動以及打斷對方講話之類的情形，雙方也開始不斷爭執：「好的助理」、「相愛的伴侶」或「講理的人」到底應該做或不該做哪些事。指責他人的時候，對方就像是變成了「被告」，當然也就會像被告一樣的盡全力自我辯護了。畢竟相打無好拳，相罵無好言。

探究原因重在相互瞭解，看見未來

探究原因的時候，我們會問出與前面三個問題相關，但是很不相同的問題。第一個問題是：「我們各別做了什麼，導致現在這個狀況？」或者換一種問法：「我們各別做了什麼或忽略了什麼，讓我們陷入這樣的困境？」」。第二個問題是：「我們現在辨識出了這一個『原因系統』（contribution system），以後可以怎麼改？未來又該怎麼做？」」。簡單說，探究原因有助於瞭解實際發生了什麼事，據以改善雙方未來的合作。在現實的工作及私人關係中，我們的目的本來應該是要相互瞭解並改變未來，但卻經常上演相互指責的戲碼。

為了進一步說明，讓我們回到本章一開始「極限運動」的案例，並想像兩種截然不同的談話方式。第一種談話的重點在指責，第二種把焦點放在探究原因。

你說：我想跟妳談談我在「極限運動」簡報的事。妳放錯簡報檔了，結果這案子搞砸了，我也糗斃了。以後不能再有這樣的狀況！

助理：我也聽說了，真是對不起。因為……算了，你大概也不想聽我找藉口！

你說：我真是搞不懂，妳怎麼會這麼糊塗！

助理：真的很抱歉。

你說：我知道妳不是故意的，妳一定也很難過。但類似的事不能再次發生，懂了嗎？

助理：以後不敢了，我保證。

這段對話包含了指責的三個元素：妳造成的；我對妳有負面的評價；我的言詞中暗示了妳將受到某種懲罰，尤其是如果還有下次。

相對於以上的指責對話，探究原因的對話可能會像這樣：

你說：我想跟妳談談我去「極限運動」做簡報的事。我到那裡的時候，才發現你放錯檔案。

助理：我也聽說了，真是對不起。我很難過。

你說：我瞭解，而且也很難過。我們來回想一下過程，看是哪裡出錯了。我想，我們都應該負一部分責任吧。從妳的角度來看，我這次有什麼異常的地方？

助理：我不太確定。那時候我們同時進行三個案子，在前一個案子的時候，我問你要帶哪一份檔案，你就發脾氣了。我知道，我應該很清楚你需要哪個檔案的，但就是忙中出錯了。

你說：不確定就該問清楚，妳這樣做沒錯。但聽起來好像我太兇了，所以妳不太敢直接問我。

助理：有時候我真的很怕你。你忙起來的時候，好像很不喜歡有人煩你。你要出發的那天就像那樣，我只想躲著你，怕給你火上加油。你掛掉電話後，我本來想再跟你確認是哪一份簡報檔的，但我那時候剛好要去影印。你出發之後我又想起來，但我知道，你一向會再三確認資料袋的，因此我以為不會有問題的。

你說：沒錯，我通常都會再三確認的，但這次我真的是忙翻了，也就忘了。我想，以後我們兩個人每次都要確認才行。而且，我的確有時候很急躁，急躁的時候真的也很難相處。

我是應該多點耐心少點脾氣的。但是，如果有些事情妳不確定，不論我當時的心情如何，都請妳務必要問我一下。

助理：所以，即使我認為問了你會發脾氣，還是要問，是嗎？

你說：沒錯！而且，我也會盡量收斂自己的脾氣。妳做得到嗎？

助理：好啊，這樣談過以後應該就容易一點了。我也更知道事情的輕重。

你說：妳甚至可以拿這次的話來堵我。妳可以說：「我知道你壓力很大，不過，是你逼我發誓一定要問清楚的……」。或者說：「你自己答應你不會那麼嘴賤的吔！」

助理：（笑到快要噴飯）好吧！這招應該管用。

你說：現在，我們來看看，以後妳要怎麼樣才可以弄清楚：哪個公司要推哪個專案……

在第二種談話中，你和助理找出各自犯的錯誤以及自己的行為模式：你為了即將進行的簡報焦躁不安，並對助理不耐煩。她以為你要她閃遠點，因此更為退縮。事情搞砸之後，你更加的惱怒，同時也擔心下次可能會再出錯，因為你不再信任助理的能力。因此你變得更加暴躁，更加不容易親近，越來越難溝通，錯誤也就越來越多。

以上是你們共同建立的互動模式。掌握了這個互動模式之後，就會知道各別應該怎麼做，未來才能避免或改變這樣的結果。因此，第二種談話方式比第一種更能長期改變你們合作的方式。第一種談話方式可能會讓問題更嚴重。因為，在那樣的模式中，助理因為害怕激怒你而不敢和你說話，指責式的談話會讓狀況持續惡化。長此以往，她會認為你難以共事，而你也會認為她無法勝任工作。

原因是雙方面的

同時探究老闆和助理兩方面的問題（尋求瞭解而非評斷）非常重要，這不僅僅是好的做法，也很務實。通常，人際關係出現問題的時候，雙方都有問題。畢竟，一個巴掌拍不響。

當然，這和我們以往探究原因的經驗不同。通常我們會認為原因一定出在單方面，要不都是自己的錯，要不就全是對方的錯。

只有在低成本電影中，問題才會那麼單純，現實生活中的因果關係是非常複雜的。根據原因系統，通常雙方都會有一些問題。就以棒球運動中投手和打者之間的對決為例。如果打者在關鍵時刻被三振出局，他可能會說沒看清楚球路，或說手腕的傷還沒好；但投手則可能會說：「我知道他以為我會投小便球，所以就賞了他一顆高壓快速直球！」或說：「我信心十足，他還沒進打擊區，我就知道可以輕鬆解決他了。」

究竟是打者說得對還是投手說得對呢？其實，或多或少兩個人都對。會被三振還是擊出全壘打，都是打者與投手之間的互動結果。根據個人的觀點，你可能會專注於其中一方的行為，但結果是由雙方行為共同決定的。

高難度對話也一樣，除了像虐待兒童等極端案例之外，幾乎所有的對話都是雙方共同參與的行動。如果只注意其中一方的行為，就無法看清整個狀況。

相互指責的代價

有時候我們必須要決定責任歸屬。司法體系的建立，就是要透過刑事或民事法庭分配責任。根據明定的司法或道德標準公開分配責任，讓人的行為有所依循，並維持社會正義。

以定罪為目標，就難以瞭解真相

有些時候，我們必須要清楚追究責任。即使如此，這樣也要付出很大的代價。如果老是擔心被處罰（被司法或其他方式處罰），那麼一般人一定會更不願提供資料，更不願開放心胸，更不願道歉，如此就更難找出事實的真相了。這點很容易理解。例如在汽車意外事故之後，車商怕會挨告，於是不太願意改善汽車的安全設計，免得這種動作被人解釋為「車商坦承自己早在意外發生前就應該改善安全設計」。

成立「真相委員會」的目的，就是在歸咎責任與瞭解真相之間取得平衡，並寬恕坦誠真相的人。例如在南非，如果只靠犯罪調查和審判，可能就沒辦法知道，在種族隔離制度之下，曾經有那麼多慘絕人寰的真相。

一味的指責會妨礙解決問題

小狗走失了該怪誰？責怪開門的人還是責怪沒有抓住小狗頸圈的人？該爭相指責還是趕快去找小

狗？浴缸的水溢出來，毀了樓下客廳的天花板又該怪誰？該責怪最後一個洗澡的人太粗心沒關水龍頭？該責怪洗澡者的太太，因為她叫他快點出來？該責怪建商把排水管設計得太小？該責怪水管工人沒有提醒說排水管口徑太小？如果要追究問題的原因，這些人應該都脫不了干係。但是如果真正的目的是要把狗找回來，如果真正的目的只是要修好天花板，同時避免類似的事情再發生，那麼一味的指責只會浪費時間，既不能幫助你瞭解過去的問題，也不能幫助你解決未來的問題。

交相指責可能會錯失改善體制的機會

如果因為有了懲罰（即使是適當的懲罰）就不去探究真正的問題及原因，則也會是一場災難。「好商品」公司副總裁決定新建廠房以增加獲利，結果卻造成市場供過於求，利潤不增反減。最初決定建廠的時候，有些人私下早就預測到會有這樣的結果，但當時卻沒有人提出來。

因應這樣的局面，公司開除了那位副總裁，然後聘了新的策略規劃大師。做錯事的人鞠躬下台，「更英明」的人走馬上任，似乎已經解決了管理方面的問題。但公司只改變了「一部分」的責任體制，卻沒有為整個體制做全面體檢。為什麼預見會失敗的人當時要保持沉默？有什麼潛在的因素促使他們不敢提出異議？有哪些結構、政策以及程序一再釀成錯誤的決策？如何才能改變這種狀況？

從體制中拔除某人可能是合理的，但如果因此而疏於檢視更大的責任體制，損失可能超乎想像。

探究原因的好處

基本上，歸咎責任會使得對話更加困難。嘗試去瞭解原因系統，則可以讓對話變得輕鬆，而且可能更有效率。

「探究原因」這件事比較好談

喬瑟負責經營某國際企業的海外辦事處，總公司不願或無法與他有效溝通，令他非常沮喪。他永遠是事後才知道公司決策改變，有時是客戶告訴他說他的總公司政策已經變了，還有一次甚至是從報紙上知道的！於是喬瑟決定向總公司提出這個問題。

在向總公司提出之前，他手下一位經理指出了喬瑟自己在整個問題裡面扮演的角色。他自己安裝了一套無法與總公司系統相容的電腦系統，又很少主動提出本來就該由他提出的問題。不幸的是，他並沒有探究自己在整個體制中的缺失，反而落入了歸咎責任的框架，並且開始懷疑真的是自己的錯，而不是總公司的錯。最後，他並沒有提出這個問題，而讓自己的沮喪持續下去。

歸咎責任的框架會產生很大的心理負擔。你必須確信是對方的錯，而且自己絕對沒錯，才敢提出問題。而且，就像前面所說，自己多多少少都脫不了干係，因此最後可能就放棄提出關鍵問題。這樣真的很可惜，因為如此一來就沒有機會知道溝通不良的原因以及改善的方法。

探究原因有助於學習及改變

假設太太紅杏出牆，雙方在歸咎責任時，開始相互控訴。幾經痛苦掙扎之後，老公選擇繼續維持婚姻，但要求老婆絕對不可再犯。表面上問題是解決了，但雙方從這次經驗中學到了什麼教訓呢？

外遇表面上是單方面的問題，但通常也是雙方共同造成的。除非能找出根本的原因，否則婚姻中導致外遇的問題及模式還會繼續製造更多問題。我們應該要問：老公是否會傾聽老婆的心聲？是否經常加班而晚歸？老婆是否覺得悲傷、寂寞、不受重視？如果是的話，原因何在？

如果想要瞭解他們兩人關係出問題的原因系統，這對夫妻就必須回答更多的問題：如果是老公不聽老婆的心聲，那麼是不是因為她做了什麼才使他不願意聽？她是不是說了什麼或做了什麼，才讓他不願意溝通或退縮？他是不是每個週末都加班？他是不是在她生氣的時候就躲開？他們如何維持婚姻關係？如果想要面對並解決外遇的因素，就必須審慎面對這些問題，建立起原因系統。

關於原因的三大誤解

探究原因的時候，很容易因為下列三種誤解，導致效果不彰。

第一種誤解：我們只應該探究「可歸責於自己的原因」

探究問題背後的原因時，經常會聽到「莫道人之錯，且思己之過」的建議。但這樣是不對的。反省自己的缺失並不會減少對方的缺失。困境是雙方共同造成的，可能也需要雙方共同努力才能脫困。

雖然問題是雙方共同造成的，但並不表示雙方的缺失一樣嚴重。自己可能應該要負百分之五的責任，也可能是百分之九十五的責任，但仍然是雙方共同造成的。當然，應該負的責任很難量化，而且在大部分情況下，量化之後也沒什麼幫助。目標是相互瞭解，而不是分配責任的百分比。

第二種誤解：放棄指責，就等於壓抑自己的情緒

努力瞭解原因系統，停止一味的責怪，但這樣並不表示我們必須壓抑住自己強烈的情緒。恰恰相反，如果要檢討彼此在問題中的缺失，就更應該分享彼此的情緒。

的確，指責他人的衝動往往來自受壓抑的強烈情緒。丈夫知道自己戴綠帽子的時候，都會忍不住指責老婆：「妳要為婚姻破裂負責！妳怎麼可以做出這麼愚蠢又傷人的行為？！」這時候就是以指責取代情緒的發洩。事實上，直接說出自己強烈的情緒才能降低指責對方的衝動，例如可以說：「妳太讓我痛心了」或「我很難再信任妳了」。等過一段時間，當自己往前看的時候，就更能自信而有建設性的討論各自的缺失。

如果你發現自己一直想要責備他人，或不斷希望對方認錯，就可以自問下面幾個問題：「我有哪些感受沒有抒發出來？」「對方是否認同我的感受？」一旦開始探討這個層面，就會發現自己已經從歸咎責任的框架，轉換到了探究原因的框架。你或許會發現，自己真正追求的是瞭解與認同。你並不希望對方說「都是我的錯」，而希望對方說「我知道，是我傷害了你，真的很抱歉。」前面那句話是

在批判，而後面那句則意味著瞭解。

第三種誤解：探究原因就等於「指責受害者」

如果指責受害者，就等於認定受害者是自作自受、活該倒楣甚或咎由自取。這對受害者及其他人而言，都是極不公平而又殘酷的做法。

狀況發生後，我們開始尋找雙方共同造成狀況的原因，這樣的目的並不是想要歸咎責任。例如有人深夜走在街上被搶了，如果想要責怪，就會問受害者以下的問題：「你做了什麼壞事嗎？有沒有違法？有沒有行為不檢？咎由自取嗎？」這些問題的答案都是「真的沒有」！我沒有做錯事，不該被搶，被搶絕對不是我的錯！

如果想要探究原因，就會問出不同的問題，例如：「我是不是做了什麼才導致這樣的情況？」你會發現，即使自己完全沒有做錯任何事，也可能會導致遭到搶劫。怎麼說呢？就是因為你選擇了單獨一個人晚上走在街上。如果你走在別的地方，或是跟一群人走在一起，可能就不會被搶了！當然，如果目的是要懲罰某個人的話，當然應該是懲罰那個搶匪。但是，如果目的是幫助你感覺能掌握自己的生活，最好就能反省屬於自己的原因。雖然我們可能無法改變其他人的行為，但通常可以改變自己。

南非黑人總統曼德拉在他的自傳《漫漫自由路》中舉了一個例子，談到深受迫害的人如何能在問題中反省屬於自己的原因。他說這是一位南非白人給他的啟示：

雅伯是南非荷蘭歸正教派的牧師，也是個冷面笑匠，他很喜歡開黑人的玩笑。有一次他說：「你知道嗎，這個國家的白人比黑人辛苦。不論誰有問題，白人都要負責解決。但是如果黑人有問題，都可以找到藉口，只要說『都是白人惹的禍』就行了。」

他表面上是說，黑人可以把自己所有的問題都賴到白人頭上。但他真正想要傳達的訊息是，黑人也必須自我反省，並對自己的行為負責。我完全同意他的說法。

曼德拉並不認為黑人應該為自己的際遇遭受指責，但他也相信，如果南非想要進步，黑人就必須反省自己在南非問題中所扮演的角色，並負起應有的責任。

若能瞭解自己的哪些行為導致特定的狀況，就可以影響整個體制。只要改變自己的行為，對問題就會有一定的影響力。

找出屬於自己的原因：四種難以發現的原因

你可能會認為「探究原因」這樣的概念很有道理。但你面對眼前這個棘手的狀況，不管你怎麼反省，有時還是感到困惑：「在這個棘手的狀況裡，我實在看不出來我自己有什麼缺失。」其實只要常常練習，就比較容易找出你自己的疏失。不過，以下有四種很普遍、卻常被忽略的原因，你可以先參考一下。

1. 你一直逃避問題

「逃避」是最常見、也最常被忽視的原因：不及早處理，任憑問題持續到現在。例如過去兩年多來，前夫每次接小孩都遲到，但妳從來沒有向他反映這個問題。或者從四年前來到這家公司上班，老闆就一直踐踏你的自尊，但你也從來不跟她分享自己的感受。

你轄下一位店經理表現很糟，應該受到警告甚或開除處分，但他這麼多年來的考評紀錄都是「優等」。怎麼會這樣呢？部分原因可能是你當時懶得記錄這個問題，更可能是你和其他主管當時不想跟這位難纏的員工進行無止盡的高難度對話。同時公司整體的氣氛也容忍並姑息這種「逃避問題」的壞習慣。

最糟糕的逃避方式是向第三方抱怨，而不直接告訴當事人。這樣做心裡雖然會感覺舒服一點，卻會讓第三方瞎操心，又不知道要如何插手幫忙。他們不能替你說話，而且如果想要幫你說話，其他人會以為問題嚴重到你沒辦法直接討論。另一方面，第三方也可能保持沉默，心裡只知道你的一面之詞。

在進行高難度對話的時候，當然可以參考朋友（第三方）的建議，但如果這麼做的話，最好能把處理的結果以及自己感受的改變歷程回報給那位朋友知道，避免他們只留下偏頗的印象。

2. 你難以親近

逃避問題的另一面就是拒人於千里之外的性格，例如表現出漠不關心、難以捉摸、脾氣暴躁、武斷跋扈、待人嚴苛、多愁善感、恃才好辯或不夠友善等。當然，不論你是真的這樣還是裝出來的都不重要。只要對方覺得你是這樣的人，就不想和你談事情，也會避開你！

3. 你們雙方的基本差異

基本差異就是兩個人在背景、偏好、溝通風格或關係認定上的差異。例如結婚剛滿四個月的陶比和恩安，他們的爭執就落入了一種固定的模式。陶比通常會主動提出問題來討論，例如誰做的家事比較多？恩安為什麼不在自己的媽媽面前挺他？她的年終獎金該存起來還是花掉？爭執激烈的時候，恩安都會說：「夠了，我現在不想談！」然後掉頭就走。

每當恩安悶不吭聲或掉頭就走的時候，留下孤單又失落的陶比在那裡。陶比總覺得彷彿維繫兩人關係是他一個人的責任似的，所以經常向朋友抱怨說：「恩安真的不會處理情緒，不管是她的或我的情緒都不會處理，只要一點點小事不順心，就什麼都不管了。」陶比越來越沮喪，因為兩人沒有辦法共同做出困難的決定，甚至連談都不能談。

在此同時，恩安也在向她的姊姊訴苦：「陶比快把我逼瘋了，

兩人之間問題的「原因系統」是這麼來的……

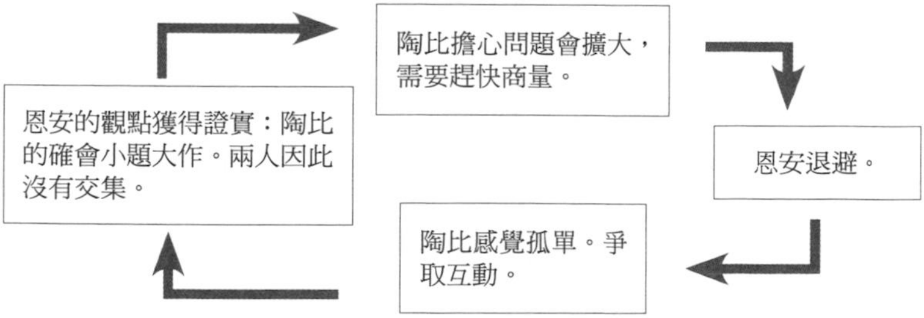
陶比擔心問題會擴大，需要趕快商量。
恩安退避。
陶比感覺孤單。爭取互動。
恩安的觀點獲得證實：陶比的確會小題大作。兩人因此沒有交集。

每次都急驚風似的什麼事都要立刻解決，完全不在乎我的感受，也從不考慮時間對不對。連我第二天要向董事會做重要的報告他也不管，前一天深更半夜還硬是要跟我追究帳戶裡區區三塊錢的差額。他老愛小題大作，花幾個小時的時間就只為了討論些雞毛蒜皮的芝蔴綠豆事！」

陶比和恩安後來把話說開了，然後才發現，由於過去的經驗不同，他們對於溝通以及婚姻關係的認知有很大的基本差異。陶比的媽媽酗酒，這對他的童年影響很大。他是家中唯一願意把事情挑明了說的人，爸爸和姊姊都只會粉飾太平，假裝什麼事都沒有，對媽媽的行徑也都視而不見，天真的期待情況會自然好轉，但媽媽依舊酗酒。或許這也是為什麼陶比會深信，一定要立刻提出並解決問題，才能維持與恩安之間健全的婚姻關係。

恩安的家庭就完全不同了。她哥哥有智能障礙，全家人生活作息都必須配合哥哥。雖然恩安一直很體諒哥哥的情況，但有時候也需要有一個喘息的機會，暫時離開那些因為擔憂、危機以及照顧所帶來無盡的精神折磨。她學會了不要太快對潛在的問題做出反應，同時也積極創造自己需要的距離感。當她與陶比有爭執的時候，陶比的反應威脅到了她悉心經營的避難空間。

我們可以看到，兩種不同的世界觀碰在一起，會產生出怎麼樣的互動模式：陶比拼命想要講，而恩安又拼命想要躲。如果是在歸咎責任的框架下，陶比一定認為是恩安的錯，因為她總是「什麼都不管」，而且「不能控制情緒」。但恩安卻相信是陶比的錯，因為他總是「反應過度」而且「快把我逼瘋了」。如果轉換成探究原因的架構，夫妻倆就可以拼湊出造成爭執的原委並找出解決的方法了。也唯有這樣，才能改善兩個人之間的溝通。

幸運的是，陶比和恩安終於瞭解了雙方的基本差異，也還來得及補救。不然可能就不堪設想。事實上，如果把基本差異看成是對與錯的問題來處理，不知會斷送多少美滿的婚姻關係。

剛開始交往的時候，情人眼裡看不到對方的任何缺點。在一起久了，就會注意到一些不順心的瑣事，但也無傷大雅。我們總以為，對方會受到我們的感召，學會表現得更溫情，更主動積極，或習慣節儉一點。

但問題是，彼此等待對方改變並不會讓世界真的改變。我們會開始懷疑：「是因為愛得不夠深，所以改不了嗎？這樣還算是真愛嗎？」

如果一味認定這種狀況是「對與錯」的問題，而不理解其實它是一種基本差異，就勢必會有激烈的衝突。相反的，不論是在親朋好友或公司同僚之間，如果想要建立良好的關係，就必須瞭解並尊重彼此的基本差異。每個人都是獨特的，如果希望長久相處在一起，有時候就必須相互妥協，找出彼此都可以接受的方法。

4.你不知不覺會扮演某種角色

第四種不易察覺的原因是，你在特定情況下會不知不覺扮演某種角色，而且你真的不自覺。如果自己的角色與對方對你的想像，就會出現像陶比與恩安之間的爭執。但即使經過彼此的討論，「角色」仍然可能是個令人困擾的問題。

例如喬治這一家人的互動當中，每個人都知道自己的角色：如果七歲的喬治做了某件討厭事（例如拿著湯匙猛敲餵狗的盤子），喬媽就會忍不住對喬爸說：「你能不能讓他別敲了？」然後喬爸就會大罵喬治：「別敲了！」然後喬治就開始大哭。接著喬媽又對喬爸說：「你也不用吼他啊！」然後喬爸嘆口氣，繼續看的報紙。幾分鐘後，喬治又開始做其他煩死人的事。這樣的劇本不斷上演。雖然沒有人特別會去享受這樣的過程，但彼此的情緒卻連結在一起。

這種「以爭執表達關愛」的互動方式，顯然問題很大，但在家庭及職場卻經常可以看到。為什麼？首先，雖然這種模式有很多問題，但每個人都已經習慣了扮演固定的角色。第二，如果想要改變原因系統，需要的不僅僅是理解該系統、承認該系統的限制，相關的人還必須找出其他方法發揮這套系統的優點。喬治一家三口必須找出更好的相處方法，來表達彼此的關懷。這必須在他們的「談情緒」及「談尊嚴」這兩類談話中努力達成。

上面的例子說明了，為什麼在組織行為中，即使每個人都知道角色的限制，卻仍然難以改變互動的模式，例如「領導者必須負責擬定策略，而部屬就必須負責執行」。如果想要改變互動的方式，就必須有一個大家都認為更好的替代模式，以及有效執行這個模式的技能。

找出原因的兩種方法

如果還是找不到屬於自己的原因，請嘗試下列方法：

把自己和對方的角色互換

請自問：「對方會說我有哪些問題？」假設自己就是對方，然後以第一人稱（「我」、「我的」）來回答這個問題。以其他人的角度看自己，有助於瞭解自己在整個事件中的地位。

採取旁觀者的角度

退一步，從旁觀者的角度看問題。假設自己是諮商人員，受邀幫忙身陷問題的人瞭解糾結的原因。以中性而非批判的立場，你會如何描述每一個人在事件中的作為？

如果你發現無法跳脫自己的立場，就可以請朋友扮演這樣的角色。如果朋友的看法讓你感到驚訝，千萬不要立刻否認。請假設事實真的就是如此，然後自問為什麼會這樣，而這樣又代表什麼意義。

從指責轉向探究原因：一個範例

從追究責任轉而探究原因，這樣的立場並非一夕之間就可以改變，而需要努力堅持才能做到。你將會發現，自己和對方都會一再跳回指責的框架，因此需要自我警醒，持續修正自己的行為。

雪莉在巴西率領一組工程師從事顧問工作的時候學到了這一點。她是專案中唯一的女性，其他人也都至少比她年長十五歲。其中一位名叫米蓋爾的工程師對她的領導方式尤其不滿。為了贏得米蓋爾的認同，雪莉刻意安排與他合作了幾個小案件。順利完成了幾項工作之後，彼此漸漸接受了對方的風格及能力。

有天晚上，他們在飯店邊吃晚餐邊談公事，米蓋爾想要改變他們之間的同事關係。他對雪莉說：「妳好漂亮……我們又都離家那麼遠……」說著說著身體就往前傾，然後撥弄她的頭髮。雪莉覺得很不自在，立刻建議繼續討論公事。之後，她一直避開他的眼神，說話也盡量簡潔。

接下來的幾天，米蓋爾的行為依舊充滿著挑逗。他會故意站得離雪莉很近，特別注意她，一有機會就跟她說話。雖然他並沒有直接要求更親密的關係，但雪莉認為他心裡一定就是這麼想的。

最初，就像大部分的人一樣，雪莉也陷入了指責的框架。她認為米蓋爾的行為非常不恰當，而且感覺自己是受害者。但在指責的同時，她也有幾分疑惑。當雪莉想要告訴米蓋爾他的行為不妥的時候，又擔心是不是自己反應過度，或是自己想太多了。說不定這只是文化上的差異。

雪莉也擔心，如果直接指責米蓋爾，會不會把事情弄得更僵。她覺得「這種狀況讓人覺得不舒服，但還在可以控制的範圍內……可是如果直接告訴米蓋爾他的行為不當，說不定他會惱羞成怒，因而妨礙團隊的運作，危及專案的推動。而此時此刻，專案才是我的首要之務」。雪莉持續以指責的心態思考，越來越不知道該如何處理這件事了。

找出原因系統

跳出指責的第一步，就是先調整自己對於外界狀況的想法。你可以先檢視：在這個狀況裡，雙方各別做了什麼，以此評估眼前的狀況。有些人會比較注意尋找屬於對方的原因，而忽略屬於自己的原因。愛推諉的人常常會把自己看成是無辜的受害者，只要有事情做錯了，都會賴到別人頭上。有些人則剛好相反，會將所有的錯都攬到自己身上，完全不責怪他人。這種「一肩挑」的人總認為自己應該為所有的事情負責。

先要瞭解自己到底是「愛推諉」還是「一肩挑」，然後才能戰勝自己，才能平衡掌握屬於雙方的原因。想要瞭解原因系統，就必須瞭解它的所有層面。

哪些是屬於對方的原因？相對而言，屬於米蓋爾的原因比較容易確認。他表現出浪漫的情愫，但卻沒有明確表示自己的意圖。他選擇接近雪莉，花比較多的時間和精神和她說話，同時暗示對她的渴望。他不知是否故意的忽視雪莉的非語言訊息。她改變話題，調整同仁的任務，躲開他。但他卻亦步亦趨的纏著她，而且故意不問她的感受。

米蓋爾不一定知道雪莉很反感，他的行為也不一定就該受到譴責，更不一定就該受到懲罰。但這些都和探究原因並沒有直接的關聯，重要的是，這些都是屬於米蓋爾的謎團。

列出屬於雙方的原因

屬於自己（雪莉）的原因	屬於對方（米蓋爾）的原因
●一開始就特別注意米蓋爾。 ●一反常態，與他一對一的合作。 ●沒有告訴他我感覺不舒服。	●向我表達愛意，並希望有單獨相處的機會。 ●未清楚表達意圖。 ●沒有收到或故意忽略我的間接訊號。 ●沒有問我對他的提議是否感到不舒服。

哪些是屬於自己的原因？一旦跳脫指責的框架，屬於雪莉的原因就浮現出來了。她特別注意米蓋爾在團隊中的表現，並刻意安排和他一起工作。米蓋爾可能因此認為雪莉對他有興趣，而雪莉又不願意直接告訴米蓋爾她覺得不舒服。不論雪莉的行為多麼合情合理，她的行為及姑息都是造成他們目前關係的原因，米蓋爾持續有相同的動作也就不足為怪了。

還牽涉到哪些人？通常整件事情還牽涉到其他人。例如在陶比和恩安的案例中，他們的家人也扮演了重要的角色。而在雪莉的案例中，團隊的其他成員可能也在無意間鼓勵了米蓋爾的行為，或者故意不去幫忙雪莉。在探究原因系統的時候，也應該考慮屬於其他人的重要原因。

盡早為屬於自己的原因負責

在對話中，要討論「在這個狀況裡，雙方各自做了什麼事」其實並不難。但是，想要讓對方從指責的立場轉成探究原因的立場，可就沒那麼容易了。如果要讓對方知道你並不想談論誰是誰非，最好的方法就是先說出屬於自己的原因。例如，雪莉可以對米蓋爾說：

> 很抱歉，我沒有在問題變得這麼嚴重之前就提出來討論。我也瞭解，一開始安排我們兩個人合作，可能就讓你誤會了，我當時只是想要改善我們工作上的關係。你有什麼看法？

她也可以問：「我是不是做了什麼其他曖昧不明或充滿暗示的行動？」藉此瞭解自己對其他人造成的影響，以及探究屬於米蓋爾的原因。

你可能會擔心，如果先承認屬於自己的原因，在後來的談話中便會處於不利的態勢。如果對方執意指責，便會很得意的說「本來就是你的錯」，然後更加堅持自己完全沒錯。

如果你是凡事「一肩挑」的人，這種風險就很值得考慮了。先承認自己的錯會有風險，但是不承認也會有另一種風險。如果雪莉一開始就指責米蓋爾的錯，米蓋爾可能就會自我防衛，並且感覺整個談話都對他不公平。結果米蓋爾不但不願意承認自己的錯，反而可能會想要轉移焦點，而最簡單的方法就是反咬雪莉的錯。只要你先指出屬於自己的原因，就可以防止對方利用這一點避談屬於他的原因。

如果你覺得焦點一直都在自己身上，便可以說：「不能只看屬於我的原因，這樣沒辦法瞭解完整的真相，我覺得我們兩方面的問題都應該要看。我是不是做了什麼，才讓你不願意討論屬於你的問題？」

幫助對方瞭解屬於他的原因

除了對屬於自己的原因負起責任之外，我們還可以幫助對方瞭解屬於他的原因。

清楚表達你的觀察及推論。務必要讓對方知道，究竟是因為他的哪些言行讓你不舒服，同時應該確認雙方的資訊及詮釋是一樣的。例如雪莉可以說：「你撥弄我的頭髮，或問我想不想跟你私下去海邊的時候，我不太清楚你究竟想要什麼。這樣我會擔心：如果你想要的是浪漫的愛情，我的麻煩可就大了。」

或者陶比可以告訴恩安：「昨天晚上吵到一半妳就跑出去，我覺得好孤單又生氣。我想，這就是今天早上為了果汁又和妳吵架的原因吧。我必須要和妳有一些互動，即使是吼幾聲也好。」只要記下引發自己反應的事情，就可以逐漸掌握原因系統中的行動和反應了。

清楚告訴對方，你希望他們改變哪些做法。除了指出是哪些對方的言行觸發了自己的反應，還應該告訴對方，你希望他們以後怎麼做，同時應該說明，這樣也可以幫助你改變以後的行為。如果想要與出軌的妻子重修舊好，做丈夫的可以說：

> 我希望自己能更用心傾聽妳說話，同時不再逃避。有件事或許可以幫得上我，就是妳先問問我一整天下來過得好不好，或者問我現在可不可以講講話。有時候我滿腦子想的都是工作的事，如果這時候妳又跑來跟我抱怨妳老闆的問題，我會一下子應付不過來，然後就呆掉了。有時候我也會生氣，因為我覺得妳好像根本不在乎我過得怎樣。所以，如果妳能先問問我的狀況，我就會更有能力好好聽妳說話。這樣妳做得到嗎？

具體要求對方做些改變，以協助你改變自己，這樣可以讓對方清楚知道，他們先前的行為就是問題的原因和癥結。這就是瞭解原因系統的真正目的：找出雙方必須做的改變，藉以影響並改善狀況。

＊＊＊

講述自己的故事、意圖或過失，目的並不在於取得他人的認同，而是希望能進一步瞭解彼此間的狀況，進而更有建設性的討論接下來的行動。

除了瞭解「談事實」這類型的對話，還需要學習另外兩種談話類型。接下來的兩章即將探討「談情緒」和「談尊嚴」的對話。

談情緒

第五章　控制情緒，否則會被情緒控制

媽媽聽到客廳傳來打破東西的聲音，一衝進去就看到四歲的兒子拿著球棒站在破花瓶旁邊。她問：「怎麼回事？」寶貝兒子滿臉慚愧不敢正視的回答說：「沒事！」

當大人被迫必須承認自己的負面情緒時，往往會採取和這個小搗蛋一樣的策略：以為只要否定情緒的存在，就可以躲過那種情緒的後果。小搗蛋想要讓他媽媽覺得花瓶沒有怎麼樣，我們也常常會像他一樣隱藏自己的情緒。但情緒的力量太強了，不可能永遠封存起來，它會慢慢的滲漏，也可能瞬間爆發。如果不直接處理或誠實面對，情緒就會影響溝通。

情緒很重要：往往是高難度對話的核心

當然，情緒也是讓良好關係豐富的重要元素。包括熱忱、驕傲、愚蠢、溫馨、嫉妒、失望以及憤怒等等的各種情緒，都會讓我們知道自己真真實實的活著。

管理情緒也可能是很大的挑戰。如果不敢承認、討論自己的情緒，就會讓許多對話難以進行。如果無法坦誠且適當的處理情緒，可能會危及人際關係。

麥司的女兒茱麗即將結婚，父女倆正在討論婚禮預算。這場談話只是關於錢嗎？如果真的只是錢的問題，他們只要列出清單，然後想辦法滿足這些需求就可以了。「就這麼辦：兩千塊租場地，一千五請樂隊，七千二訂喜宴……」然後就談完了。

但事情沒那麼簡單，父女倆都覺得這場對話不但很難，而且壓力很大。兩個人都覺得緊張，隨時想要挑對方的毛病。畢竟，這不僅僅是錢的問題，也是感受的問題。例如麥司一想到婚禮的事就悲喜交加，悲的是茱麗即將離開他身邊；喜的則是她已經長大成人，可以另組家庭。對麥司而言，籌備這次婚禮是女兒最後一次純粹只是自己女兒的機會，以後她也會是某人的妻子。他總希望她還能像小的時候一樣，凡事都來問他的意見。

不論如何，除非雙方充分表達出情緒，否則這樣的談話不會有好結果。為什麼呢？因為情緒才是這次談話的核心問題，如果不談這個核心問題，就不可能得到有效的談話。不論父女倆如何有技巧的談論預算，對於結果都不會滿意——除非也能同時談論自己的情緒。

我們都想要把情緒排除在問題之外

麥司這樣描述他的問題：「關於我女兒婚禮預算的事，我們父女有點爭執。我尊重她的某些要求，但我也相信會有一些比較便宜的替代方案。」一直到跟他談過之後，我們才發現，父女倆真正在意的，其實是情緒問題。

這是很常見的模式：我們把問題看成是單純的意見不合，並且相信，只要有足夠的技巧來解決問題，凡事都能迎刃而解。解決問題看起來比談論情緒容易。

當我們不知道是否應該提出某個議題的時候，我們通常會想要將情緒排除於問題之外。與別人分享自己的情緒其實很危險，感覺就像是輸贏很大的賭博。把自己的情緒攤開來的時候，有可能會傷害到其他人，可能會破壞彼此的關係，自己也可能受到傷害。如果對方不在乎我們的情緒，或者只說一些我們不想聽的話，又該怎麼辦？於是我們常以「專心解決眼前的事」來規避這樣的風險。

問題是，有時候情緒本身就是關鍵，就是眼前的事，不容逃避。在許多高難度對話的過程中，有時候真的是必須先顧及情緒才能解決問題。如果想要在對話中排除情緒，最後的結果可能雙方都不會滿意，真正的問題並沒有解決，情緒會以千奇百怪的方法回到對話裡，而且通常都沒有任何幫助。

壓抑的情緒會在談話中洩漏出來

艾瑪很驚訝的發現，她的好朋友兼良師凱西竟然向執行委員會表示，她認為艾瑪還不夠成熟，無法勝任更高層次的工作。艾瑪說：「我覺得被出賣了。我很難過凱西會有這樣的想法，更氣她竟然跑去跟管理階層說而不跟我說。」深入反省之後，艾瑪卻開始懷疑自己，她憂心忡忡的自問：「是不是我真的還沒準備好？」

那天稍晚的時候，艾瑪和凱西簡單談了一下：

艾瑪：我聽說妳向高層表示我不能勝任新的職務。
凱西：才沒咧，我沒說妳不能勝任。我只說妳可能晉升太快了，我不希望看到妳失敗。
艾瑪：如果妳真的擔心，應該直接告訴我才對。
凱西：我是準備要告訴妳，但我也有義務要告訴管理階層呀！
艾瑪：妳應該先跟我講才對。真不敢相信妳會這樣扯我後腿！
凱西：艾瑪，我一直都很挺妳的！現在的問題不是妳該不該晉升，而是應該在什麼時候晉升比較恰當。

艾瑪沒有分享自己的情緒，反而是去爭論專業溝通的規則。她沒有說「我很難過」、「我很生氣」或「我很怕妳可能說對了」之類的話，但這些情緒對她們的談話其實很重要。

沒有說出來的情緒會以各種方式影響對話，改變你的感觀和語調，透過你的肢體語言或臉部表情展現出來：你會出現長時間的停頓，或者是一種奇怪又難以解釋的疏離感。你會變得尖酸刻薄、憤世嫉俗、輕浮暴躁、無法捉摸或難以親近。研究顯示，雖然一般人很難發現偽裝的謊言，但大部分人可以判斷別人有沒有扭曲、假裝或壓抑自己的情緒。因為情緒是堵塞不住的，一定會洩露出來。

的確，沒有表露出來的情緒會產生很大的壓力，讓人想要逃避：你可能特別不願意和某些同事合作，因為與他們有太多解不開的心結；或者你可能會疏離自己的配偶、子女或朋友。

壓抑的情緒會在對話中爆發出來

有些人的問題不是沒辦法表現情緒，而是沒辦法不表現出來。這些人生氣的時候會以令人尷尬或破壞性的方式表達。有時他們想要表現得氣定神閒或胸有成竹，卻忍不住放聲大哭或破口大罵。

當然，憤怒及哀傷背後的原因很多，有些還有很深的心理學依據。但有一種普遍的原因，可能會大出我們意外：我們哭泣或發脾氣的原因，往往不是因為太頻繁的表達情緒，而是因為太少表達。就像先拼命搖晃可樂罐，然後猛然拉開瓶蓋，結果當然就一發不可收拾了。

例如艾德就有個壞毛病：每次他覺得沮喪的時候，就會對老婆咆哮。他告訴我們說他正在學習控制情緒，不論他老婆的行為有多麼惱人，他都死命壓抑自己的情緒，但最後還是會忍不住爆發出來。他認為是自己太情緒化了。而自我壓抑的結果，卻讓老毛病更加的惡化。

壓抑情緒就難以聆聽

壓抑情緒會產生更嚴重的問題。在處理高難度對話的時候，最困難也最重要的兩個溝通任務就是表達情緒以及聆聽。在我們輔導的過程中常看到表達情緒與聆聽這兩大技能之間微妙的關係：如果一個人無法聆聽，通常並不是因為不知道如何仔細的聽，而是因為不知道如何清楚表達自己。壓抑情緒可能會損及聆聽的能力。

為什麼呢？因為良好的聆聽需要真誠的好奇心，同時也必須願意而且有能力將注意力放在對方身上。壓抑情緒會把注意力拉回到自己身上。這時候我們就無法好奇的問：「對方說的有什麼道理？」

或「讓我再多瞭解一下。」反而會像錄音機一樣重複播放自己的情緒：「他真的很讓人生氣！」「我覺得她好像根本就不關心我。」「我此刻覺得好脆弱。」如果覺得自己的心聲沒人聽見（即便是自己選擇不與人分享），我們就很難去聆聽他人。如果表達出自己強烈的情緒，聆聽的能力也會大幅提升。

壓抑情緒會損及自尊及人際關係

壓抑重要的情緒，可能會讓自己覺得自尊受損，懷疑為什麼不敢為自己挺身而出；同時也等於是剝奪了同事、朋友及家人的機會，讓他們無法回應你的情緒並進而學習及改變。而最大的損失，就是傷害了彼此之間的關係。將情緒排除在人際關係之外，實際上就等於將自己的一部分排除在人際關係之外一樣。

掙脫情緒的束縛

情緒是可以管理的。如果能夠小心安排，讓對話觸及情緒的問題，就會有幫助。逃避情緒會帶來一些無法避免的缺點，但分享情緒可能產生的缺點卻是可以避免的。只要能夠有技巧的分享自己的情緒，不但可以避免潛在的風險，甚至還會有意想不到的收穫。

掙脫情緒束縛是有方法的。只要遵循以下幾個關鍵原則，就能以健康、有意義且令人滿意的方法，在對話及人際關係中處理自己的情緒：首先，找出自己的情緒；第二，與自己的情緒協商；第三，分享自己真正的情緒，而不是歸咎或評斷他人。

找出自己的情緒：情緒到底躲在哪裡？

大部分人都以為瞭解自己的情緒很簡單，就像知道冷還是熱。事實上，我們通常不知道自己的情緒。許多人對自己情緒的瞭解，就像初次到訪的陌生城市一樣，所知不多。我們可能知道特定的地標，卻不熟悉日常生活的主要節奏；我們可以找到主要的街道，卻不知道真實生活的後街小巷。如果想要準確到達目的地，就必須先知道自己身在何處。可是若要真正瞭解自己的情緒，大部分的人都像迷了路一樣，無所適從。

這並不是因為我們不夠聰明，而實在是因為情緒是一種很難辨認的東西。情緒比我們想像的更為複雜細緻，而且，情緒還很善於偽裝自己。那些讓我們感覺不舒服的情緒，經常會偽裝出可以被輕鬆應付的外貌；多種相互矛盾的情緒，也會偽裝成單一的情緒；而最重要的是，情緒會轉變成論斷、指責及歸咎。

探索你的情緒足跡

在成長的過程中，我們會認為某些情緒是可以表達出來的，而某些情緒則不可以，這樣便塑造了我們獨特的「情緒足跡」。請回想一下自己的成長歷程，家人是如何處理情緒的？有哪些情緒是可以輕鬆討論的？又有哪些情緒是大家假裝不存在的？你在家庭的情緒生活中扮演什麼角色？你覺得有哪些情緒是容易確認並表達出來的？容易向誰表達？相反的，有哪些情緒是難以確認或難以表達的呢？仔細思考這些問題的答案，情緒足跡的輪廓就會浮現。

每個人都有自己獨特的情緒足跡。有些人可能會覺得渴望或悲傷是適當的情緒，但卻不允許自己憤怒。有些人可能會覺得表達憤怒很容易，但羞恥或失敗的感覺則是禁忌。以上都還算是負面情緒。還有些人很難表達熱忱、感激或滿足等正面情緒，卻很容易表達失望的情緒。

在不同的人際關係中，我們會有不同的情緒足跡。每個人在自己母親、好友、老闆或陌生人面前，情緒認知及表達的能力都會不同。只要探索你自己在不同關係中的情緒足跡，就有助於瞭解你的情緒以及情緒背後的原因。

情緒是正常而自然的，不需要抗拒。許多人內心都認為自己不應該有情緒。對有些人來說，只要是有情緒，不論是哪種情緒，都是件可恥的事。

如果處理不當，情緒可能會製造麻煩，但情緒只不過就是情緒而已，就像我們的手腳一樣。如果用手打人或用腳踹人，當然可以說是手腳在製造麻煩，但有手有腳本身並沒有什麼錯。情緒也是一樣。

好人也會有不好的情緒。許多人也會以為「好人」絕對不可以有某些情緒：好人不可以對自己喜歡的人生氣，不可以哭，不可以失敗，絕對不可以成為別人的負擔。如果你是好人，那麼告訴你一個好消息：人都會生氣，都會想哭，都會失敗，也都需要其他人的支持。

人不一定會喜歡自己所有的情緒。例如在兄弟的喪禮上，你以為自己會覺得悲傷，但實際上卻只感覺到憤怒；終於找到夢寐以求的工作，你知道應該感覺興奮，但實際上卻覺得不再有動力而哭泣。不論有沒有道理，自己的感覺就是那樣。如果你對母親只有好的情緒，可能會讓你更快樂一點，但有時候還是不免會對她感到煩躁、怨恨或羞愧。我們都有過這種矛盾的經驗，但這和我們是不是好人並沒有任何關係。

當然，有時候否認自己的情緒可以帶來重要的心理效果。例如當我們面對排山倒海而來的焦慮、恐懼、失落或創傷時，如果能讓自己從這些強烈的情緒中暫時抽離，就會更有能力面對每天的生活。有句俗話說：「推倒一面牆之前，應該先知道當初為什麼要築那面牆。」事實上，不敢承認的情緒將會影響我們的溝通。我們應該學習瞭解自己的情緒，也許可以請諮商人員或值得信賴的朋友幫忙。一旦開始感受到情緒底下潛藏的原因，就可以更輕鬆的處理你與其他人的互動，包括高難度對話。

自己的情緒和對方的情緒一樣重要。有時候我們就是看不到自己的情緒，因為不知曾幾何時有人教導過我們，其他人的情緒比我們的情緒重要。

例如，你父親身體不好，於是搬來與你家人一起住，但他有些古怪要求讓人很受不了，尤其還得服侍湯藥，經常帶他看醫生。你精疲力盡又沮喪萬分，心想其他兄弟為什麼不願意分攤你的勞累，但你又從不向兄弟姊妹們提及此事。你心裡在想：「是很辛苦，但總也還撐得下去。就不要麻煩人家了。」

女友來電說星期五不能和你一起吃飯了，她想改到星期六，因為有個朋友遠道而來，她們星期五要一起去看電影。你回答：「沒問題，只要妳方便就好。」雖然你口頭上答應了，但星期六其實對你不太方便，因為你本來打算要去看球賽，不過你還是想和女友約會，因此只好把球賽入場券讓給別人。

在以上兩種狀況中，你都把別人的情緒看得比自己的情緒重要。這樣有道理嗎？老爸的沮喪或兄弟的安寧比你的感受更重要嗎？女友想和她的朋友看電影比你想看球賽重要嗎？為什麼他們都可以表達出自己的情緒和偏好，而你就得默默放在心上？

有很多原因會讓我們願意先滿足別人的情緒，甘心壓抑自己的情緒。我們常遵循一個潛規則，就是把別人的快樂放在自己的快樂前面。如果朋友或心愛的人甚或同事的心願沒有滿足，他們會很難過，而你就必須承擔所有的後果。這也許是事實，但對你卻不太公平。別人的憤怒並不見得比你的憤怒嚴重。

你或許會認為：「退一步海闊天空，我不希望別人生我的氣。」如果你真的這麼想，可能就低估了自己的情緒和利益。朋友、鄰居和老闆都會看穿這一點，然後認為你可以任人擺布。把別人的情緒看得比自己的情緒重要，也就無異於告訴別人可以忽略你的情緒。請記得：你沒有把問題提出來的原因，是因為不想搞砸了彼此的關係。但是，悶在心裡也會讓自己的怒火越燒越旺，最後還是會腐蝕雙方的關係。

找出外表單純的複雜情緒組合

柏瑞經常為了找工作的事和他媽媽鬧意見，媽媽總愛打電話來催促他寄履歷、去面談或上網路找工作。但柏瑞卻總是意興闌珊，不是要他老媽閉嘴就是想辦法岔開話題。

他跟朋友談到這個問題，朋友勸他不要逃避，應該把自己的感覺告訴老媽。柏瑞反問：「那有什麼用？我就是覺得一肚子火呀，她快把我給逼瘋了！」但朋友鼓勵他好好想想：自己除了憤怒之外還有什麼其他的情緒。柏瑞接受了朋友的建議，當天晚上列出了一張清單，把關於找工作、關於他媽媽以及關於自己的所有情緒都寫了下來。

結果令他大吃一驚。關於找工作，他感到絕望、迷惘又害怕。拖延找工作，不過是他拖延焦慮的手法。關於他老媽，柏瑞的情緒比較複雜。一方面他真的受不了她的疲勞轟炸，但另一方面，他也覺得那是一種愛與關懷。這一點對他意義非凡。

關於他自己，柏瑞感覺很羞愧。他覺得自己讓媽媽失望了，他一直在浪費自己的潛能和教育。在羞愧的同時，他也覺得有幾分驕傲。有幾個朋友跑去當儲備幹部，柏瑞原本也可以走這條路，但那並不是他想要的，他情願忍受煎熬，追逐自己的夢想。他靠打零工養活自己，從來沒有伸手向媽媽拿過半毛錢。

朋友的建議讓柏瑞發現自己的感覺不僅僅是憤怒，他原先以為自己只有一種情緒，但現在卻瞭解了自己全部的情緒。

很多時候，我們會被一種強烈的情緒沖昏了頭，因而看不到自己其他複雜的情緒。以柏瑞的情況為例，那個特別強烈的情緒就是憤怒。如果是其他情況下或面對不同的人，就可能是其他的情緒。

只要熟悉了那些自己難以察覺的情緒，就可以更認識自己。以下是情緒的列表，雖然我們很熟悉這些情緒的抽象概念，但有時候自己卻不容易察覺，或難以對他人表達。

別讓隱藏的感受阻礙了其他的情緒。我們常常會有連自己都沒察覺到的情緒，可是這種情緒卻會影響我們的生活。

潔麗不太會向老公表達愛意。她說：「我知道自己很愛他，他一直都是溫文爾雅的好老公，願意包容我的一切。但我真的不知道要怎樣讓他知道我很愛他。」她似乎遇到了些阻礙，但自己也不知道是什麼阻礙了她。

最初，潔麗很自責：「也許這是另一點我

有時候難以察覺的情緒

愛	溫柔、關懷、親密、驕傲、熱情。
憤怒	沮喪、惱火、生氣、憤慨。
難過	受挫、遭到背叛、失望、貧乏。
羞愧	尷尬、內疚、懊悔、丟臉、自形慚穢。
恐懼	焦慮、害怕、擔憂、困窘、猜疑。
自我懷疑	不適任、不值得、笨拙、懶散。
喜悅	快樂、熱忱、滿足、得意、感恩。
悲傷	失落、愁悶、憂鬱、消沉。
嫉妒	羨慕、自私、貪婪、苦惱、渴求。
感激	感謝、感恩、寬慰、 賞。
寂寞	淒涼、孤獨、空虛、企求。

不夠好的地方。好老婆應該有能力告訴老公她有多關心他。」在輔導的過程中，我們問潔麗有沒有對她老公表達過其他情緒，尤其是憤怒或失望。她斷然的說：「你們搞錯方向了，我想學的是如何表達愛意。如果有人有權利生氣的話，應該也是我老公，因為一直都是他在包容我。」

潔麗的話透露出了一些奇怪的現象。在婚姻或任何關係中，每個人或多或少總會有一些不滿。我們問：「妳有沒有生過妳老公的氣？」她終於說：「我想應該有過吧！」我們繼續問：「如果妳可以肆無忌憚的對老公發洩情緒，而且絕對不會有任何後遺症的話，妳會對老公說些什麼？」

想了一會兒之後，潔麗的答覆令人震驚：「當然，我也不是天底下最好的老婆，但也不能怪我總想要躲開你！我受夠了你老是像個受害者似的，成天畏畏縮縮的又滿口抱怨！我可能並不完美，但你也不是什麼老天爺的禮物！你有沒有想過，你的冷言冷語對我有多大的影響？！」

才剛說完，潔麗趕緊對我們補充說明：「當然，我是不可能這麼說的。事實上，我覺得這麼說也不公平……」其實，公不公平或合不合理都不重要，重要的是這樣的情緒確實存在。你可以想像得到，潔麗因為在心底埋藏了憤怒，影響到她向老公示愛的能力，甚至影響了她表達其他情緒的能力。雖然她自己都不曾面對，但隱藏的憤怒還是發揮了影響力。潔麗做了一個很好的結論：「如果我可以表達一些憤怒，或許也就更容易表達我的愛意了。」

我們到底該不該表達憤怒等情緒？如何表達？讓我們先把這個重要的問題留到本章稍後「與自己的情緒進行協商」段落來討論。

找出隱藏在歸咎、批判及指責背後的情緒

鯨魚不是魚，海馬不是馬，烏賊不是賊。歸咎、評斷和指責也都不是情緒。

掀開歸咎與評斷的蓋子

前面說過，如果我們一直歸咎對方的意圖，可能會導致防衛及誤解。除此之外，歸咎本身也會耗費很多的心力，讓我們看不到隱藏在背後的情緒。

在愛蜜莉與露絲這兩個朋友的關係中就出現了這種狀況。愛蜜莉說：「露絲太冷淡了。她離婚的時候我安慰她，她孤單的時候我陪在她身邊跟她說話，我一直都那麼支持她，但她從來沒說過一句感謝的話。」愛蜜莉說她已經跟露絲分享了自己的感受，但露絲仍然無動於衷。

但究竟愛蜜莉對露絲說了些什麼呢？愛蜜莉說：「我很坦誠的把自己的感覺都告訴露絲了。我說她有時候只顧自己，都不考慮別人。結果她反過來批評我，說是我太敏感了。和露絲這種人談我的感受，就會造成這種下場。」

請注意愛蜜莉說了什麼。她說：「妳只顧自己，都不考慮別人。」這兩句話都是對露絲的評斷，而不是敘述愛蜜莉自己的感覺。當愛蜜莉

我們會把自己的情緒轉化成

評斷	「夠朋友的話，當時就該挺我。」
歸咎	「為什麼故意要讓我難過？」
人格描述	「你都不顧別人。」
解決方案	「答案是你應該常打電話給我。」

理解這個問題後，就能夠把注意力放在自己的感受上了。她說：「我覺得我受到了傷害，我對我們的友誼有點疑惑。我很氣露絲，好像我是一廂情願似的，我這麼用心的經營我們的友誼，但她好像不珍惜。難不成我真是個白痴？」

「評斷他人」和「陳述自己的感受」這兩者之間，有時候很難分辨。當我們評斷其他人時，感覺好像是在描述我們的情緒。評斷往往是被憤怒、沮喪或傷害激發出來，被評斷的人很清楚知道我們一定有些感受。但很可惜的是，那個人可能並不確定我們的感受是什麼，而更嚴重的是，他可能會轉而把焦點放在我們評斷、歸咎或責怪的事實。這是很自然的結果。

「你都不管別人，只顧自己」和「我覺得很難過、很迷惑也很尷尬」這兩句話之間是有很大差別的。如果想要有效的把情緒帶進對話中，就必須找到潛藏在憤怒、歸咎及評斷背後的情緒。

利用指責他人的衝動去找出重要的情緒。每當我們鼓勵別人不要指責對方，而應該探究原因的時候，對方常會抱怨說，這種對話無法使他們滿足，就像想要大吃冰淇淋，端上桌的卻是無脂優格。結果，他們總認為探究原因有如隔靴搔癢，非得要指責對方才過癮。

其實，他們不滿意的並不是不能指責對方，而是不能表達當時的情緒。當我們在探索原因系統的時候，如果完全不帶情緒，此時會讓人更想要指責對方。如果我們忍不住想要說：「承認吧，都是你的錯！」其實就已經是在壓抑自己的情緒了。探究原因的對話有時候會讓人覺得意猶未盡，但不應該讓這種感覺演變成指責對方，最好是能引導去進一步找尋到底是哪些情緒受到壓抑。一旦這些情緒都發洩出來之後（「這些是屬於我的原因，那些是我認為屬於你的原因，而更重要的是，最後我覺得好孤單」），就不會那麼想要指責別人了。

別把情緒看成教條：與自己的情緒進行協商

我們有位同事歸納出兩條表達情緒的準則。他通常會先說明第二條：談話應該盡情表達所有的情緒。這條準則會讓大部分的人嚇一跳，因為一般人認為情緒還是壓抑下來比較好。從這一點就引導出了第一條準則：表達情緒之前，應該先和自己的情緒進行協商。

大部分的人以為情緒是靜態的，是不會改變的。如果要誠實的分享自己的情緒，就必須「如實」的分享。但事實上，情緒是建立在我們對外界世界的感知之上的，而本書前三章說到，我們對外界的感知是會改變的。如果以新的視野看世界，我們的情緒也就會跟著轉變。因此，在分享自己的情緒之前，最好能先和自己進行協商。

與自己的情緒進行協商是什麼意思？首先我們要知道，情緒是回應我們的想法。請想像在潛水的時候，突然看到一隻鯊魚朝你游過來。你立刻心跳加速，驚嚇指數破表。這種害怕的情緒完全是正常而可以理解的。

現在請再想像一下，假設你的海洋生物學知識告訴你，那只不過是一隻性情羞怯的礁鯊，牠絕對不會獵食人類這麼大型的生物。這時候你的焦慮立即煙消霧散，相反的，你還會感到慶幸，有機會近距離觀察這種鯊魚的行為。事實上，鯊魚並沒有改變，改變的是你對於外界狀況的理解。在任何情況下，情緒是會跟著思維走的。

這表示，改變想法就可以改變情緒。就像我們在「事實型對話」當中看到的一樣，我們的想法會受到扭曲，而扭曲的方式是可以預測的。也正因為如此，我們才能有很好的基礎可以跟情緒進行協商。首先，我們必須檢視自己的故事：究竟我們對自己說了什麼故事，才勾引出目前的情緒？自己的故事缺了哪些情節？對方可能會有什麼樣的故事？幾乎可以確信的是，越瞭解對方的故事，自己的情緒就越可能會改變。

接下來，我們必須檢視一下我們對他人意圖的假設。我們的情緒有多大的成分是根據我們對他人意圖的假設而來的？對方有沒有可能不是故意的？對方的意圖是否多重而相互矛盾？我們對他人意圖的假設，對我們自己的情緒有什麼影響？我們自己又有什麼意圖呢？我們的動機是什麼？我們的行為對他人又有什麼影響？這些會改變我們的情緒嗎？

最後應該來考慮一下原因系統：我們雙方各自做了什麼。我們能不能看到問題中屬於自己的原因？能不能客觀的描述屬於對方的原因，而且不要指責？我們是不是瞭解，不論是屬於誰的原因，都會形成一種強化模式，讓問題繼續擴大？這些因素如何改變我們的情緒？

以上問題並不需要明確的答案。事實上，在我們與對方談話之前，都只能做猜測。但這樣也已經足夠我們提出問題、理解問題了，讓我們從不同的角度觀察自己的情緒。如果我們考慮周全，誠實坦率，並公開公平的探討這些問題，我們的情緒就會開始轉變。憤怒會平息，傷痛會舒緩，背叛、孤單、羞愧或焦慮的情緒也會變得更容易控制。

現在我們再回過頭來看潔麗與她老公的關係。她向我們傾吐後，開始接觸自己憤怒的情緒，但她的情緒不僅僅只有憤怒而已。經過反省，她認為自己並不是受害者，老公也並不全然值得同情。當她從老公的觀點考慮的時候，當她自問老公可能是什麼意圖的時候，當她不再指責而嘗試瞭解屬於雙方各別原因的時候，她對狀況的描述就越來越複雜，她的情緒也越來越複雜。

她開始可以用「同時立場」來思考好幾件事情，並與老公分享這些事情。她告訴老公：「我知道，眼下的問題有很多是屬於我的原因。而屬於你的原因也讓我感到憤怒沮喪，因此我只看到我們之間的問題，卻忽視了我們的堅強。但是，當我退一步想的時候，我更清楚知道自己是那麼樣的愛你，也希望一切都越來越好。」潔麗體會到了，只要努力嘗試表達一些自己憤怒的情緒，不論多麼的緩慢，都有助於她表達對老公的愛意，這也是她最初尋求協助的動機。

不要一味的發洩：謹慎描述情緒

一旦發現自己的情緒，並與情緒展開協商之後，就必須決定如何處理這些情緒。有時候你會覺得沒有必要分享自己的情緒，或者分享了也於事無補；但有時候情緒又會成為對話的核心。

我們常常分不清「表達情緒」和「情緒化」，其實這兩者是截然不同的事。我們可以完全不情緒化的好好表達自己的情緒，也可以極端情緒化的什麼情緒也不表達。如果想要清楚適當的分享情緒，就必須先想清楚。以下是表達情緒的三大指導方針，可以幫助你降低焦慮，進行有效的溝通。

1. 解決問題必須討論情緒

適當表達情緒的第一步就只要記得：情緒很重要。幾乎所有的高難度對話都牽扯到強烈的情緒。當然，完全不考慮情緒，也可以很清楚的處理問題，但想要解決問題就不能不顧到情緒。如果情緒本身就是真正的問題，當然就更必須處理了。

情緒不一定合理，但仍然可以表達出來。雖然你覺得自己不該懷抱某些情緒，可是那些情緒的存在也是事實。在雙方的關係中，自己的情緒至少在當下是很重要的。在表達自己的情緒之前，你可以先承認這些情緒讓自己很不舒服，或承認你不太確定這些情緒是否合理。這麼做的目的只是先把情緒表達出來，之後再決定如何處理。

2. 表達完整的情緒

讓我們回來看柏瑞和他媽媽關於找工作的對話。很明顯的，當他只注意到憤怒的時候，就不太願意表達出來。他認為，如果對老媽發脾氣，老媽一定也會反過頭來對他發脾氣。如此一來，怎麼樣也談不出個所以然，而且很可能兩人都會更生氣。

如果柏瑞肯多花些時間理出自己完整的情緒，又會是什麼狀況呢？其實他可以不要說：「老媽，妳快把我給逼瘋了。」而可以說：「每次妳只要一問我找工作的事，我就百感交集，當然也包括生氣在內。我覺得生氣是因為我已經要妳別問了，可妳偏愛一天到晚的問。不過在此同時，我也蠻感謝妳的，而且我相信一切都不會有問題的。妳的關心其實對我很重要。」

他老媽問他為什麼不積極找工作的時候，柏瑞也可以不用說：「別煩我！」而可以改說：「感覺好像很難跟妳談這檔事。每次想到找工作的時候，我就覺得好慚愧，好像自己一直在浪費生命，同時也讓妳失望。」

柏瑞表達了完整的情緒，同時也改變了談話的性質，終止了彼此憤怒的鬥爭。柏瑞讓雙方的討論更加深入而細緻，也讓他老媽更瞭解整個狀況。她更加瞭解兒子的動機，以及自己的行為對兒子的影響。柏瑞表達出情緒之後，雙方的對話沒有結束，而是開始。完整表達情緒也不見得會讓談話變得「輕鬆」，但至少不會再有那麼多的爭執，反而可以有較多的瞭解和互動，以不同的模式彼此關懷。

3.不要評論——單純的分享

唯有訴說雙方的情緒，彼此聆聽，相互認同，然後才有辦法整理這些情緒。如果一方說：「我覺得很難過。」而另一方回說：「你反應過頭了。」這樣就很難深入瞭解對方與問題在哪裡。過早論斷情緒，會讓對方不願意繼續表達，進而侵蝕雙方關係。如果想要建立一個不做評論的氣氛，可以遵循下列指導方針：單純的只分享情緒（不要評斷、歸咎或指責）；稍後再來解決問題；讓雙方都有充分表達的機會。

表達自己的情緒，不要評斷、歸咎或指責。很多人會說：「我表達了自己的情緒，結果只是雙方大吵一架。」還記得愛蜜莉和露絲的故事嗎？愛蜜莉因為露絲沒有感謝愛蜜莉在自己離婚時的支持，於是告訴露絲她覺得露絲「只顧自己，不管別人」。露絲當然會而生氣，展開自我防衛。

愛蜜莉其實只表達了對露絲的評斷，並沒有表達自己的情緒。在瞭解了這一點之後，愛蜜莉說：「我不再評斷她，只是說我覺得很難過，而且對於我們的關係感到很迷惑。讓我很驚訝的是，她竟然表示很懊悔，然後不斷感謝我對她的支持。」

如果想要適當的討論情緒，就必須注意自己所說的話，不要隱含著評斷、歸咎及指責的陳述，乃是要謹慎的描述自己的情緒。要注意自己的用字遣詞，務必正確傳達你的訊息。例如「你真的一點都不可靠！」這句話，所傳達的訊息是評斷對方的人格，完全沒有表達出說話者的情緒。當然對方一定會回嘴說：「我哪有不可靠！」

相反的，「我好沮喪，你沒有把信寄出去！」這句話，就沒有指責的成分，重點是在說話者的情緒。這樣的處理方式不會讓所有的問題迎刃而解，卻很可能有助於雙方的對話。

單純的陳述情緒和指責的陳述混雜在一起的時候，狀況就更困難了。例如我們會說：「你說要打電話給我，後來都沒有。都是你的錯，害我好難過。」這個陳述包括了情緒的部分（我好難過），也包括了因果關係的結論（誰應該為我的難過負責）。聽到你這句話的人可能只會注意到你的指責，而不會注意到你的感受。比較好的方式是先單純的說出情緒的部分：「沒接到你的電話，我覺得好難過」，然後再討論是因為誰的行為造成的（不是指責）。

不要獨佔：雙方都可以擁有強烈的情緒。如果我們和配偶一起去大賣場採購日用品，通常不太可能只准許其中一個人把食品往手推車裡放，而應該是兩個人都可以挑選自己喜歡的東西吧。

討論情緒的時候也一樣。如果上班遲到，老闆的臉色可能會讓你生氣；但她也可能因為你沒有準時交報告而惱火。如果你有強烈的情緒，對方很可能也一樣。別人有情緒，並不代表你不能有情緒；正如你心裡矛盾的情緒可以同時存在一樣。反之亦然。重要的是，在「結帳」之前，雙方應該都可以把自己強烈或相互矛盾的情緒丟到談話的「手推車」裡面。

溫馨小提醒：說「我覺得……」很多人很能忍痛，甚至有人補蛀牙的時候不用麻醉。令人驚訝的是，要讓這些人說出「我覺得」這三個字，卻是那麼困難。事實上，這三個字對聽到的人有很大的影響力。

以「我覺得……」做為開始，只是一個簡單的動作，卻有意想不到的好處。這樣可以讓焦點集中在情緒上面，同時也清楚表示了只是從自己的觀點出發，免得被對方詮釋成你在評斷或指責。例如，「為什麼一定要在孩子面前讓我難堪？」這句話絕對會帶來爭吵，配偶當然聽得出來你的煩躁或憤怒，但你卻完全沒有說出自己的情緒，而只是評斷配偶的意圖以及教養孩子的方式。如果你一開始這麼說：「你在孩子面前反對我的教養方法時，我覺得沒有人支持我，而且擔心孩子們會怎麼想。」配偶沒有辦法跟你爭辯你的感受，也比較不會有自我防衛的反應，因此比較可能願意談你的情緒、孩子們的情緒，並和你一起討論教養的策略。

承認對方有情緒，這件事很重要

描述情緒只是解決問題的第一步，但卻不能直接跳去解決問題。雙方必須承認對方的情緒，才能夠繼續走下去。絕對不能省略「承認對方的情緒」這個步驟。

承認別人的情緒是什麼意思？意思是讓對方知道，你已經聽進去他所說的了，而且很重視他的情緒，同時也正在努力嘗試瞭解他。例如你可以說「喔！我從來不知道你會感覺這樣」或「我一直猜想這大概會是你的感覺，不過很高興你願意和我分享」或「聽起來好像這件事對你真的很重要」等。重點是要讓對方知道，你很想瞭解他們的觀點，而且你也在努力這麼做：「在我跟你說我的狀況之前，請你先多談談你的感受。」

我們常常會忽略情緒，而想要趕快進入主題，也就是解決問題，改善狀況。我們常常會想要以「修補」的方式盡速排除情緒，例如：「如果你覺得寂寞，我想我會多花些時間陪你。」甚至說：「你說得沒錯。你覺得以後我可以怎麼說才好呢？」對方這樣說，可能是真誠的在回應你的情緒。他們願意回應是件好事，只是回應得太快了些。

為了避免這樣，應該要把談話導回相互瞭解的目的：「我並不是說你故意要讓我難過，事實上我也不知道你是不是故意的。而我真正在意的是，你應該瞭解，當你在同事面前批評我的工作時，我會有什麼感覺。」在開始解決問題之前，你對自己和對方都有一項責任，就是要確定彼此知道這個議題對你的重要性；確定他們真的瞭解你的感受；確定他們重視你的分享。如果對方並不瞭解事情對你的重要性，而你又不提出來講，你就只好失望了。

在任何關係中，「承認對方的情緒」都非常重要，尤其是在棘手的衝突之中。這種「承認對方情緒」的簡單行動曾經避免過某個社區因為種族問題而分裂：有次幾位警官、政治人物、企業家及社區居民一起開會，討論最近警方與社區少數族裔間的衝突事件。事後有人問一名黑人青少年，是否認為對方的心態已經改變了。結果他流著淚說：「你們根本都不瞭解，我並不想改變他們的想法，我只想說出自己的遭遇。我不想聽你們說一切都沒有問題，或說這也不是他們的錯，或告訴我他們的遭遇也同樣的坎坷。我只想說出自己的遭遇，分享自己的情緒。你知道我現在為什麼會哭嗎？因為我現在知道，他們願意聆聽也願意關心。」

有時候，最重要的問題就是情緒

本章一開始提到的準岳父麥司，他與女兒分享了自己失落及驕傲的情緒之後，婚禮該花多少錢的問題就容易解決了。他們先前談得不順利，麥司覺得受到女兒的拒絕，而女兒也氣老爸總是管太多，等到他們詳細談過彼此的感覺之後，這些就不再是解決問題的絆腳石了。兩人真誠的表達出自己是什麼樣的人，以及希望在對方眼裡是什麼樣的人，之後就可以開始建立起新的關係。

有時候情緒很難處理，而你又還有其他工作要做，有孩子要養。你處理人際關係或解決問題時，可能需要經過冗長而艱困的程序。即使如此，有效與他人溝通自己的情緒及問題，是絕對必要的。

談尊嚴

第六章　確立自我認知：你最在乎什麼？

我要跳槽了，接下來只要向老闆提出辭呈就好了。我不需要任何推薦，未來的業務也還好，也沒有任何人可以改變我的決定。可是只要想到必須向老闆開口，還是感覺好害怕。

——班恩，某軟體公司副總裁

從旁觀者的角度來看，班恩應該沒什麼好怕的，一切都在他的掌控之中。即便如此，他還是沒辦法好好睡覺。

他解釋：「我父親一輩子都在同一家公司工作，我很敬佩他的忠誠度。我做事一向努力，對我而言，最重要的就是要忠於周遭的人，包括父母、妻小和同事。向老闆提出辭呈這件事，直接衝突了我對於忠誠的價值觀。我的老闆不但是良師益友，也一直很支持我。整件事讓我懷疑：我真的是自己心目中理想的忠誠之士嗎？還是，我只不過是另一個貪婪的混蛋，只要價錢對了，就可以隨時變節？」

高難度對話威脅我們的自我認知

班恩的困境說明了為什麼有些談話是那麼困難：我們的焦慮不僅僅是因為必須面對其他人，更是因為必須面對自己。有時候一談下去，可能會讓我們在這個世界上的自我認知徹底瓦解，暴露出自己並不是自己所想望的樣子。有些對話可能威脅到我們的自我認知（自己心目中的自己），而當自我認知受到威脅的時候，我們就會感覺極度不安。

三大核心認知

世界上有多少人，就有多少種不同的自我認知。但常見的認知問題有以下三大類，也是我們在處理高難度對話的時候最關心的：我能勝任嗎？我是好人嗎？我值得被愛嗎？

我能勝任嗎？「我一直掙扎著，到底要不要提出加薪的要求。受到同事的慫恿，終於還是去找主管談了。但我連話都還沒講出口，主管就說：『我很驚訝，你竟然想談這個問題，因為我對你今年的表現非常失望。』我覺得整個胃都要嘔出來了，或許我並不是自以為的那個出色員工吧。」

我是好人嗎？「那天晚上原本是想要和珊卓分手的。我先是很婉轉的提出，可是她聽出我的意思之後，就開始哭。看到她那麼痛苦我也很難過，我這輩子最不願意做的事就是傷害我關心的人，不論是心靈上或情緒上，這樣都違背了我做人的原則。我無法承擔這樣的感受，所以幾分鐘後我告訴她我有多愛她，也告訴她我們之間任何困難都是可以解決的。」

我值得被愛嗎？「我主動和哥哥談起他對待嫂嫂的態度，他和她講話的時候總是一副高高在上的樣子，而我知道嫂嫂對這樣的態度不滿意。我講的時候很緊張，把自己的意思都給弄擰了。然後我哥哥對我吼：『你有什麼資格教我怎麼做？你這輩子連好好談個戀愛都沒有過！』他這麼一說，我連呼吸都困難，更別提講話了。滿腦子只想要趕快逃出去。」

在以上三種狀況裡，我們都會懷疑自己到底在幹嘛。

自我認知出現危機，會讓自己失去平衡

在我們內心深處，「自我認知型對話」一直不斷進行著：「也許我只是個沒才幹的普通人」，「我不應該讓別人那麼痛苦」，「哥哥說得對，我從沒被任何女人愛過」。這每一句話，都在摧毀我們的自我認知。

一旦我們的自我認知失去了平衡，還會引發生理反應，讓原本就已經很困難的談話變得更不可能繼續下去。腎上腺素的反應會影響到我們對於自己、對於未來的想像，一旦腎上腺素飆高，就會產生無法控制的焦慮或憤怒，甚或會有想要立刻逃走的衝動，這時寧靜變成了消沉，期盼變成了絕望，鬥

志也變成了恐懼。可是在這個當下，你還在努力進行一種極為敏感細膩的對話，希望能夠做出清楚有效的溝通。結果呢，當你主管正在解釋為什麼不讓你升職的時候，你卻忙著安撫自我認知的危機。

沒有快速萬靈丹

人的自我感受都有可能受到撼動。生命及成長的過程中，都必須面對自我認知的問題，這些挑戰不會因為愛、成就或技巧而消失。妳告訴老公妳不想再生小孩，然後看著他獨自哭泣；你向教練抱怨你受到差別待遇，卻聽到他說：「你成熟一點好嗎」；這些情境都會讓你懷疑：在人際關係以及整個世界中，自己究竟是誰？

並非所有的自我認知危機都會演變成大問題，但有些的確是大問題。高難度對話可能會讓我們放棄一些自認為珍貴的特質，讓我們心靈的最深處出現一種失落感，就像所愛的人死亡了一樣的難過。就算你想假裝有快速的萬靈丹，假裝以後不會再失衡，假裝只要幾個簡單的步驟就可以克服生命中最困難的挑戰，這樣是沒有用的。

但也不必這麼悲觀。其實我們可以提升自己的能力，讓我們能從容辨識出自我認知問題的出現，並且加以處理。只要我們清楚、誠實的思考自己是什麼樣的人，就可以在對話中降低焦慮，大幅強化自己面對談話結果的能力。

脆弱的自我認知：兩極化症候群

如果想要有效的進行「自我認知型對話」，就必須先知道自己為什麼會容易失去平衡。自我認知脆弱的最大原因就是「兩極化思維」：認為自己不是勝任就是無能；不是好人就是壞人；不是值得被愛就是不值得被愛。

兩極化的思維讓我們的自我認知非常不穩定，對別人的回饋過於敏感。如果我們用兩極化思維來處理與自己有關的負面資訊，則我們只剩兩種選項，且這兩種選項都會造成嚴重的問題：全盤否認與自我形象不符的負面資訊，或者照單全收這些負面資訊，並將它擴大到有害的程度。兩極化的自我認知就像只有兩隻腳的椅子一樣，很不穩定。

兩極化之一：否認與自己有關的負面資訊

若我們執著於完全正面的自我認知，就沒有辦法接受任何負面的回饋。如果我自認為是能力很強而且絕對不會犯錯的人，那麼如果有人指出我犯了錯，這時麻煩就來了，我為了守住我的自我認知，於是全盤否認「我有錯」的說法，想辦法證明那個說法是錯的，是無關緊要的，而且自己的行為是沒有錯的。

回想一下本章開頭那位要求加薪的員工。上司回答說：「我很驚訝，你竟然想談這個問題，因為我對你今年的表現非常失望。」這番話在這位員工的心裡會產生什麼效果呢？這番話對他的自我認知會產生什麼影響呢？假如這位員工採取「否認」的立場，則他會這樣想：「老闆只懂生意，不懂我的專業，他怎麼可能知道我有多大的貢獻？真希望有個能賞識我的老闆。」

進行高難度對話時，如果想要全面排除掉負面資訊，就像是想游泳卻又不想弄濕一樣。不管你是面對高難度對話，或是面對生命中的其他困難，一定會遇到關於自己且令你不悅的資訊。否認這些資訊會消耗很大的身體能量，而且我們對自己編造的故事又遲早都會被戳破。「我們希望的事實」與「我們擔心的事實」差距越大，我們越容易失去自我平衡。

兩極化之二：誇大與自己有關的負面資訊

否認的另一面就是誇大。在兩極化的思維中，如果全面接受負面資訊，結果不只是要調整我們的自我形象，甚至必須徹底翻轉自我形象。換句話說，我要嘛就是完全的勝任，要嘛就是完全的無能：「也許我並不像自己認為的那麼有創意，也沒什麼特別；也許我永遠不可能出人頭地；也許我會被開除。」

我們會用別人的看法來定義我們是什麼樣的人。當我們誇大外界資訊時，別人的看法就變成我們評斷自己的唯一依據了。我們會放棄既有的觀點，讓別人的意見變成我們對自己的看法。例如，我們準時交出一百份報告，但第一百零一份報告卻遲交了，我們因此就自認：「我什麼事都做不好。」讓這樣的負面資訊完全主宰我們的自我認知。

上述的例子看起來荒謬，可是我們有時候真的會這麼想，而且不是只有碰到巨大、創傷性的事件會這麼想，連日常小事也會這麼想。餐廳服務生拿到小費的時候以奇怪的眼神看著你，你就認為你自己很吝嗇；如果你不幫朋友粉刷房子，你就認為你很自私；如果哥哥說妳很少去看他的小孩，就表示妳這個姑姑不夠關心姪兒。這些例子很容易讓我們理解，為什麼誇大會是一種貶低自我的反應。

確立自我認知

有兩個步驟可以提升你對「自我認知型對話」的掌控能力。首先必須熟悉自己認為重要的自我認知議題，這樣才能在談話中感知到這些議題出現了。其次是要學習以健康的方法將新的資訊整合進我們的自我認知。這個步驟需要拋棄兩極化的思維。

步驟一：熟悉自我認知議題

我們往往不知道，高難度對話裡面其實還涉及自我認知的問題。我們只知道自己感覺焦慮、恐懼或猶豫不決，似乎失去了有效溝通的能力。平常口齒清晰的人變得吞吞吐吐；平常耐心傾聽的人忍不住搶話爭辯；平常溫文爾雅的人卻表現得氣急敗壞。但我們不知道為什麼會這樣，因為這些現象與自我認知的關係並不明確。我們很容易會認為：「只不過是和哥哥討論他對待嫂嫂的方式，這和自我認知又會有什麼關係？」

有些議題會讓你的自我認知動搖，卻不見得會撼動對方的自我認知。每個人覺得特別敏感的議題也不盡相同。如果想要熟悉自己到底對哪些議題覺得敏感，可以觀察一下，在進行高難度對話的時候，讓自己失去平衡的議題有沒有特定的模式，並嘗試找出它的原因。什麼會威脅到你的自我認知？這對你有什麼意義？如果所擔心的事情真的發生了，你又會有什麼感覺？

這裡需要更深入的說明。讓我們來看看吉米的故事。吉米在成長的過程中養成了一種冷漠的性格，他以這種方式避免受到家人情緒流彈的傷害。家裡其他人都很容易情緒失控，但吉米不會，他會很理性的面對棘手的問題。

獨立生活了幾年之後，吉米改變了，他瞭解到認識情緒以及分享情緒的好處，他與朋友和同事分享情緒，更豐富了他的生命。他想要對家人也展現出這樣的改變，又有點怕。這麼久以來，他家人已經深深知道他過去的行為模式，雖然並不完美，卻是家人覺得習慣又可預期的模式。他的疏離固然有代價，可是那樣的代價卻是他所熟悉的。

吉米與朋友討論了他的恐懼，朋友問了他一些難以回答的問題：「你真正怕的是什麼？你預期會有什麼負面效果？」吉米的第一個反應是，他覺得他對家裡有責任：「家裡總得有個理性一點的人吧，不然肯定會天下大亂。」

這些都是事實，但吉米繼續思考著朋友的問題，強迫自己想出更深入的答案。最後他發現，自己真正擔心的問題其實一直存在：「如果家人拒絕我怎麼辦？如果他們譏笑我怎麼辦？他們會不會覺得『這小子是怎麼回事？』」吉米知道，如果父母的反應不好，他的自我認知就會嚴重動搖，而他也不確定自己要不要冒這個風險。

吉米終於瞭解了，問題在於他的自我認知。但故事還沒有結束，他決定對家人表達更多的情緒。起初進行得不順利，有時還有點尷尬，家人們也奇怪他為什麼表現得和以前不一樣了。但吉米堅持了下去，經過一段時間之後，新的關係取代了舊的關係。

步驟二：讓你的自我認知更多元（接受「同時立場」）

一旦你知道了自我認知的哪些層面對你最重要，或哪些層面最脆弱，你就可以開始讓自我認知多元化了。也就是說，不要繼續無謂的在「我很完美」以及「我一無是處」之間做選擇了，而應盡量清楚的讓自己知道自己真實的一面。對每個人而言，真實的自我包括了從過去到現在所有好的行為和壞的行為，高尚的意圖和鄙下的意圖，聰明的選擇和愚蠢的選擇。

不管是最好的人還是最壞的人，兩極化的自我認知都把真實的世界過份簡化。「我一定隨時滿足子女的需要。」「每次約會都會被我搞砸！」「我一直都是很好的聽眾。」其實，沒有人絕對是怎麼樣的，每個人都會呈現出部分正面及部分負面特質，也都不斷在複雜的生活中掙扎。而且，我們沒有辦法永遠如自己所願的表現出幹練或仁慈。

本章一開頭的例子是個很好的範例：班恩不敢告訴老闆自己已經接受了另一份工作。班恩是忠誠的員工還是叛徒？其實這兩個標籤都太簡化了，完全不足以描述班恩一生中與那麼多人複雜的互動。他曾經為家人和老闆做了很多的犧牲，在週末加班，又拒絕其他的工作機會，還努力幫公司徵募頂尖人才。班恩忠誠的事蹟多得不勝枚舉。

班恩為了其他地方的高薪想要離開目前的崗位，他的老闆當然會覺得被拋棄了，但這並不表示班恩就是個壞人，也並不表示班恩因為貪婪才做出這個決定。他只希望有能力供子女上大學，而多年來沒有獲得應有的報酬，他也未曾抱怨過。

那麼，班恩的底線究竟在哪裡呢？答案是沒有底線！他可能會為了自己的許多行為或選擇而感到高興，也可能對其他人感到矛盾或懊悔。任何理性的人都會感覺生命實在是太複雜了。的確，複雜多元的自我形象才是健康而穩定的，才能為你的人生提供堅固的立足點。

請接受自己這三項特質

的確，我們可能一輩子都會和自己的某些部分對抗。當我們自省的時候，不一定會喜歡自己所看到的一切，而且要接受自己不完美的部分並不容易。但是，如果能遠離兩極化的自我認知，採用比較多元的觀點看自己，就會發現，我們更容易接受以前一直困擾自己的部分了。

如果希望在進行高難度對話的時候能夠接受自己，就必須擁有下列三項特別重要的特質。若能輕鬆接受下列三件事，則在對話中就比較不容易失衡，也比較容易達到較佳的對話效果：承認自己有錯誤、自己的意圖並不單純、問題也是由我造成的。

1. **自己會犯錯**。如果一個人不能對自己承認說：「我偶爾也會犯錯。」那麼這個人就很難瞭解並接受他人故事中合理的部分。

讓我們來看看麗妲和艾瑟的故事。麗妲說：「我覺得好朋友之間相互信任是很重要的，這樣才可以無話不談。同事艾瑟告訴我，他正在努力戒酒，我也答應他要保守這個秘密。但我認識我們一個共同的朋友，她以前也面對過類似問題，因此我跟她談到了艾瑟的困擾，希望她能提供建議。」

「後來艾瑟知道了這件事，簡直氣死了。我極力解釋自己只是出於善意，而且那位朋友能幫忙。最後我明白，我一直辯解的真正原因其實是『我不敢對自己承認我辜負了艾瑟的信任』。就是這樣，我沒有信守承諾。一旦我可以對自己認錯之後，我與艾瑟之間的談話也有了進展。」

如果以簡單、兩極的標準衡量自己，那麼即使是一個微小的錯誤，看起來也會非常嚴重。如果忙於捍衛自己「沒有犯錯、沒有疏失」的自我認知，就不可能進行有意義的「學習型談話」，而且很可能會再犯相同的錯誤。

一般人不願意認錯的一個原因，是怕被看成軟弱無能的人。但那些有才華又勇於承擔過犯的人，反而能展現出自信、有安全感的風格，是個「偉大到不一定需要完美」的人。反觀那些死不認錯的人，在別人眼中只不過是沒有安全感而且缺乏自信的懦夫。騙不了人的！

2. **人的意圖並不單純**。對於即將進行的對話，我們有時候會覺得不安，因為我們知道，自己以前的行為不一定全都出於善意。

讓我們來看看莎莉和男友伊凡的狀況。莎莉想和伊凡分手，又擔心伊凡指責她只是利用他渡過寂寞的時間。在莎莉宣稱自己的意圖非常單純之前，她應該誠實的思考：自己的意圖是不是真的很單純。雖然整體上來說，莎莉不想傷害伊凡，而且也沒有惡意，但她的行為至少是有點兒自私。

誠實面對自己複雜的動機之後，莎莉就比較能夠承擔動機不良的指責了。她可以誠心的回答說：「我思考之後，覺得你說的有一部分很有道理。我當初確實是感到寂寞，和你在一起也確實可以幫我排解寂寞，但我不認為那是和你交往的唯一原因。我當時也希望我們會有好的結果。這段時間對我也很有意義。」

3. **問題的部分原因是你造成的**。確立自我認知的第三個步驟是評估自己在問題中應該負責的部分。這個步驟不容易。沃克最近發現，女兒安美有飲食失調的問題。她大學的輔導員打電話告訴沃克，安美主動到學校健康中心求診。於是他打電話給女兒，想瞭解她的狀況，但兩人又無法深談，只好客套的說：「妳還好吧，小寶貝？」「沒問題的，老爸！」

沃克想要和女兒好好談談，又有點擔心。他認為安美的問題至少有一部分牽涉到他們的父女關係。他擔心安美會認為他不是個好老爸，越想就越擔心。

他一直無法確定女兒真正的感受是什麼，可是他最大的願望就是希望女兒認為他是個好父親。不過他也知道，事實不一定是這樣。畢竟，他常常不在家，也沒有給女兒應該有的支持，答應安美的事也常常做不到。

沃克有兩個選擇，他可以小心翼翼的和女兒交談，期望安美不要提起他在雙方關係和她的疾病中應該負的責任。或者，他也可以先檢視他的自我認知，並從內心接受他在這些問題中所應負的責任。

這麼做並不容易，事實上，這可能是沃克遇過最困難的事了。但是，如果他能夠坦然接受自己以及自己的行為，承擔他在雙方關係中應負的責任，則在他自己的內心中，以及和安美講話的時候，他都會發現，父女倆的談話越來越輕鬆了。而更重要的是，沃克會發現，自己不再需要逃避，與女兒的談話也不用擔心觸及「我是不是好父親」的問題。他可以對女兒說：「真希望當年多花些時間和妳在一起，我很抱歉也很難過當時沒有這麼做。」跟她在一起的時候可以充滿熱情，而不是恐懼。

如何在高難度對話中不斷取得平衡，避免被擊倒

從前有位學徒觀察合氣道大師與另一位高手過招，之後他問大師：「你的身體一直保持平衡，秘訣究竟在哪？」

大師回答：「你搞錯了，我不斷的失去平衡，關鍵在於我可以重新找回平衡。」

進行高難度對話的時候也一樣。雖然，前面段落中我們已經知道要好好處理自我認知的議題，這樣對我們有很大的幫助，可是在對話中仍然會發生意想不到的事，會出現很多陌生的東西，測試著我們的自我形象。問題並不在於自己會不會被擊到，而在於能不能再站起來，並讓對話朝好的方向繼續進行下去。

在高難度對話進行之前及進行之中，我們可以做四件事情，以幫助自己維持平衡、重新取得平

衡：第一，不要想控制對方的反應。第二，準備好因應對方的反應。第三，想像未來的展望。最後，如果失去平衡，可以暫停休息一下。

不要想控制對方的反應

在涉及重要自我認知議題的對話中，你可能已經感受到衝突或羞愧，所以想要逃避對方負面反應所產生的壓力。你會這麼想：「不論如何，都不要讓對方生氣，尤其不要讓他們生我的氣。」你對自己的感覺已經夠糟了，對方的負面反應會讓你更無法忍受。因此，你可能會把「別讓對方生氣」當成主要目標，在對話中盡量不讓對方產生「不好」的反應。

有些事情本身並沒有什麼錯，而且可能還挺好的，像是不想傷害別人，或是雖然傳達了壞消息卻還希望對方喜歡你。但如果你對話的目的是不想傷害他人、傳達壞消息又不希望對方討厭你，那麼你就有麻煩了。原因很簡單：我們不可能改變別人，不可能控制別人的反應，而且，根本就不該做這樣的嘗試。

告訴孩子你們夫妻準備要離婚了，他們很可能會感到很傷心。怎麼可能不傷心呢？可是因為你關愛他們，所以希望降低他們的痛苦，但你也可能只是在做自我防衛：「我只希望他們不要哭泣、憤怒、退縮或爭辯。」這麼想的原因可能是不希望自己有以下感覺：「我不是個好爸爸，不是個好丈夫。」若你想控制他人的反應，這是逃避責任的方法，因為你只想避免自我認知受到衝擊的痛苦。

換個角度來看，如果想要緩和或掩飾他人的反應，只會讓事情變得更糟，而不會更好。這點很容易理解，你希望孩子們不要覺得父母離婚就是世界末日；你想要說服員工，被開除也是另一個機會，可以去找更適合的工作。就算過一陣子之後你的這些樂觀預測都會應驗，可是在當下忽視對方的情緒，仍然是件很不好的事。你想要傳達的訊息可能是「一切都會沒事的」，但對方聽到的訊息則可能是「我不瞭解你的感受」或更糟的「你不准為這件事情難過」。

在任何高難度的對話裡，傳遞壞消息的時候都不應該控制對方的反應，反而應該採取「同時立場」。例如告訴孩子離婚的訊息時，你可以同時讓他們知道你愛他們，關心他們，讓他們知道你真的相信所有事情都會迎刃而解，同時給他們空間，讓他們感受自己真實的感受，同時也讓他們知道，他們的感受是合理而且正常的。這樣可以讓你掌控住你真的可以掌控的事物（也就是你自己），並給孩子們誠實反應的空間。

在職場中負責傳遞壞消息，也應採用同樣的模式。當你開除某位員工的時候，對方大概會很生氣，而且可能是生你的氣。不要以對方有沒有生氣來衡量談話是否成功。對方當然有權生氣，而且生氣是很合理的反應。成功的對話除了傳遞消息之外，還必須針對結果，負起自己應負的責任（但不要超過這個限度），表示你關心他們的感受，以及願意幫忙處理後續的工作。

你不可能控制別人的反應，就算嘗試去控制也很危險。只要你瞭解這個事實，就可以感到釋懷。一旦你停止嘗試控制對方的反應，則對方就可以有足夠的空間，去做出他認為必要的反應，而你也不必承受龐大的壓力。從對方的反應中，你會更瞭解自己。如果你已經做好了準備，就不會擔心對方會做出什麼反應了。

做好準備，因應對方的反應

不要嘗試控制對方的反應，而應該做好準備來因應對方的反應。事前就要花點時間想像對話過程，不要只想像狀況會變得多糟（當你擔心到半夜依舊不知該怎麼辦的時候，最容易開始設想狀況會有多糟），應把焦點放在你可以從對方的答覆中學到什麼。對方會哭嗎？會生氣而不說話嗎？會假裝沒事嗎？還是會攻擊你？會排斥你？

接著再思考一下，對方的這些反應會不會牽涉到你的自我認知。如果會的話，可以先想像對方最可怕的反應會是什麼，然後自問：「我認為這是在說我的哪些方面？」事前就要把有關自我認知的議題想清楚：「我把對方弄哭了之後，還能處之泰然嗎？對方哭了我要怎麼辦？如果對方質疑我的人格或動機，又該怎麼辦？該如何回應？」依據對方可能出現的反應，如果你有越充分的準備，就越不會感到意外。如果已經考慮過對方的反應對你的自我認知有什麼影響，到了談話的當下就比較不會失去平衡。

想像三個月或十年之後

當外界的情況悲慘，而你自己又失業、迷惘、氣餒、覺得無人關懷的時候，是很難看清楚自己的處境的。有時候，若能夠把自己投射到未來的世界裡，對於當下正在發生的事情可能就會感覺好一點，因為一切終究會好轉，目前不如意的事到了以後可能也就不重要了。

想像未來的自己會如何回過頭來看現在的自己，這樣有助於你找到方向。如果現在正處於痛苦中，可以想像三十年後的自己會如何看待此刻的生命階段：你從這次經驗中學到什麼教訓？你如何評價你現在的做法？三十年後的你會給現在痛苦中的你什麼建議？

暫停然後休息一下

有時候，我們依舊是迷失在問題中，內心的自我認知受到撼動，無法有效進行對話。這時候已經沒有辦法吸收更多的資訊或整理自己的思緒了，如果還想勉強繼續談下去，可能對大家都不好。

你可以要求休息一下，以便思考自己聽到的訊息。你可以說：「我很驚訝你對這件事的反應是這樣，我需要一點時間想想你說的話。」即使十分鐘也好，走動一下，呼吸新鮮空氣，看看哪些說法被扭曲了；找一段安靜的時間，根據你對自己的瞭解，評估一下別人說你判斷力有問題、說你態度傲慢，到底有沒有道理。檢討一下你不願意承認的事：在什麼情況下對方說的會是正確的？思考一下：最壞的狀況會怎樣？自己現在可以做什麼好讓對話有所轉圜？

有些人不好意思要求暫停，但若能把對話稍微延後，以便找回自己的平衡，這樣可以避免發生更糟的結果。

也涉及對方的自我認知

當我們專心處理與自己有關的自我認知問題時，有時會忽略了對方也有自我認知的問題。沃克想要和女兒安美討論她的病情，女兒也會沉浸在她自己的自我認知問題中：她出問題了，跑去診所求診，這樣恰好印證她內心最深沈的恐懼：她永遠不夠好，沒有成就，沒辦法取悅父親。

沃克可以用一個辦法協助女兒，就是帶領她跳脫兩極化的思維。他可以讓她知道，每個人都有需要幫助的時候，用這樣的對話讓她取得自我形象的平衡點。他也可以說說他喜歡她的哪些具體優點，他可以告訴安美：「對於妳主動尋求協助，我覺得很驕傲。」他也可以告訴她，愛她並不是因為她的功課好，而是因為她是他女兒，不論發生什麼事，他對她的愛都不會改變。

明確提出自我認知的議題

有些事情要自己解決：有時候，你的自我認知議題對你很重要，但對於和你對話的對方而言，或在一般的人際關係中，可能就沒那麼重要了。妳不需要告訴新同事，他讓妳想起以前那個噁心的男朋友。妳自己意識到這件事固然很好，但把它明說出來，對於妳和新同事的談話並沒有任何幫助。妳可以在自己心中意識到這個議題，但也必須知道，有些事情就是必須自己解決。

有時候必須直接提出自我認知的問題：有時候在對話中直接處理「自我認知型對話」，反而可以觸及問題的核心：「在這件事情上，我覺得問題就在於我是不是個好伴侶，你的感覺也是這樣嗎？」「我一直很後悔在爸爸的喪禮上一句話也沒說，這也是為什麼在媽媽的喪禮上我一定要講幾句話。」「我很在意別人批評我寫作風格，我也知道我需要別人的意見。我們一起做報告之前，我先把這些話講出來比較好。」

在高難度的對話裡，有些對話內容似乎是在說自己，可是雙方針對這些部分的反應，往往也是最豐富的。

勇於請求協助

生命中偶爾會遇到一些我們無法獨自解決的難題，而每個人的難題又不盡相同，可能是遭受性侵的傷痛、戰爭的恐懼、身心的疾病、上癮或痛失所愛。同樣的問題有時候不會影響其他人，但自己卻深為所苦。

我們喜歡讚美獨自承受痛苦的人，認為他們很有勇氣。但是如果必須長期忍受痛苦，而且又讓我們無法達成生命中更有意義的目標時，這種忍受就不再是勇氣了，而是魯莽。不論是什麼困難，如果努力之後仍然無法克服，建議你最好尋求協助，向朋友、同事、家人、專家或任何可以伸出援手的人求助。

許多人不願意向人求助。我們的「自我認知對話」也往往大聲而清楚的告訴我們，不要向別人求助，因為求助是可恥、軟弱的行為，會造成別人的負擔。這種想法對我們有很大的影響力，但請自問：如果自己所愛的人（例如舅舅、女兒或要好的同事）身陷於你現在的狀況中，難道你不認為他們應該尋求協助嗎？那麼為什麼要叫自己別尋求協助呢？

如果在你的自我認知當中相信，人不應該求助，那麼請求協助就很困難了。此外，你請求協助的時候，也不是每個人都願意伸出援手，這樣又會讓我們痛苦萬分。其實，很多人都願意幫忙，只要信任他們並且提出要求，也就等於提供他們一個絕佳的機會，讓他們可以為他們關心的人做件有意義的事。有一天，你也會有機會回報的。

建立學習型談話

第七章 你要什麼？何時談？何時放下？

我們不可能解決人生中所有的高難度對話。生命短暫，需要解決的事太多。要如何決定什麼時候首度提出、第十五次提出某個特定議題呢？決定不談某些議題之後，又要怎麼樣才放得下呢？

本書之前的部分探討的是我們可能提出「哪些」議題。接下來要探討「如何」提出。但在如何提出之前，本章先來剖析「時機」的問題。

如何決定要談還是不談？

什麼時機該提出我想談的重要議題？什麼時候又該放手算了？如果有簡單明瞭的準則可以遵循，人生就不會那麼複雜。「晚餐的時候千萬別談政治」、「不管是什麼事，早上八點之前都別談」、「絕對不要和老闆唱反調」。這些規則的優點就是清楚易懂，但也有人認為這些規則都沒用。

妳和前夫、你和經紀人或技工和之間的問題，最終只有你自己可以決定要不要提出來談。人的狀況各不相同，我們也沒辦法提供簡單的規則，引導你做出明智的決定。但我們可以提供問題和建議，幫助你判斷要談還是不要談，以及如何主動展開對話。

如何知道自己的決定是正確的？

想要決定要不要提出某個議題的時候，我們常常會想：「真希望我能下決心。如果我再聰明一點的話，就不會那麼難做決定了。」事實上，根本就沒有所謂「正確的選擇」，因為事前你不可能知道後面的情況會怎麼發展。因此，別花時間尋找所謂正確的答案了。「正確」這種標準不但一無是處，還礙手礙腳。

但如果你希望考慮周全之後再做選擇，那麼可以把目標定為「想清楚」。這是每個人都可以做得到的。

盡量做好前述的「三種對話」

最好能盡量做好前面談過的「談事實」、「談情緒」、「談尊嚴（自我認同）」這三種對話。好好掌握自己的情緒，掌握自己最重要的自我認知議題，並且知道你自己的觀點中可能有哪些扭曲或斷層。想清楚自己知道些什麼（自己的情緒、經驗、故事及認知議題），以及還不知道些什麼（對方的意圖、觀點或情緒）。

這樣我們就能更加熟悉溝通的流程，並看出來到底是哪些因素讓對話變得困難。有時候，我們得到的觀點本身就會提供清楚的答案：「這件事必須要提出來談，而我現在已經知道如何以不同的方法處理。」或「現在我知道了，為什麼拿出來談也無濟於事。」

三種不合理的談話

考慮要不要談某件事情的時候，我們會發現，雖然主動展開談話通常都是合理的，但有時候主動談也沒用。針對「到底該不該主動談」，我們怎麼做出明智的決定呢？應該先考慮以下三個問題。

真正的衝突發生在我內心裡嗎？

有時候，大部分的問題出在自己的內心，而不在於自己與對方之間的外在。這時候，以雙方互動為核心的對話就不會有什麼幫助，你反而應該先與自己進行談話。

卡門和先生經常為了孩子的課外活動問題吵個沒完，例如該換誰去接送小孩了、誰負責預約看診、鋼琴課誰負責等。她在內心進行了一場「自我認知型對話」後，幫助她解決了這個問題：

> 雖然我全職工作養家，湯姆在家帶孩子，但一堆瑣事還是落在我身上。我覺得湯姆不負責，老是忘東忘西的，而我必須隨時補位，才不會天下大亂。
>
> 但是，當我和自己進行「自我認知型對話」的時候，發現到自己一直想要掌控小孩的生活。原因也許是我對於全職工作的矛盾心態：我熱愛工作，表現良好，收入不錯。但我心裡還是有罪惡感，甚至會嫉妒，因為女兒每次有什麼問題的時候，都會去找湯姆而不來找我。

一旦卡門瞭解到，負責家事安排是證明自己還是個好媽媽的方法（代表她仍然關心並參與子女的事情），那麼當家事沒處理好的時候，也就不會那麼生氣了：「我把一部分的事情交給湯姆處理，同時轉變自己對於責任的看法，我針對我選擇的事情負責，我不負責湯姆丟下不管的事。」

有沒有比「提出來討論」更容易解決問題的方法？

理清了自己的情緒，或瞭解了自己應負的責任之後，有時你可能就明白，原來你需要的不是關於互動的對話，而是改變自己的行為。這就是坐而言不如起而行的道理。

華特的例子就是這樣。他因為家裡農場的事，多次和媽媽聊得不愉快，是這樣的：

> 我父親過世後，其他兄弟都回去幫媽媽經營農場。每次跟她說話的時候，她總會問我什麼時候返鄉共同經營家族事業，或至少回到鎮上開業行醫，像以前的老丹尼醫生。
>
> 我喜歡留在大都市，也在都市裡開了一家不錯的小兒科診所。所以，每次母親提起家族農場，我都會請她打消這個念頭，我不會回去的，至少短時間之內不會。
>
> 後來，我透過「三種談話」來反省，意外發現了一些事。我感受到，每當媽媽提出返鄉議題，我一方面覺得很煩，同時也很高興她一直掛念著我，慶幸自己還有個隨時可以回去的老家。但我也很遺憾，自己的兒女沒能像弟弟們的孩子一樣，跟奶奶建立親密的關係，

喪失了像我一樣在農場長大的快樂經驗。

最重要的是，我開始可以想像媽媽的觀點和感受了。突然間我瞭解到，媽媽要表達的是：她不知道我的生活狀況，她覺得和我脫節了。她希望我把我的家人都帶回老家去，才能和我們有更多的聯繫和互動。但是，每當她問起我什麼時候要回去，我都岔開話題，然後連續好幾個星期不打電話給她，怕她再提這事。結果，我讓她感覺跟我們的聯繫更少了，她又表現得更想念我們，事情就這樣不斷的循環著。

華特一旦明白了這個原因系統和自己複雜的情緒，才恍然大悟，其實不必和媽媽爭吵要不要回老家經營農場的問題。第一件要做的事，是改變自己在這個問題中所扮演的角色。

於是我開始常打電話給她，把我孩子們的近況告訴她，邀請她到我們這裡玩幾天。每當她又要我回去經營農場時，我不再逃避這個話題，反而跟她分享我在這裡執業的情形。同時也告訴她，我也很遺憾，因為不能多花一點時間陪老家的家人，我好希望我的孩子們可以多陪陪她。於是她邀請我女兒回農場和親戚們一起過暑假。慢慢的，她也不再問我回老家的事了。

結果很容易猜測，華特和媽媽更親近了。

不值得浪費時間談的事情，該談嗎？有些事情根本不值得浪費時間談，或者根本沒機會談，但你卻還是想談。怎麼辦？

華蘭擔任勞工權益遊說工作，在每天通勤的過程中，有一次卻和收費站收費員鬧得不愉快。她喜歡在車裡的零錢盒裡面全部都放二十五美分的硬幣，這樣就可以很容易的摸出兩個硬幣，支付每天五十美分的過路費，而不需要把視線移開道路，花時間數正確金額的錢。因此，有時她用一塊美元紙鈔付費，她都希望收費員找她兩個二十五美分的硬幣。如果收費員用五美分和十美分的硬幣找她，她都會退回去，要求換成二十五美分的硬幣。

通常收費員都會願意配合，但昨天的收費員卻回了她一句：「妳們有錢人就可以這樣予取予求嗎？我找妳十美分的硬幣也是有原因的，這點妳沒想過嗎？」華蘭有點激動的回說：「話是沒錯，但我認為你的零錢一定比我多，找我又有什麼關係。」那位收費員用力塞了兩個二十五美分的硬幣在她手上說：「妳不瞭解我的工作，妳也根本不在乎。快點開走！」華蘭氣得說不出話來，就這麼開走了。

華蘭回家後想起這件事，她才瞭解，自己生氣的源頭在於，她想否認以下這幾件不愉快的事實：她要求對方找她二十五美分硬幣的時候，她確實是覺得理所當然的，覺得自己有權利這樣要求；她從來沒想過收費員的工作有多辛苦；在那個收費員眼裡，她確實像個有錢人。這一切都和她的自我認知有很大的衝突。她仍然不認同那位收費員的態度，但也可以從他的角度來感受事情了，畢竟他一整天辛苦，看到的只是綿延不斷的車陣從他身邊經過。

華蘭於是不再生氣，也不再去想像下次碰到那位收費員的話要怎麼辦。她現在瞭解了，她經歷的，只不過是一個複雜大狀況中的一小部分。但她仍然想要做點什麼來改變這樣的狀況，而且她覺得如果用不同的方法，可能更有效。

因此，她寫了封信給公路局，從用路人的角度指出，她希望找零的時候可以收到二十五美分的硬幣，但她也不想為難收費員。然後她問公路局，是否有辦法來解決這個困境。她很驚喜的收到回函，裡面解釋了收費員的工作狀況：收費員進入收費亭的時候，只能攜帶一定數量的硬幣；而且，除了固定的休息時間之外，一律不准離開。收費當局感謝她提出這個問題，也建議了另一項很有創意的解決方案，既可滿足她的要求，又不會為難到收費員。這件事情也就圓滿落幕。

我的目的合理嗎？

請想像一下，如果美國太空總署即將進行一個太空任務。有人問道，這次任務的目的是什麼，而太空總署的回答竟然是：「嗯……不太清楚，大概先送幾個人到外太空，到那邊再想想吧。」

太空總署絕不可能這樣。可是我們在展開對話的時候，經常就像這樣，都談到一半了，雙方還搞不清楚重點是什麼，也不知道希望得到什麼結果。

有時候我們想要透過溝通來達成不合理的目的。如果是這樣，不論怎麼說或怎麼做都沒用，而且可能把事情弄得更糟，因為我們選了一個不可能達成的目標。

切記，我們無法改變別人。很多時候，我們展開對話的目的是想要改變對方。期待改變並沒有錯，想要改變別人也是人類的本性。我們希望對方更愛我們、更感謝我們的辛勞、給我們更多空間、在派對上更活躍、接受我們選擇的職業、接受我們的性傾向、相信我們的神、認同我們對重要議題的觀點。

問題是，我們不可能讓這些事情成真。我們不可能改變對方的心意或強迫對方改變他們自己的行為。如果能的話，就不用高難度對話了，我們只要說：「這是你應該多愛我一點的原因。」然後對方就會說：「知道了，我會多愛你一點。」

但我們知道，事情不是那樣的。人的態度及行為，很少因為爭論、事實或別人的說服而改變。你自己有多少次是因為別人告訴你某件事，而改變了你的價值觀及信念（或自己愛的人或一生追求的東西）呢？如果對方不瞭解你看事情的角度，不瞭解你為何從這個角度看事情，但卻想要改變你，你會願意嗎？

我們可以影響別人，但必須特別小心。矛盾的是，若你一味的想要改變對方，對方可能會越不願意改變。想反的，如果以相互瞭解為目的與對方溝通，經常會達到改變的目的。為什麼會這樣呢？因為如果以改變對方為出發點，可能會與對方爭辯或攻擊對方，而不會傾聽對方。這樣會讓對方產生防衛心態，更不願意敞開心胸聆聽新的資訊。但如果對方認為我們瞭解他，同時覺得受到尊重，就比較可能改變了。

別為了短暫的宣洩情緒而付出長遠的代價。另一個常見的錯誤是為了暫時抒發心理上的壓力，卻使未來的狀況變得更惡劣。

珍妮就有慘痛的經驗。她在非營利財務管理機構工作了二十多年，從沒想過有一天自己竟然會因為董事的質疑而落淚。有位名叫席薇的董事，每次都會針對她提出的預算加以攻擊，她再也受不了了，決定要對抗席薇。過程很不順利。珍妮說：

> 雖然我說的都沒錯，例如我會對我的行為負責。可是我猜想我真正想做的是臭罵她一頓。我要她跟我一樣感覺渺小無助，讓她知道不可以這樣對待我。我的確讓她知道了。走出會議室的時候感覺一陣爽……也只爽了十五分鐘，我就開始後悔自己說的話，我也知道這下我讓狀況變得更糟了，我和她的敵意也更深了。事實上，她就是可以用這種方式對待我，而且，我剛剛給了她很好的理由，以後她更可能繼續這樣對待我。

如果你談話的目的是想要改變對方這個人或他的行為，或只是想發洩或臭罵對方一頓，那麼，這樣的談話很可能帶來你不希望見到的後果。你吼出「你麻木不仁、不可信任、不可理喻」這種話，只會破壞雙方的關係。你會傷了對方的感情，引起防衛的反應，要不然就是害自己被炒魷魚。

這並不是說珍妮就必須束手無策，繼續忍受席薇的虐待。如果她可以稍微調整一下自己的目的，就可以與席薇進行建設性的對話。如果珍妮可以改變自己的心態，嘗試去瞭解席薇為什麼會有那樣的反應，就會讓她們的對話更有價值。珍妮可以把這次的對話看成是一個機會，去瞭解席薇的故事，也分享自己的故事，然後再研究出更好的合作模式。這是不是珍妮正在做的事？席薇知不知道自己對珍妮的影響？席薇以前都是這樣做事的嗎？珍妮可以給席薇什麼建議，才能讓兩人的互動變好？

如果珍妮對話的基礎是想要瞭解席薇的觀點，就比較不會引起不好的反應或破壞雙方的關係。如果珍妮試著與席薇一起討論事情為什麼會變得這麼困難，雙方的關係也就會轉好了。

只要說服自己調整一下談話的目的，就能降低對話的風險，也更可能得到好的結果。

不要只是蜻蜓點水談一下就沒了。我們通常會想要把重要的事情立刻說出來，因為問題現在就困擾著我們。不過大部分的人也都很聰明，會避免時機不對的嚴重錯誤。如果對方告訴我們說他剛去看醫生，馬上就要動手術，這時大概很少人會回說：「我也很替你擔心。噢，對了，你還欠我五百塊。」但是，我們卻會犯另一種時機錯誤，就是「蜻蜓點水」，隨便談了一下就沒下文了。有位員工上班常遲到，你早就想和他談這個問題，因此跑去跟他說：「又遲到了喔？」然後就沒下文了。或者你週末去兒子家，看到垃圾桶裡一堆空啤酒罐，就只是輕描淡寫的說：「我看你還是喝太多嘛。」

這些話的本意都是想幫忙：你希望員工或兒子把你的話聽進去。雖然你這樣輕描淡寫說一下，可以讓自己感覺好一點（「至少我已經說了」），卻會讓對方產生防衛心態，並且感到沮喪，而不太可能產生你想要的改變。

因應這樣的狀況，有一個好的原則可以遵循：如果想要說，就好好的、深入的說。如果真的要說，不能隨時想到就隨時說，而必須安排個時間來好好說。你必須明確的表示有件重要的事要談，需要十分鐘或一個小時。三十秒是沒辦法好好談事情的，而如果沒有好好談，就不會有什麼幫助。如果只能蜻蜓點水，最好還是不要談。

放下

本書提到的方法可以幫你達成驚人的結果，讓你做出正確的判斷，知道什麼時候不宜提出什麼問題，讓你知道至少應該先反省自己有沒有問題，或嘗試改變自己的行為。

而當你決定開始要談的時候，你慢慢會拋掉自己以前的方法，辨識出以前你常在哪條路上跌倒，從而避開這些路徑。一段時間之後，你就能降低焦慮，改善自己最重要的人際關係。

但這種方法也不是變魔術。有時候即使我們盡了最大的努力，也於事無補。我們沒辦法強迫別人改善與我們的關係，沒辦法強迫別人和我們一起解決問題。不論你向兒子解釋多少次，告訴他如果他沒打電話來你會很擔心，他還是不打就是不打。你的老闆還是會發脾氣，你的母親還是永遠無法瞭解為什麼你小時候有強烈被遺棄的感覺。

有時候你考慮過自己的目的及可能的策略之後，還是決定不要談了，因為在彼此的關係中緊抓住這個議題太痛苦或太辛苦，所以想要放下。

有時候事情沒那麼簡單。即使基於某種理由使你覺得最好不要談，但問題卻如鯁在喉，久久不能釋懷，每次一想到就情緒激動。雖然想要過正常的生活，但情緒卻像是陷入了泥淖。

有些人認為放下只是一種選擇，而有些人則認為必須要有適當的條件才能放下（例如對方表示懺悔、自己找到新戀人、自己得到寬恕等）。究竟要怎樣才能真的放下呢？只要張開手掌，就可以讓苦澀、憤怒、傷痛、羞愧從指縫滑落嗎？

我們不能假裝知道答案，可能也沒有人擁有簡單的公式。也許每個人的想法和感受都不相同。

通常需要一段時間才放得下

我們能夠確定的是，通常需要一段時間才能夠放得下，而且通常放下也不會是件容易的事。世界上可能沒有一個地方，可以讓我們在那裡釋放生命裡累積的痛苦或羞愧，用不同的方式對自己訴說往事，跳脫受害者或惡棍的角色，給自己和對方更多元而自由的角色，接受自己的過去和現在。

如果有人跟你說你早該忘掉某件事或某個人了，請不要相信他。如果認為想要忘掉某件事就可以在「適當的時間內」忘掉，這樣只會讓自己更忘不掉。但也不要認為放下是不可能的，或放下完全只是時間的問題。其實是有很多方法可以幫助我們把事情放下的。

接受一些讓你寬心的想法

你可以從「自我認知型談話」開始，去挑戰那些妨礙我們放下、不讓我們安心的說法。下面就是四種可以讓你寬心的想法。

我的責任不是讓事情改善：我的責任只是盡力而為。對凱倫娜來說，解決的關鍵是放棄她心裡「事情可以更好」的幻想：

以前的戀愛都失敗了，我多麼希望這次會順利。但我要的不只是戀愛順利而已，我要的是「這次一定要成功」，我有責任成功。在過程中我試了各種方法，或許早就該結束這段感情了。但真的放不掉。如果我的條件更好一點，或在適當的時間說了適當的話，或更努力一點，我和保羅原本可能會圓滿的。

在凱倫娜的狀況中，如果想要放下罪惡感和悲傷，就必須接受「任何事情都有窮盡」的事實。你不可能每次都讓彼此的關係更自在、更豐富、更親密或更長久。你所能做的就只是盡力去嘗試。

對方能力也有限。有時候你會告訴對方你的感受及觀點，或對方對你造成的影響，而對方也說他瞭解了，因此你們都同意改變自己的行為。但不久後對方又做了讓你惱火的事，於是你想：「可惡，明知故犯！到底是怎樣？不尊重我嗎？故意惹我嗎？以為我好欺負嗎？」

有個事實可以讓你覺得好過一點：對方跟你一樣，都不是完美的人。不論你一再強調：他們酗酒會讓你難過、他們健忘會讓你火大、他們不負責任會讓你心痛……但他們就是沒有能力改變，至少現在沒有！

衝突和我是誰無關。難以放手的另一個原因是，我們把衝突和自己是怎樣的人聯想到了一起。我們心裡總認為，自己是最不得寵的兒子，是長期受苦的妻子或受壓迫的族群。我們會根據自己與別人的衝突來定義自己。

過去四年以來，羅柏在公司一直屬於「失勢派」，他是公司裡極少數和管理階層對抗的人，這也使得他在專業上的自我認知很低落。不料公司和其他公司合併後，羅柏的派系突然變成了「掌權派」，他一方面感到得意，另一方面又有點憂慮。他不再是反對派了，此時羅柏竟然不確定該如何定位自己。他在專業上的自我認知似乎與衝突中的角色密不可分。

這種變化在種族衝突中經常可以看到。我們對於自己在群體中的認知，常常是用我們不是誰、我們反對誰以及我們遭受過哪些痛苦來定義。可悲的是，我們竟然會因為看到和解的曙光而感覺受到威脅，因為和解不僅會奪走我們的角色，也會奪走我們的群體認知。

這類情況非常難處理，因為，除非有更好的認知可以取代，我們都不願意放棄目前的自我認知。如果你發現自己被衝突吞沒，如果你認為自己獨特的自我認知必須靠對抗來維繫，請退一步想想自己究竟是為何而戰。你必須為正義與公平而戰，並不是依靠衝突而生存。

放下並不表示不關心。我們經常放不下，因為我們擔心：如果放下，就表示我們不關心。如果你和姊姊並沒有衝突，要如何表示她對你有多重要呢？又如何能知道你在她的生活中也同樣的重要呢？

有沒有可能放下但仍然關心呢？

類似的問題，就極度困擾著大衛：

弟弟死的時候，我覺得一輩子都不可能原諒槍殺他的兇手。只不過是在酒吧裡為了打賭一杯酒之類的小事就痛下殺手。我也承認，我很氣弟弟竟然會跑去那種鬼地方。

我沒有去聆聽法院宣判，我怕承受不起那份悲慟。多年來，每次想起弟弟的冤死，那種怒火和痛楚就陣陣襲來。我會在心中和弟弟說話，告訴他我不僅僅是難過，也氣他的愚蠢，氣他離我而去。

到最近，我才原諒了弟弟和殺他的兇手，也才感受到寬恕的力量。放下憤怒並不表示我放下對弟弟的愛或我的傷痛。我無能為力，最後也接受了這個事實。我永遠不會忘記失去弟弟的痛，也會繼續和他說話，但不會再那麼痛苦了。我很想念他，但不會再有那麼多糾結的情緒。

大衛的故事顯示了放下的力量。我們可以放下憤怒，但仍保留愛與懷念。大偉無法忘記也不願意忘記這件事，他從這個經驗中學到了很多，雖然依舊傷慟，但他將這些體驗應用到他與子女以及其他人的關係中。在放下和寬恕的同時，悲劇帶給他的情緒重擔也變輕了。

即使沒有像大衛那麼悲慟的情況，想要放下高難度對話中的糾結情緒和自我認知議題，仍然可能是我們做過最困難的事。高難度對話關係到「我是誰」的核心問題，也就是「我們最關心的人和原則」與「我們的自我形像和自尊」這兩者相互交錯的地方。

當然，越有能力處理高難度對話，必須放下的東西就越少。要擁有放下的能力，關鍵就在於你是否有適當的目的。

如果決定要談：三個合理的目的

本章稍早說過，如果你的目的不合理，那麼貿然進行對話就會讓你惹上麻煩。但合理的目的又是什麼呢？最重要的當然還是要追求彼此的瞭解。不一定要達成共同的協議，只要追求進一步瞭解彼此的故事，便能針對下一步做出合理的決定（獨自或共同做出這個決定）。

如果你預期對話會遇到困難的話，請謹記下列三個目的。

1. 瞭解對方的故事

探究對方的觀點，這樣就可以把我們帶入「談事實、談情緒、談尊嚴」這三種對話裡。對方看到了哪些我們沒有看到或看不到的資訊？對方受到過去哪些經驗的影響？對方這麼做的道理何在？對方意圖何在？我們的行為對於對方有什麼影響？對方認為我們應該負哪些責任？對方的感覺為何？目前的狀況對於對方有什麼意義？這樣如何影響對方的自我認知？對方最在意的是什麼？

2.表達自己的觀點及感受

我們的目的應該是盡情表達自己的觀點及感受，同時也希望對方瞭解我們所說的，被我們說的打動。但我們無法確定能不能達成這些目的。我們能做的，只是盡量好好的說出我們認為重要的觀點、意圖、原因、感受和自我認知議題。我們也可以分享自己的故事。

3.一同解決問題

你和對方相互瞭解之後，那麼你們可以如何改善未來的狀況？你們能不能激盪出有創意的方法，以滿足雙方的需求？如果雙方的需求相互衝突，你們能不能運用公平的標準，想出可行的方法化解衝突？

立場與目的密不可分

以上這三個合理的目的，指出了一個事實：你與對方眼中的世界不盡相同；你們各自對於正在發生的事都有強烈的感受；你們各自都有必須解決的自我認知議題。簡單說，你們都有各自的故事。你們都需要一些合理的目的，來面對這項事實。

只要我們採取了學習的立場，只要我們好好體驗三種對話，只要我們把心態從定罪、爭論轉為探究對方的故事，從單一轉化成多元，從「擇一」轉化成「並存」，就能獲得這些目的。這些目的看似簡單，甚至太單純，但這樣的單純卻能使得執行時不會面臨這麼大的困難，提升你處理對話的能力。

我們現在已經知道了這些目的，也知道了要從學習的立場出發，接下來本書將詳細探討如何進行學習型談話，從開始一直到脫困。

第八章　對話的開始：從中立的敘事出發

高難度對話壓力最大的部分，就是剛開始的階段。我們可能在最初的幾秒鐘就嗅出情況不妙，對方的觀點與我們大不相同，這次對話可能達不到我們想要的目標，對方可能憤怒煩躁，也可能根本不想跟我們談。

雖然開始的階段充滿風險，但也是一個契機。在這個階段裡，我們最有機會影響整個對話的方向。當然，我們可能一開始就把整件事搞砸（許多人也有過這樣的經驗），但這是可以避免的。一開始所說的話，也可能把我們帶到相互瞭解和解決問題的康莊大道。有些技巧我們可以學起來，以便善用開場白這個機會；也有一些簡單的原則，讓我們瞭解為什麼以前採用的方法老是會碰壁。

該如何開始對話呢？先讓我們看看負面的示範。

為什麼我們以前的方法沒用？

如果準備要開始對話，一開始總得說些什麼。該說什麼呢？也許你就想起了小時候游泳教練的建議：閉上眼睛，深呼吸，然後縱身跳進池子裡。結果……

如果你去爭執父親的遺囑內容，整個家就會被你拆散。

你在主管面前說的話讓我很生氣。

你兒子很難管，在班上破壞秩序又愛頂嘴。你說你家裡沒什麼問題，但一定有些事讓他感到困擾。

當你什麼都還沒搞清楚之前，水就已經淹過頭頂了：對方開始難過生氣，你自己有了防衛心態，所有的準備都派不上用場，你開始懷疑為什麼一開始會想要進行這次對話。

究竟哪裡出錯了？

從自己的故事出發

我們貿然展開對話的時候，通常會從自己的故事出發，從自己的觀點描述問題，於是觸發了我們想要避免的反應。我們的起始點，正是對方所認定的問題根源。如果對方會同意我們的故事，當初根本就不會有這次對話。我們的故事助長了火苗，警告對方做好防衛或展開反擊。

一開始就觸動了對方的「自我認知型談話」

雖然不是故意的，但我們的故事難免都好像在評斷對方是什麼樣的人，而且認為問題是對方造成的。有時候，簡單的一句開場白就注定我們必定失敗。讓我們看看前面列出來的幾句話：

開場白	沒講出來的訊息
如果你去爭執父親的遺囑內容，整個家就會被你拆散。	你好自私，不懂得感恩，而且一點都不關心這個家。
你在主管面前說的話讓我很生氣。	說難聽點，你是背叛我。說好聽點，你笨死了。
你兒子很難管，在班上破壞秩序又愛頂嘴。你說你家裡沒什麼問題，但一定有些事讓他感到困擾。	你兒子老愛找麻煩，也許你不是個好父母，沒有提供良好的家庭環境。你是不是在隱瞞什麼？

當然，要展開一場對話，一定還有更爛的方法。但我們也不難理解，為什麼這些話會激起對方的防衛心態。我們從一開始就觸發了對方的「自我認知型談話」，而且並沒有準備要聽對方的故事。因此，對方當然會駁斥我們的故事，且急著想要講述他們的故事：「我沒有想要拆散這個家，我只是堅持要找出父親真正的意思。」或者「我兒子不是問題兒童。知道如何處理兒童問題的人都看得出來他是個好孩子。」

忽略對方的故事，就等於出現了一個「二選一」的模式，必須在對方的版本和我們的版本之間做一個選擇，在我們的感受和對方的感受之間做選擇。

既然這樣不是正確的開場方式，那又該怎麼做呢？下面我們列出了兩個有用的指導方針，可以讓對話從一開始的方向就正確：(1)讓談話從「中立的敘事」出發，(2)邀請對方一起探討問題。

步驟一：從中立的敘事出發

除了你自己的故事和對方的故事之外，每一次的高難度對話裡也都還有一個隱藏的「中立的敘事」。「中立的敘事」是敏銳的中立觀察者會說的故事，這位觀察者和你們之間的問題並沒有利害關係。

例如，腳踏車騎士和汽車駕駛人都搶著使用市區道路，這時都市規劃師所說的故事就是「中立的敘事」，他瞭解雙方的故事，同時也知道兩個族群彼此對立的原因。婚姻關係緊張的時候，婚姻諮商師提出來的故事就是「中立的敘事」。朋友之間有爭執的時候，「中立的敘事」可能是雙方共同友人的觀點，他知道雙方都有必須解決的合理問題。

像調解人一樣的思考

不論是都市規劃師、婚姻諮商師或雙方共同的朋友，都可以發揮中立觀察者或調解人的優點。調解人是協助雙方解決問題的第三方。不同於法官或仲裁人，調解人沒有權利強制執行解決方案，只能協助雙方有效溝通，探求可能的解決方案。

調解人最有幫助的地方是可以看出隱藏的中立敘事：調解人在描述問題的時候，可以同時兼顧雙方的事實。以其中一方認同的方式描述問題並不難，但調解人厲害的地方就是想辦法讓觀點不同的雙方都能同意一個版本的描述。

調解人能做到這一點，並不是因為具備神奇的直覺能力，而是依賴一定的公式以及大量的練習，這個公式是每個人都可以學得來的。我們可以用以下這樣的方式開始談話。

沒有對錯也沒有好壞——只是不同而已

關鍵就在於如何描述你和對方的故事之間有什麼差異。不管你們的想法或感覺是什麼，你們至少可以同意，你們彼此看事情的觀點不同。請看看下面的例子：

杰森的故事。杰森的室友吉兒把髒碗盤丟在水槽裡好幾天不洗，這讓杰森有點抓狂，只好自己動手清洗，因為他實在受不了。先前杰森曾向吉兒提過這個問題，他說：「難道所有的事都要我來做嗎？妳不可以把碗盤丟在那裡不洗，這樣對健康不好。」

顯然杰森是從自己的故事出發，可是用這樣的方式開始談話，吉兒當然不會高興，因此吉兒的回應很可能會是自我防衛或攻擊杰森。即使杰森以委婉的方式開場，例如：「吉兒，我們必須談一談妳不洗碗盤的問題。」吉兒的反應大概也是一樣。因為不管委婉與否，都是在講他的故事。

吉兒的故事。如果是由吉兒提出這個問題，開始的方式就會不一樣：「杰森，我們必須談談你對於碗盤的潔癖。昨天晚上，我還沒吃完你就忙著收桌子。你應該放輕鬆。」這種說法當然符合了吉兒的故事。

中立的敘事。「中立的敘事」的描述裡面不會有評斷，而會將問題描述成杰森與吉兒之間的差異。內容可能如下：「杰森和吉兒對於應該什麼時候洗碗，有不同的看法，對於適當程度的乾淨或潔癖也有不同的標準。彼此都不喜歡對方的處理方式。」這可能會是調解人或旁觀的朋友對於問題的描述，杰森和吉兒也會同意這樣的故事。

顯然，雙方確實有差異，而「中立的敘事」並沒有評斷誰對誰錯或誰的觀點比較有理，只單純的敘述了這些差異，讓雙方都能接受相同的問題描述，雙方都覺得自己的故事受到了尊重，且可以拿出來討論。

一旦知道了這個關鍵，你自己就可以從「中立的敘事」作為對話的開場。杰森可以說：「吉兒，對於應該什麼時候洗碗盤，我們好像有不同的看法或認知，不知道可不可以討論一下？」杰森可以這樣提出問題，又不必犧牲自己的觀點（他可以很快的探詢吉兒的故事，並描述自己的故事）；吉兒也可以同意這個差異，不會展開自我防衛。

重點是，即使不知道對方的故事，也可以用這種方式展開對話。所要做的只是承認：我們可能不知道對方的觀點，而我們想要對話的原因也是希望更進一步知道對方的觀點。我們可以從「中立的敘事」開始，說：「我覺得我們對這個狀況的看法不同，我想說說我的看法，也想聽聽你的看法。」

大部分的對話都可以從「中立的敘事」開始，把雙方的觀點都考慮進去，並促使雙方共同探討問題。

跳出自己的故事並不表示放棄自己的觀點，而開場白的目的是邀請對方共同探討問題。在探討的過程中，會花時間分享雙方的觀點，然後再根據自己聽到及分享出去的資訊，回過頭來調整自己的觀點。

你與弟弟針對父親遺產該如何分配、彼此的看法、對於目前衝突等問題，分享了各自的感受之後，說不定你自己對於「公平」的觀點就變了，而弟弟的觀點也可能改變。你們兩個人可能會找到雙方都認為公平的問題解決方法。

不過，你們兩人之間的歧見可能依舊存在。你認為遺產應該平均分配給父親的三個子女，而弟弟卻說父親真正的意思是要平均分配給他的七個孫兒女。弟弟有三個兒子，你只有一個女兒，這麼一來，弟弟那一家分得的遺產就比你那一家分得的多了。即使你不同意你弟弟的說法，但仍然有機會表達你在這個衝突裡感受到的憤怒、難過及煩惱，也更能瞭解弟弟為什麼那樣想。你們可能可以找出適當的方法，解決雙方的歧見，也避免家族陷入鬥爭。

隨時願意溝通、瞭解對方的感受與觀點，就等於是發出了一個重要的訊息，表示雖然雙方有歧見，但仍然彼此關心。即使我們將雙方無法達成協議的問題送交仲裁或遺產認證法庭裁決，我們彼此之間仍然可以保持溝通，你將更有能力維持彼此的關係，不受彼此的爭執而影響。

如果是由對方開始對話，我們仍然可以導向「中立的敘事」

當然，不是每次都有機會照自己希望的方式開始對話。有時候高難度對話會找上我們，對方可能會主動來到我們的辦公室或家門口，不論我們準備好了沒有。

即使你不是主動展開對話的一方，仍然可以遵循「中立的敘事」的指導方針。我們可以將對方所說的看成是「中立的敘事」中屬於對方的部分。由於「中立

開場白

從自己的故事出發	如果你去爭執父親的遺囑內容，整個家就會被你拆散。
從「中立的敘事」出發	我想談談父親遺囑的事。我們對於父親真正的意願，以及怎樣才對我們每一個人都公平，明顯有不同的認知。我想瞭解你對事情的看法及原因，也想告訴你我的觀點及感受。此外，我也很擔心，如果走向法院訴訟，會對這個家造成什麼衝擊；我想你也很關心這個問題。
從自己的故事出發	你在主管面前說的話讓我很生氣。
從「中立的敘事」出發	我想跟你談談今天早上開會的事。我很氣你說的一些話，想要跟你說我不爽的原因，同時也想聽聽你對當時狀況的看法。
從自己的故事出發	你兒子很難管，在班上破壞秩序又愛頂嘴。你說你家裡沒什麼問題，但一定有些事讓他感到困擾。
從「中立的敘事」出發	我很擔心你兒子在班上的行為，想跟你分享我的看法，同時也想聽聽你的意見，看看他為什麼會這樣。從我們過去的談話看得出來，你我對這件事有不同的想法。我認為，如果孩子在學校有問題，通常是因為家裡面有什麼事困擾著他；而我也知道，你強烈認為事情不是這樣的。也許我們可以共同找出他的行為動機，以及處理的方法。

的敘事」本來就包括對方的故事，因此，從對方的觀點展開對話，並不表示自己沒有受到重視。

如果吉兒跑來對杰森說：「你那麼在意洗碗的問題，每次都毀了我們兩人好好吃頓飯的機會，針對這個問題我們必須好好談談。」杰森可能會想要從自己的故事回應：「什麼？問題根本都是妳造成的，妳是我見過最邋遢的人了！」假設他真的這麼說，保證讓雙方的談話撞牆。

如果杰森把吉兒的開場白當成是「中立的敘事」中屬於她的部分，就可以說：「聽起來妳很不喜歡我處理碗盤的方式，同時我對於妳的處理方式也很有意見，因此，我覺得我們對這件事有不同的偏好。似乎應該是要談談的……」

杰森不僅認同了吉兒的故事是雙方對話中的重要部分，也讓自己的故事成為瞭解問題的過程。透過這種方式，杰森成功的將對話目的從爭論轉化成了相互瞭解。

步驟二：提出邀請

想要有好的對話開場，第二步就是提出簡單的邀請：我已經用我們雙方都可以接受的方法描述了問題，現在我建議把目標定為相互瞭解和解決問題，同時也邀請你跟我談談。

描述自己的目的

如果希望對方接受我們的邀請，就必須讓對方知道他同意了什麼。首先應該要讓對方知道，討論的目的是希望瞭解他的觀點，分享我們的觀點，以及降低談話的神秘性和威脅性。如果對方知道對話中會聆聽他的觀點，而對話的目的也並不是要改變他們，就比較可能願意接受我們的邀請了。

邀請而不強迫

當然，任何的邀請都有可能遭到拒絕。沒有人可以強迫對方參與對話。如果我們的任務是「描述問題及談話的目的」，即使精心撰寫的開場白也可能會遇到抗拒，因為這是我們的「中立的敘事」版本。因此，我們應該容許對方修改我們的建議。

請把雙方對話的目的設想成「建議、討論可行的故事版本以及可能的目的」。換句話說，描述問題以及設定目標這件事，應該由雙方共同完成。

讓對方成為我們解決問題的夥伴

處理問題的時候，如果給對方一個重要的角色，對方就比較可能接受我們的邀請。我們必須避免影射對方是問題的根源，或讓對方臉上無光，因為這樣會觸發對方的「自我認知型談話」，並徹底終結談話。假設有次契約協商陷入了僵局，如果我們說：「看得出來，我們對於薪資有不同的看法，」到目前還好，但如果繼續說：「因為你在這方面沒什麼經驗，我可以告訴你通常是怎麼解決的。」這樣說無異於影射對方是個生手，會把整件事情都搞砸。

如果對方知道，在對話中他必須承認自己天真、麻木、跋扈或其他不名譽或低賤的特質，則對方就不太可能接受邀請了。相反的，如果我們說：「你能不能協助我瞭解……」就像是提供了顧問的角色；「讓我們想想可以如何……」就像是在邀請合作夥伴；「不知道有沒有可能……」就像是提出挑戰，讓對方有機會當英雄。

我們提供給對方的角色必須發自內心。如果想要更瞭解整個狀況，並獲得實質的進展，你勢必需要對方的協助；認清這個事實，或許就能為對方找出更有魅力的角色了。

有時候最真誠的做法就是分享內心的掙扎，請對方協助想出比較正面的角色。我們可以說：「我心裡認為你都不顧別人，但我知道這樣對你很不公平，我需要你幫忙我從比較好的觀點看事情，我需要你幫忙我瞭解你的看法。」這樣說很誠實，同時也提供了對方「可以幫助我找回自己觀點」的角色。

堅持

堅持並不表示要違反「邀請而不強迫」的建議。我們也需要努力一點，才能協助對方瞭解我們的建議。

茹絲想要找前夫柏恩談一下他陪伴女兒麗絲的輪值時間問題。以前他們的談話都以爭吵收場，這次，茹絲從「中立的敘事」來開場，並提出了一些有用的目標。就算這樣，她也費了一番功夫，才讓她前夫瞭解她的目的。

茹絲：柏恩，你陪麗絲的時間問題，好像我們一直都談不清楚。

柏恩：知道，知道，都是我不對，可以嗎？那次是因為門市出了問題，我忙著開會解決。

茹絲：我瞭解，人難免都急事。我想說的是整體的狀況，因為這幾個月已經發生好幾次了，我以為我們約好是確定由你來陪麗絲，但後來才知道，你好像認為我們的約定有彈性，你以為我們的計畫是「如果你有空，就來陪麗絲」。

柏恩：我的確是那麼說的。如果我有空，就會去看她。

茹絲：是啊，我以為我們講定了，你不論如何都會過來。所以，我們彼此有些誤會。我想要解決這個問題，因為這樣會讓麗絲很難過。我們能不能花點時間想想辦法？

柏恩：當然，我也不想讓麗絲難過……

請注意，柏恩最初並不接受，甚至可能不瞭解茹絲對於問題或目標的描述。他以為自己會因為沒有赴約而遭責備，且根據這樣的假設做出回應。但茹絲處理得很好，一方面堅持下去，另一方面也接受柏恩的反應。

特定種類的談話

通常而言，我們都建議大家用「中立的敘事」展開對話。不過，以下針對各種高難度對話的開場方法，我們提出了幾個更具體的建議。

傳遞壞消息的時候要怎麼開場

我們在第二章說過，「傳遞壞消息」也是一種對話。而且，最好是一開始就把壞消息說出來，不要嘗試引誘對方先猜測你的意思。例如，如果你的意思是「我想分手」，就不要問對方「你對我們的關係有什麼想法？」如果你已經知道你想要的是分手，就不用花兩個小時去談你在這段戀情中遇到的一些問題了。

如果要告訴家鄉老父老母說，你今年不帶妻小回家過年，那可以這樣開場：「我思考了一下，回家過年對您兩老的意義，也算過了回去一趟對我的財務負擔。所以打這通電話就是向您稟報，我們決定今年不回家過年了。這是個很困難的決定，我也很難過要讓您失望。我只想儘早讓你們知道。如果您倆有什麼想法，我們也可以聊聊。」

如果同時有好消息又有壞消息的時候，不一定要先說壞消息。但是一定要讓對方清楚知道有好消息和壞消息。當然，你也可以跟對方討論先從哪裡開始，或遵循一定的邏輯順序。

提出要求的時候要怎麼開場

有時我們必須透過高難度對話，才能得到我們希望的東西。常見的一個例子是要求加薪。這時該如何開始呢？

「不知道這樣要求是不是合理……？」如果要提出要求，最簡單的方法是：不要像是在發命令，要邀請對方研究一下，加薪是不是公平合理。這樣並沒有太過於謙虛，而是比較務實。對於你及你的同事，老闆應該會擁有一些你不知道的資訊。在你與老闆研究加薪問題之前，你不可能知道自己是不是值得加薪。

其實，你心裡應該是明白這個道理的，因此要求加薪才會引起你的焦慮。你可以避免說「我認為我應該要加薪」，改成說「我希望討論一下，給我加薪是不是合理。從我掌握的資訊來看，我認為我應該要加薪。（接著說明理由。）不曉得你認為如何？」

只要把你的開場白略微改變，不但可以減少壓力，也可以讓對話順利的展開。最後，我們可能得知自己並不值得加薪，也可能值得加薪，而且加薪的幅度還超過原來的預期。

重啟曾經觸礁的談話

過去的經驗告訴我們，只要提起某些特別敏感的話題，對方就會有負面的反應，例如兒子不想談他的成績，老婆不願談財務問題，在辦公室裡一談起族群問題大家都不高興。

如果要重啟這些以前就談不下去的話題，進行有意義的對話，到底該怎麼開始呢？

先討論進行的方式。最簡單的方法，就是先討論如何進行討論。把「每次想要談這件事的時候所發生的狀況」當成是一個問題，然後從「中立的敘事」描述這個問題：「我知道，以前每次提到誰會升官，以及種族在晉升過程中扮演的角色，有些人就覺得受到指責而生氣。我不想指責任何人，也不想讓任何人感覺不高興，但我覺得必須談一談。不曉得大家是否可以說一下，自己對於這種話題的反應是什麼？你覺得有沒有更好的辦法來討論這些問題？」

假如你有位朋友，你認為她太忙了，甚至連她的健康都出問題了。只有她自己不這麼認為。所以，每次你想要跟她談這件事的時候，她都有防衛心態。如果要再度跟她談這件事的話，你可以先討論她對於你所說的話有什麼感覺。你的開場白可以這麼說：「我知道，妳不喜歡談論自己的行程，至少是不喜歡我提出這個問題的方式。但我的困擾是，我會擔心妳，而且想要和妳分享我的看法，希望對妳有幫助。我也不知道該怎麼做，或許妳可以給我一點建議。」

朋友可能還是會叫你別管她，不過她也可能這麼說：「其實，我多多少少也覺得你說的對，但已經有好多人不斷和我談了，每個人的看法都不一樣，而我真正需要的是能夠支持我、但不要亂提出建議的朋友。只要傾聽，讓我自己思考，讓我決定刪除哪些事情。瞭解我的意思嗎？」

向前走的地圖：中立的敘事、對方的故事、自己的故事

從「中立的敘事」出發，只能說是「安全抵達對話的山腳」了，之後還得爬上對話的那座高山。當我們清楚描述了問題和自己的目的，接著還需要花時間從各自的觀點探索前面說過的「三種型態的談話」，讓對方分享他的觀點和感受，而你也回到自己的故事裡面做分享。

要談什麼：三種談話

分享自己故事的時候，可以採用「三種類型的談話」為進行的方式，讓每一方談談自己過去的經驗是如何影響了對現況的看法：「我反應會這麼激烈，可能是因為上次廠商沒有付錢，而且狀況越來越嚴重。」

我們也可以詢問對方的意圖，並說出對方行為對我們的影響：「不曉得你知不知道，如果你沒有打電話來，我會擔心得要命。」我們可以同情對方的感受：「如果我是你，現在一定也會很洩氣。」或分享自己在「自我認知型談話」中的體認：「我覺得這件事情很不好處理，可能是因為我認為公平很重要。而我處理這件事的方法可能對你不太公平，想到這一點我就很不安。」當然，究竟要分享什麼，應該是根據背景、彼此的關係以及覺得哪些事情比較適當且有益而定。

怎麼談：傾聽、表達以及解決問題

「三種類型的談話」清楚指出了我們該談什麼；接下來

要談什麼

探索各自故事的起源	「我的反應可能和以前工作經驗有很大的關係……」
分享對自己的影響	「雖然我不確定你是不是故意的，但我覺得非常不舒服，尤其是當…」
為屬於自己的原因負責	「我做的好幾件事情都讓狀況更惡化……」
描述感受	「我也很怕提起這件事，但又覺得必須談談……」
思考自我認知的議題	「我一直被這件事困擾，原因可能是我不想自認為是另一種人，就是那種……」

的幾章則將針對該怎麼談，進行更深入的探究。

如果想要深入瞭解對方的故事，就必須具備探詢、聆聽以及認同的各種技能。而如果想要清楚有效的分享自己的故事，就必須相信自己有權利並且有能力精確的代表自己說話。第九章和第十章將探討這些挑戰，並提供有效的指導方針。

當然，真實的對話不一定會完全遵循「從『中立的敘事』談到『對方的故事』再談到『自己的故事』」這樣的順序，而會是一種互動，必須持續的聆聽、分享自己的觀點、提出問題以及協商，才能在離題的時候把談話拉回正軌。第十一章將針對如何管理這個互動程序以及如何繼續解決問題，提供指導方針。最後，第十二章會再回到本書一開始小傑和老麥的案例，並提供進一步的範例，說明這一切在實務上如何運作。

第九章　學習型談話：聆聽的技巧

安卓去陶格舅舅家玩。陶格正在講電話，安卓扯著舅舅的褲管說：「陶格舅舅，我想去外面玩。」

陶格：「現在不行，我正在講電話。」

安卓：「可是我想去外面玩。」

陶格：「安卓，現在不行啦！」

安卓重複：「但我就是想出去玩咩！」

來回了幾次之後，陶格試了另一種方法說：「安卓，你真的好想出去玩，是不是？」

安卓說：「對呀！」然後什麼也沒再說，走到一旁自己去玩了。其實，安卓只是想知道他舅舅瞭解他，他想知道對方把他的話聽進去了。

安卓的故事說明了我們每個人都相同的一件事：我們渴望有人聆聽的感覺，渴望知道有人關心我們，願意聆聽我們講話。

有些人認為自己是很好的傾聽者，有些人雖然自知不太會聆聽，不過也不在意。這兩種人通常不太想讀本章的內容，但請千萬要讀下去。應付高難度對話最有效的技能，就是聆聽，可以幫助我們瞭解對方。更重要的是，也可以幫助對方瞭解我們。

傾聽可以改變對話走向

葛姐的母親一年前罹患糖尿病，醫生給了她一套嚴格的用藥、飲食、運動療程。葛姐擔心媽媽沒有確實遵循，但也不知怎麼鼓勵媽媽照做。她們之間典型的對話是這樣的：

葛姐：媽，你一定要照著療程做，妳不知道運動有多重要喔。
媽媽：葛姐，不要這樣一直煩我好不好。我都已經盡力了，妳到底知不知道啊！
葛姐：媽，我瞭解！我知道運動很辛苦，但我希望妳健健康康的，也希望妳能多逗逗妳的乖孫子呀！
媽媽：夠了夠了，講得我都煩了，又是節食又是運動的！
葛姐：我知道運動很辛苦，很無聊，可是很多事情都是這樣呀，過一兩個星期妳就習慣了，還會迫不及待的想要運動咧！我們可以幫妳找幾樣好玩的運動。
媽媽：（開始哽咽）妳根本不懂，簡直累死人了！懶得再跟妳說了，就這樣！

這樣的對話讓葛姐很沮喪、無力也很難過，不知道要怎樣才能堅強起來，也不知道怎樣才能說服媽媽改變。

其實葛姐的問題並不在於堅不堅強，她缺少的是好奇心。後來在一次對話中，葛姐把目的從「說服」換成「瞭解」。為了達到瞭解的目的，她要求自己聆聽媽媽的話，提出問題，並且承認媽媽的感受確實存在：

葛妲：妳大概不想談糖尿病和運動的事吧。

媽媽：當然啦！光是想到就夠煩了。

葛妲：妳說煩是什麼意思？怎麼個煩法？

媽媽：全部都煩！妳以為我會覺得好玩嗎？

葛妲：我沒這麼想啦！我知道妳很辛苦，但我不太知道妳是怎麼想的，這件事對妳有什麼意義，妳的感覺是怎樣。

媽媽：要是妳爸還在的話就好了。每次我一生病，他就好體貼。要遵守什麼複雜的療程規定都難不到他，他也會照顧我所有的事。我現在生病了，就更想念他了！

葛妲：爸爸不在了之後，妳一定覺得很孤單吧。

媽媽：我也是有很多朋友，妳也是個乖女兒，但有妳爸爸幫忙的話，畢竟還是不一樣。大概真的是覺得孤單了吧！但我又不想談這件事，不想增加妳們這些孩子們的負擔。

葛妲：妳覺得，如果告訴我們妳很孤單，就會是我們的負擔，會讓我們擔心。這是妳的感覺，是吧？

媽媽：我只是不希望妳們也經歷妳們外婆的遭遇，妳知道的，妳外婆的媽媽也是糖尿病過世的。

葛妲：是喔？我不知道吔！

媽媽：如果告訴妳外婆後來是怎麼過世的，那就更恐怖了，我實在很難接受這種事。我知道現在的醫療進步了，我也該遵守所有的規定，但是如果照著做，自己又會覺得像個病老太婆似的！

葛妲：所以，如果要妳遵照這個療程，妳的感覺就是逼妳去接受一些事情，而妳還沒準備好，是嗎？

媽媽：情況好亂，（哽咽）好可怕，我有點不知所措。

葛妲：我知道，的確好可怕。

媽媽：再說，我甚至不知道還有多少事要做咧，飲食啦，運動啦，做了一項又會影響另一項，還必須做記錄，太複雜了。醫生沒耐心講清楚，我又不知道要從哪裡開始。要是妳爸爸還在，他一定弄得很清楚。

葛妲：也許我可以幫妳啊！

媽媽：葛妲，我不想變成妳的負擔。

葛妲：我真的想要幫忙。其實，這樣也會讓我感覺好一點，不是那麼沒用。

媽媽：如果妳可以，我心情就可以輕鬆多了……

葛妲開始真心聆聽媽媽的心聲之後，就發現她們母女的對話變了。她開始從媽媽的觀點看這個問題，可以談得更深入，用媽媽喜歡的方式幫助她。這就是聆聽最明顯的好處：瞭解對方。但還有更令人驚訝的好處。

聆聽對方，可以幫助對方聆聽我們

有趣的是，當葛妲改變目標，不再嘗試說服母親去做運動，而只是單純聆聽和承認母親的感受之後，反而達成了她一直無法達成的目標。這不是偶然，許多經歷過高難度對話的人最常抱怨的就是對方不願意聆聽。聽他們這麼說之後，我們的標準建議是：「你要花更多時間聽對方說話。」

當對方不聽我們說話的時候，我們通常認為是對方太固執、太不瞭解我們想說的（如果他們瞭解我們要說的是什麼，就一定會用力聆聽了）。因此，我們不斷的重複用不同的方法說，更大聲的說，用盡各種辦法想突破僵局。

表面上，這些都是很好的策略。其實不然，為什麼呢？因為在絕大部分的情況裡，對方不願意聽我們說話，並不是因為他太固執，而是因為覺得我們沒有聽他說話。換句話說，對方不聽我們說話的原因，和我們不聽對方說話的原因完全一樣：對方也認為我們反應遲鈍或太固執。因此他不斷的重複自己的觀點，用不同的方法說，更大聲的說。

如果對方不願聆聽的障礙就是因為覺得我們沒有聽他說，那麼，排除障礙的方法就是「幫助對方覺得我們正在聆聽」。你可以傾過身去聽對方想說什麼，最重要的是，展現出我們瞭解對方在說什麼，也瞭解他的感受。

你不相信的話，不妨試試看：找個你知道最固執的人，從來聽不進你任何話的人，每次和你說話都不斷重複自己意見的人，然後用心傾聽他說話。尤其是聽他的感受如沮喪、驕傲或恐懼，並且承認這些感受存在。最後再看看這個人有沒有變成一個比較好的傾聽者。

如何仔細聆聽：好奇心

葛妲在前面的第二段談話中，究竟做了什麼不同的事？首先，她提出問題；接著，她把媽媽的話，用她自己的話重述一遍，以確定自己真的瞭解媽媽的意思，同時也讓媽媽知道她瞭解。葛妲也聽到了隱藏在媽媽話裡面的感受，而且在聽到了之後也向媽媽表示，她聽到了這些感受（確認這些感受的存在）。

對良好的聆聽者來說，這每一項都非常重要，但任何一項都還不夠。葛妲做的事情中最重要的，就是把自己的心態從「我瞭解」轉變成「請幫助我瞭解」。其他的動做都源自於這個轉變。

不要管該說什麼，真誠才是重點

市面上有許多關於「積極聆聽」的研討會和書籍，都在教導我們如何成為好的傾聽者。他們的建議都很類似，包括提出問題、以另一種說法改述對方說過的話、承認對方的觀點存在、坐的時候身體傾向對方、與對方建立眼神交會等。這些都是很好的建議。上過這些課程之後，我們都會急切的想要一展身手，試試這些新技能有沒有用。等到朋友或同事抱怨我們很假或很不自然，我們就洩氣了。

問題在這裡：那些課程或書籍裡面，我們只有學到「應該說什麼」、「如何呈現自己的姿態」，卻沒有學到良好的聆聽必須要有真誠的心。對方能夠「讀」到的，不僅僅是我們的言詞和姿勢，還包括我們內心的反應。如果我們的態度不夠真誠，不管我們說什麼都沒用。

溝通過程中，幾乎百分之百會透露我們是不是真的感到好奇，是不是真的關心對方。如果虛情假意，再絕妙的言詞或再優雅的姿勢也都無濟於事。但如果心存善念，即使口才笨拙也無傷大雅。

唯有真誠的聆聽才能發揮強大的功效。真誠聆聽的意思是說，聆聽是因為感到好奇和關心，而不是因為不得不聽。因此，關鍵只在於：是否好奇？是否關心？

覺察自己內心的聲音

我們可以透過自我聆聽，來瞭解自己的內心世界。真誠聆聽的關鍵第一步，就是發現、關注自己內心的聲音（心裡想著但沒有說出來的話）。如果不理會自己內心的聲音，那個聲音就會妨礙我們有效的聆聽。我們聆聽別人的程度，最多只等於聆聽自己內心的一半程度。

請花些時間找出自己心中在說什麼。你的心可能在說「這是個有趣的概念」或「對方究竟在說什麼」。當然，「我現在沒有內心的聲音」也可能是一種內心的聲音。

別關機，要把音量調高

我們並不建議關掉自己內心的聲音，甚至不建議把音量關小。這點也許會讓你驚訝。事實上，即使想關也沒法關。相反的，我們還要鼓勵大家把內心的聲音開大聲一點，至少現在要大聲一點，以便瞭解內心說的是什麼。換句話說，就是要傾聽內心的聲音。唯有充分瞭解自己的想法，才能開始管理它們，並專注在對方身上。

聆聽對方的時候，我們心裡會有數不清的想法及感受。但現在，你應該已經知道，在「三種類型的談話」裡面，我們的內心都會不斷發出聲音。在「談事實」的談話中，我們想的大概是「我沒錯」、「我沒有故意要讓你難過」、「又不是我的錯」。我們也會注意到很多的情緒，例如「真不敢相信，她居然認為我會那樣！氣死我了！」我們會聽到自我認知的問題：「難道我真的那麼刻薄嗎？我怎麼可能會那樣！」

有時候我們也可能在對話中恍神，想到不相干的事：「素食不曉得夠不夠……」或者開始準備自己的答辯：「輪到我講話的時候，要提出四個重點……」

難怪，我們要聆聽的對象會感受不到我們的專注。

管理內心的聲音

如果心裡的聲音一直喋喋不休，那麼我們要如何才能專注在對方身上呢？又如何才能用好奇的心去聆聽呢？我們可以試試兩件事。首先，看能不能激起自己的好奇心，把內心的聲音轉到學習模式。

如果這招行不通，就可以在聆聽對方之前，先說出自己內心的聲音。

激發自己的好奇心。千萬不要以為自己內心的聲音是不能改變的。如果發現自己的好奇心降低了，可以趕快再激發起來。要隨時提醒自己：想要瞭解對方，絕對不容易。如果自認為已經瞭解對方的感受或對方想要說的話，那絕對是一種錯覺。有時候我們會堅定的認為自己絕對沒有錯，後來才發現一件微小的事實，徹底的改變了我們原先的看法。永遠都有學不完的東西。請提醒自己，每個人的故事都充滿了深度、複雜性、矛盾性以及細微的差異。

有個六歲的小女孩在半夜把母親叫醒，因為小女孩很害怕，她剛看過一部電影，電影裡的小狗媽媽跑出去不見了。母親以為小女孩擔心自己會被拋棄，於是安慰小女孩說：「媽媽絕對不會把妳一個人丟下自己跑掉的。」

後來母親才發現，小女孩擔心的不是自己，而是她新買的烏龜。那部電影讓她想到，她的烏龜可能也是另一隻烏龜的媽媽，而那隻烏龜寶寶正在等著媽媽回家。其實，小女孩養的烏龜年紀還很小，但小女孩並不知道，所以心裡面充滿了擔憂和罪惡感。

在這個例子裡，母親就掉入了陷阱，她只聆聽自己內心的聲音，而沒有聆聽女兒的聲音。她內心的聲音說的是「我終於搞清楚是怎麼回事了！」她的好奇心也就完全消失了。

重燃好奇心的另一個方法是把焦點重新放在談話的目的之上。如果對話的目的是說服或叫對方做某件事，此時我們內心的聲音和這些目的是一致的：「你直接去做就好了，這樣就對了。」但如果我們主要的目的是瞭解對方，我們就會鼓勵內心的聲音提出問題，例如：「我還需要知道些什麼，才能理解整件事情？」「不知道要用什麼方法理去解整件事情，才算是合情合理？」

別再聽了：換你說了。有時候我們自己內心的聲音實在太強了，擋都擋不住，使我們再怎麼努力也無法激起自己的好奇心。如果強烈感受到痛苦、憤怒或背叛，或者讓喜悅或愛情給征服了，這時候就不可能聆聽。

黛莉雅獲悉自己的室友海瑟竟然是雙性戀的時候，一時之間覺得根本沒辦法再繼續聆聽海瑟說話了。每當海瑟說話的時候，黛莉雅坐在那裡只感覺陣陣的困惑、尷尬，甚至有點憤怒。這時黛莉雅沒有假裝，反而為了維持談話的真誠，她誠實面對自己的想法和感受：「很高興妳信任我，願意告訴我這件事，我真的很想繼續聽下去。但同時，我也很困惑，感覺好尷尬，好像真的不知道該怎麼跟妳相處了，這一切把我都搞昏了。」

她們兩人即將面對一場非常艱難的對話。雙方不但有強烈的感受要整理、分享，兩人對於性傾向的觀點也非常不同。當她們談到雙方的友誼，以及如何處理未來共同居住等問題時，雙方都必須有能力聆聽對方講話。而有時候，為了要有聆聽的能力，可能還需要先說出自己想說的話。

發現自己處於這種狀況的時候，可以直接告訴對方說你願意聆聽，而且也關心他想要說什麼，但是現在就是沒辦法繼續聽下去。通常，這樣就足以說明你正在想的是什麼了：「很驚訝聽到你這麼說，雖然我不同意，但可以多說說你是怎麼看這件事的，」或者「我必須承認，雖然我想要繼續聽你說下去，但我覺得自己有點防衛的心態了。」把這些話說出來了之後，你可以隨時再回過頭來繼續聆聽，但自己也已經表達了不同的意見，而且可以及時回到自己的觀點。

有時候我們既沒有辦法繼續聽下去，也沒辦法說任何話。可能是因為太生氣或太迷惑了，也可能只是單純的必須去做別的事。與其只給對方一半的注意力，倒不如直接說：「這對我很重要，我想找個時間好好談談，但現在真的沒辦法。」

管理內心的聲音並不容易，尤其是在剛開始學習管理內心聲音的時候。但這也正是良好聆聽的核心能力。

三大技能：探詢、用自己的話重新說一遍、確認某事存在

良好聆聽技巧的關鍵在於心態，不過還是有一些特定的技術可以學，而且很多人都覺得這些「怎麼做」的技能非常重要。除了好奇心之外，好的傾聽者會採用三種主要的技能：探詢、用自己的話重說一遍、確認某事存在。以下分析這三種技能中應該做以及應該避免的事。

探詢的目的是為了瞭解

好的傾聽者具備的第一種主要技能是「探詢」。探詢的目的是為了要瞭解。探詢的唯一目的就是

想要更加的瞭解。你只要思考一下你為什麼問出某個問題，就可以判斷出這個問題對於你們的對話會有幫助還是會造成傷害。不管是什麼問題，唯一好的答案就是「因為我想要瞭解」。

不要把想說的話包裝成問題說出來

小時候坐車的時候，大概每個人都曾不耐煩的問過：「我們到了沒？」其實你知道還沒到，而你的父母也知道你知道，所以就會用同樣不耐煩的口吻回答說：「還沒啦。」而你真正的意思是「我覺得好無聊」或「真希望已經到了」或「這趟路真的是太長了」。如果你直接說出這種說法，父母可能就會比較認真的回應了。

從這個例子，就可以看見關於探詢的重要原則：如果沒有問題，就不要提問，不要把自己的主張裝扮成問題。這樣只會造成困惑及反感，因為這樣的問題聽起來就有挖苦、諷刺、尖酸刻薄的感覺。以下幾個例子，就是把想法偽裝成問題：

「你就這樣讓冰箱的門開著？」（你想說的是「請把冰箱的門關上」或「你讓冰箱的門這麼開著，我覺得很不舒服」。）

「關心我一下都不行嗎？」（你想說的是「我覺得被冷落了」或「希望你多關心我一點」。）

「你一定要把車開這麼快嗎？」（你想說的是「我覺得好緊張」或「每次我覺得事情控制不住的時候，就很緊張」。）

請注意，這些偽裝成問題的主張都和感受或要求有關。這聽起來並不令人意外，很多人都沒辦法直接分享感受或提出要求，這兩件事情會讓我們覺得軟弱，把自己真正想說的話轉變成攻擊（挖苦諷刺的問題）可能會覺得比較安全一點。但這種安全只是弊大於利的假象。比起「關心我一下都不行嗎？」，直接說「希望你多關心我一點」更有可能發展出愉快的談話，以及滿意的結果。

為什麼要直接說呢？因為對方不一定聽得懂你隱藏在背後的感受或要求，他只會注意到你的諷刺和攻擊。他只聽到你指控他不體貼，卻沒有聽到你覺得孤單。結果你真正的訊息沒有傳達出去，因為對方忙著自我防衛。更糟的是，對方可能這樣回應：「可以啊，我可以關心你，但就僅限這麼一次。」然後事情就只會更糟了！

不要用問題質問對方

我們還常犯另一個錯誤，就是利用問題攻擊對方言詞的漏洞。例如：

「你好像認為這是我的錯。但你自己也說了，你犯的錯比我還多，不是嗎？」

「如果你真的已經做了所有的銷售努力，那要怎麼解釋以下這個事實：為什麼凱特可以在你放棄之後沒多久，就讓這個案子成交了？」

這兩個問題，從一開始就問錯了。這些問題的目的根本只是想說服對方，說自己沒錯，都是對方的不對，完全沒有想要增加瞭解。

當然，這兩個問題中確實有些實質的內容，可以加以有建設性的使用。該怎麼用？只要把隱藏在問題裡面的陳述抽出來，然後直接說出來就可以了——但不要逕自認為這些陳述就是事實。不要認為它們是事實，而應該把它們當成開放式的問題或觀念來分享，嘗試瞭解對方的反應。不要認為這些是對方忽略的論點，而應該假設對方已經思考過了，並且有充分的理由講出不同觀點的故事。

例如我們可以說：「我瞭解，你覺得已經盡了全力想要成交。但從我來看，事實不是這樣的，因為你才剛放棄這個案子，凱特馬上就讓它成交了。你對這個過程有什麼想法？」

要提出開放式問題

開放式的問題，讓對方有比較大的空間去回答，可以引導出的資訊遠遠多於是非題或選擇題。例如「你當時想要做的是甲方案還是乙方案？」就是一種選擇題，而「你當時想要做什麼？」就是個開放式問題。

提出開放式問題可以避免誘導答案，也可以避免對方因為必須處理我們的概念而轉移思考的方向。開放式問題可以讓對方針對他們認為重要的事做出回應。典型的開放式問題，在開頭都包含以下的句型：「請多告訴我一點有關……」或「請幫助我進一步瞭解……」

要求對方說出更具體的資訊

如果想要瞭解對方為什麼做出某種結論（他的依據在哪裡），或想要進一步瞭解他看到的前景是什麼，就可以要求對方更明確的說出他的理由及憧憬。例如：「你為什麼會那麼說？」「能不能舉個例子？」「那個看起來像什麼？」「怎麼樣才會有效？」「要如何驗證你的假設？」

讓我們來看看羅士和他老闆碰到的問題。他收到一份專業研討會的傳單，他很想參加，因為覺得對他身為產品經理的工作很有幫助，所以就想著怎麼跟老闆討論請假和費用的問題。

結果他想錯了。他們之間的談話如下：

老闆：要由公司付錢讓你去參加研討會，那我需要更多的證據來證明你願意長期為公司效力，但我現在看不到這樣的證據。

羅士：什麼？我早就訴過你，我整個人完全奉獻給公司了，所以我才要參加這次研討會呀。

老闆：我不這麼認為。我覺得你只把這份工作當成是未來工作的跳板。

羅士：我真的不知道該怎麼說了，但我真的熱愛這份工作，也計畫長期留在這裡，而這個研討會對我的工作很有幫助……

局外人不難看得出來為什麼這是個沒有意義的談話。除了「就是」和「不是」之外，雙方並沒有交換任何實質的資訊。基本上，羅士的老闆是在說：「我認定你不想長期獻身給公司，我也不想告訴你我為什麼會有這種想法」。不幸的是，羅士也沒有問。

經過一些輔導之後，羅士再度向老闆提出，但這次他懂得要求老闆提供更具體的資訊：

羅士：請你多談談你判斷「奉獻」的標準，還有你觀察到我哪些方面讓你覺得我對公司的奉獻不如你的預期。

老闆：有很多跡象。包括你好像對公司的社交活動沒什麼興趣，根據我的經驗，這就是願不願意長期奉獻很好的指標。想要長期為公司奉獻的人都知道，與同事建立並維持良好關係非常重要，他們都盡量參加公司的社交活動。

羅士：聽到你這麼說，我很驚訝。我一直以為你衡量奉獻意願的標準，是加班工作以及達成任務等。

老闆：那些也很重要。但有些人做那些事的目的就是為了建立良好的記錄，方便以後跳槽。根據我的經驗，社交才是判斷長期奉獻最貼切的指標……

最後，羅士和他老闆總算有了一些共識。談話結束的時候，彼此也進一步明白了為什麼雙方對於羅士投入工作的評價，會有如此不同的看法，這個資訊對羅士非常重要。

提問的時候，要以「三種類型的對話」為中心

「三種類型的對話」當中的每一種，都對好奇心（探詢對方的想法）有很大的幫助。

- 可不可以多談談你看待這件事的角度？
- 你知道哪些我可能還不知道的資訊？
- 你對這件事情有什麼不同看法？
- 我的行為對你有什麼影響？
- 能不能多談談為什麼你認為這是我不對？
- 你是不是針對我做的某件事做出這樣的反應？
- 你對整件事的感覺如何？
- 請多談談為什麼這對你很重要。
- 如果發生了那件事的話，對你會有什麼意義？

如果答案不是那麼清楚，就要繼續深入挖掘。必要時可以告訴對方你有哪些地方還不清楚或感覺前後矛盾，並要求進一步澄清：「很好，所以你認為凱特可以成交，是因為她向客戶表示可以降價。我瞭解降價的確有效，但我仍然不明白的是，為什麼你不可以降價，或代表客戶向公司爭取降價。你可不可以針對這方面說得更清楚一點？」

要讓對方覺得不回答也可以

有時候即使最有技巧的提問也會激發對方的防衛心態。即使是真誠的關心對方，真誠的想要進一步瞭解，但對方的反應仍然可能是拒絕溝通、自我防衛、反擊、指控我們不懷好意、改變話題。

碰到這種情形，我們可以告訴對方：我們只是想要幫忙，沒有必要抗拒；然後繼續追問。但這樣會讓對方覺得是想要控制他，反而會更強烈的反抗。

因此最好的辦法是，讓我們的問題聽起來像是一種邀請，而不是質問。兩者之間的差別就在於，邀請是可以回絕而不會受到懲罰的。這樣可以讓對方產生安全感——尤其如果對方拒絕回答，而我們仍然表示尊重，雙方就可以建立起更好的信任關係了。

不論是和老闆或和你八歲的女兒講話，如果可以讓對方自由決定要不要回答，反而可以增加對方誠實回答的機會。即使對方當時不願意回答，也可能在思考之後就願意回答了。對方知道自己可以自由選擇之後，就會感受到我們真誠的關心，並開始認真思考我們的問題。

如何弄清楚對方的意思：將他的話，用你的方式重述一遍

傾聽者具備的第二個主要技能是「改述」（paraphrase），就是對方說出他的意思之後，我們用自己的話，把我們所理解的再說一次。改述的兩大好處是：

核對自己的理解狀況

第一，改述讓我們有機會核對自己的理解狀況。如果雙方之間有重大誤解，會使得高難度對話更加困難，而這種誤解發生的頻率之高，遠超過我們的想像。透過你的改述，也可以讓對方有機會澄清：「不不不，那不是我真正的意思，我真正的意思是……」。

表示我們已經聽到了

第二，改述可以讓對方知道，我們已經把他的話聽進去了。對話中如果發現對方一再重複他的話，通常是因為他不曉得我們有沒有真的把他的話聽進去。如果發現對方一再重複說相同的東西，就是一種訊號，表示我們需要把他的論點，用我們的話再多說幾次。

一旦對方覺得我們有聆聽他所說的話，就比較可能願意傾聽我們說話。對方不再會只專注於他自己內心的聲音，反而可以專注於我們想要說的話。

讓我們來看看瑞秋和榮恩這對猶太夫妻之間的對話，他們對於如何遵守猶太教安息日的傳統規定而起了爭執：

榮恩：我跟同事說我明天會去他們家。

瑞秋：明天安息日吔！安息日不可以開車。而且，我們一大早還得去猶太會堂咧。

榮恩：我知道，但我已經跟同事說我會過去了。他只有星期六才有空。

瑞秋：我覺得全家人一起參加安息日的聚會很重要。星期天再去他家好嗎？

榮恩：他們星期天沒空，他要去基督教的教堂。

瑞秋：喔！那他的信仰就比我們的重要嗎？

在這段談話中，瑞秋和榮恩都覺得對方沒有在聆聽自己。如果要打破這個惡性循環，其中一個就必須先開始聆聽、改述。假設榮恩是這樣說的：

榮恩：我跟同事說我明天會去他們家。

瑞秋：明天安息日吔！安息日不可以開車。而且，我們一大早還得去猶太會堂咧。

榮恩：聽起來好像我的計畫不太合妳的意。

瑞秋：當然啦！我以為我們要一起去會堂聚會呀！

榮恩：所以，問題可能在於，我做計畫之前沒有先問妳的意見，是嗎？

瑞秋：不只這樣，我不喜歡每次都是我在催大家要出發去會堂了。

榮恩：妳覺得好像我把信仰生活的責任都推給妳了。

瑞秋：對呀！我不喜歡自己老是像個安息日警察。而且也擔心孩子會怎麼想。

榮恩：所以，妳擔心如果孩子看到我不守安息日，他們也就不在乎了？

瑞秋：這只是部分原因，還有很多啊！我自己去覺好孤單。而且我希望你是自己想去，不是因為我逼你去才去的。

榮恩：我瞭解，那樣的確很孤單。去會堂是我自己想要去的，但有時候如果覺得是被逼的，我就會反抗，因為我不喜歡被人指使。而且，有時候我覺得做其他事情也是遵守教條的精神。

瑞秋：（疑惑狀）好比說咧？

榮恩：好比說像是幫同事的忙。他現在忙著婚事，很苦惱，所以我想花點時間陪陪他。這樣會讓我感覺跟社區的人有些互動，而且，這也是一種信仰的實踐。我希望孩子們也能夠瞭解，關心周遭的人也是我們信仰裡面很重要的部分。也許我們可以和他們談談這個觀念。

瑞秋：對喔，那也不錯……

榮恩：但這樣可能會沒辦法滿足妳要全家人一起去會堂的期待，也沒辦法減輕妳對全家信仰生活的責任。妳要不要也談談這方面？

這次，瑞秋和榮恩在「信仰」這個複雜又充滿情緒的問題上，開始有了進展。榮恩改述了瑞秋的話，讓瑞秋知道他想要瞭解她，而且也關心她的感受。榮恩不再重複自己說的話，瑞秋反而更願意聆聽了。

確認對方的感受存在

聆聽者的第三個主要技能，就是在對話中確認對方的感受存在。

以上的例子中，請注意一個特點：榮恩改述瑞秋的話的時候，不僅僅回應了瑞秋說出來的話，也還回應了她沒有說出來的話：她覺得受到挫折。這是個基本的原則：我們會渴望對方知道我們的感受。感受就像是自由派激進分子，在對話中遊蕩，尋找可以依附之處。除非對方「確認我們的感受存在」，否則我們的感受不會滿意，而且沒有任何其他東西可以取代這種「確認存在」。

如果沒有得到所需的「確認」，感受會在對話中製造麻煩，就像小屁孩用盡一切辦法想要惹人注意一樣。如果我們可以確認對方的感受存在，就等於於送給對方以及我們雙方的關係一份非常珍貴的禮物——那是只能從我們這裡才能得到的禮物。

回答隱形的問題

為什麼這種「確認」這麼重要呢？因為每一個表達出來的感受，背後都有一連串隱形的問題：「我的感受正常嗎？」「你瞭解我的感受嗎？」「你關心我的感受嗎？」「你關心我嗎？」這些問題都很重要，而且，除非得到答案，否則對話就沒辦法繼續下去。若能花一點時間去確認對方的感受存在，就等於是大聲清楚的對這些隱形問題回答「是」。

如何確認對方的感受存在

任何形態都可以代表我們確認對方的感受，表示我們正在努力嘗試瞭解對方言詞中的情緒。如果對方對你說：「你對我撒謊這件事，讓我很困擾。」你可能會有以下幾種回覆：

- 以後不會了。
- 我想解釋一下：我並沒有撒謊。
- 聽起來好像你有點反應過度。

出現這些答覆，都很正常。前兩句回應了對方言詞的內容，而第三句則評斷了對方的感受，但沒有一句是在「確認對方的感受存在」，沒有一句回答了對方的隱形問題。

至於以下這幾句話，都可以算是確認了對方的感受存在：

- 你對這件事情好像真的很生氣。
- 這件事似乎真的對你很重要。
- 如果我是你，我可能也會覺得很困擾。

沒有完美的說法。事實上，我們可能什麼都不必說。有時候只要簡單的點個頭甚或一個眼神，就足以向對方表示我們的確認了。

順序很重要：先確認，再解決問題

當然，最終還是得解決問題才行。雖然有些問題很重要，例如「這件事情該怎麼辦？」「你為什麼要那樣做？」「你要怎麼解釋這個狀況？」等等，但順序更重要。通常每個人在進入「談事實」這類的對話之前，都需要先讓自己的感受得到對方的確認。

進行高難度對話的時候，我們經常會基於善意，直接跳去解決問題，而沒有先確認對方的感受。這樣的結果通常很慘。老公說：「妳太投入工作了，想見都見不到妳。」太太知道他說得沒錯，於是回說：「好啦，下個月就可以輕鬆了，我會盡量每天晚上六點以前回到家。」老公似乎還是並不滿意，結果太太也不知道該怎麼接話了。

老公的抱怨並不是數學問題。太太可能認為她已經把問題「解決」了，卻沒有處理老公的隱形問題。老公希望的是，她確認他的感受存在。比較好的回答可能是：「過去幾個月真是辛苦你了，是不是？」或者「聽起來好像你覺得被冷落了」。解決問題很重要，但急不得。

確認對方的感受存在，不等於同意對方的感受

關於確認感受的問題，最常見的疑慮就是：如果我並不同意對方所說的，要怎麼辦呢？

這一點很重要，我們必須區分「談情緒」和「談事實」這兩種不同類型的對話。雖然我們可能不

同意對方所說的內容，但仍能承認對方感受的重要性。

例如，主管把部屬調到了別的部門，這個部屬就跑來她的辦公室抱怨。請注意，在以下的對話中，主管確認了部屬的感受，但沒有同意他的結論：

部屬：我為妳賣命很辛苦，妳就這樣把我踢開，太不公平了，我一直忠於這個團隊，接下來我該怎麼辦？

主管：聽起來好像你覺得受到傷害，被出賣了。我可以瞭解為什麼現在的情況會讓你生氣。

部屬：所以，妳也認為不公平囉？

主管：我是說，我看得出來你很生氣，看到你生氣讓我也很難過。我想，我瞭解你為什麼認為這次調職不公平，我瞭解你為什麼感覺好像是我背棄了你的忠誠。這些因素都讓我很難決定到底要不要把你調職，我自己也很掙扎。對於這樣的結果我覺得很難過，但我真的認為這是個正確的決定，同時，整體而言我並不覺得不公平。

你要好好想清楚之後，才有能力做出這樣的區別，而且這樣的確會有很大的幫助。我們經常會以為，要不就是我必須同意對方，要不就是和對方持相反的意見。但事實上，我們可以承認對方感受的力量和重要性，但同時也反對他所說的內容。

小提醒：同理心是過程，不是終點

對一個人最透徹的理解方式，就是採用同理心。同理心就是我原本只是觀察你的外在行為，現在轉而開始想像你的內心感受，想像你的皮膚底下曾經累積了什麼體驗、什麼背景，然後透過你的眼睛，再度往外面的世界張看。

身為有同理心的傾聽者，我們是走在一段旅程上，只有方向，但沒有終點，永遠也不會「抵達」。我們永遠不能說：「我真的瞭解你。」人太複雜了，我們不可能完全瞭解，而我們的同理心能力往往有限。但這也是件好事。心理學家已經發現，我們只要知道對方正在嘗試與我們感同身受，只要知道對方願意努力瞭解我們的感受，看見我們對事情的看法，這樣我們就滿足了（有時對方甚至不必真正的「做到」）。我們前面說過，良好的聆聽最有助於溝通；而努力去瞭解對方，這個動作本身就傳遞了最正面的訊息。

第十章 表達：清楚、有力的為自己說話

前面兩章談到，用「中立的敘事」當開場白，是展開對話的有效方法。而第二個關鍵步驟則是聆聽對方的故事，並真誠的希望瞭解對方的想法和感受。

但是，瞭解對方之後，整個事件還沒結束。對方也應該聆聽我們的故事，因此我們必須表達自己。

不必當演說家

想要在高難度對話中表達自己，並不需要豐富的詞藻、犀利的口才或機智的反應。英國前首相邱吉爾以及美國知名佈道家馬丁·路德·金恩博士都是偉大的演說家，但在高難度對話中，他們的演說能力沒有什麼特別的幫助。

在高難度對話中，我們主要的任務不是說服、感動、誘騙、智取、改變或贏過對方，而是要表達出自己看見了什麼，要判斷事情的原因，說出自己的感受以及自己是怎麼樣的人。如果你知道你要說的話很重要，且相信你要說的話很重要，那麼這樣能達成的成效，遠遠超過口才和機智所能發揮的。

本章將先討論權利的問題。如果希望清楚、堅定的溝通，首先就必須讓自己真正的相信，我們所

想要表達的訊息確實值得表達；讓自己相信我的觀點及感受和任何其他人的觀點及感受一樣重要，無庸置疑！本章接著討論如何決定要表達的內容，以及最好的表達方法。最後將檢討一些常見但很嚴重的錯誤溝通方式，避免這些錯誤的方法，以及自我表達的好辦法。

你絕對有權利

阿強是法律系二年級的學生，正準備去拜訪一位頗有聲譽的聯邦法官，討論實習的一些問題。很多人都說這位法官很挑剔又嘴硬，阿強擔心一踏進法官的辦公室就會被嚇破膽。

阿強最喜歡的教授建議他說：「每當我覺得地位比我高的人在威脅我或壓迫我的時候，我都會記得這句話：在神的眼中，每個人都是平等的。」

我們是平等的

不論你的信仰是什麼，以下這個訊息對你都有幫助：不管我們是誰，不管我們自以為多麼的高貴偉大，或感到多麼的低賤卑微，都值得受到有尊嚴的對待。我的觀點及感受，和你的一樣正當、尊貴、重要；不比你的多，也不比你的少。對有些人來說，這是理所當然的事；但對另一些人而言，這可能還是第一次聽到。

美國女性詩人安德蕾．羅德（Audre Lorde）得知自己罹患乳癌後，便在她的著作《姊妹局外人》

（Sister Outsider）一書中，討論到表達和權利的問題：

我相信……一定要把對自己重要的事大聲說出來與人分享，即使可能遭受傷害或誤解，也不退縮。

我很無奈，確定知道了自己即將死亡，也知道了自己一生的企盼與渴求，不論多麼短暫，看重的東西和忽略的事物都在無情的光線中變得異常鮮明。而最懊悔的，就是我的沉默……我早就知道自己有天會死，不論有沒有表達過自己。我的沉默沒有保護我，你的沉默也不會保護你……

我們已經學會在疲累的情況下工作、說話，我們也可以學會在害怕的時候工作、說話。我們已經被社會同化了，對於恐懼的敬畏超過了我們對語言和定義的需求，我們沉默的等待著最終無懼的奢華。可是在此同時，沉默的重擔將令我們窒息。

羅德覺得自我表達的風險很大，但也知道沉默的成本更高。你感覺害怕或無助的時候，只要知道自己的權利，就可以幫助自己在談話中找到自己的聲音，以及為自己挺身而出的勇氣。

要避免自我糟蹋

有時候我們可能會陷入兩難，一方面認為應該為自己挺身而出，另一方面又覺得自己不值得別人聆聽，自己沒有權利。這時候，我們的下意識可能就會提出一種迂迴而不切實際的「解決方案」：我們假裝盡力，但力量不足，所以最後失敗了。

這種「解決方案」的運作情形如下：我們一直等到時間不夠了才要開口講話；輕率的忘了自己的資料；所有的論點突然從腦海中消失。所有的需求都滿足了，我們也很高興，因為努力過了，也竊喜還好沒有成功。這就是自我糟踏的藝術。

如果你覺得以上情況好像很熟悉，那你就必須更加注意了。察覺到這種茫然的病態或混亂的感受時，請想像一個巨大的「停止號誌」，在路當中攔下自己。在你繼續走下去之前，請進行自己的「自我認知型談話」。為什麼我們沒有權利？是你在腦海中聽到以前曾有誰的聲音告訴過我們，說我們沒有權利嗎？我們到底還需要什麼，才能讓自己感覺有絕對的權利說出心中的話？

無法表達自己，就無法發展關係

在開往一個觀光小島的船票上，中間打了孔，還印了一行警告文字：截斷無效。

在高難度對話中，我們也冒著相同的風險。如果不懂得分享對自己最重要的事，就好像把自己和對方截斷了，於是也毀了雙方的關係。

其實，大部分的人比較喜歡和願意說出心事的人當朋友。適婚年齡的安琪剛剛解除了婚約，因為她的未婚夫「太完美了」：他從來不說出自己的想法；從不爭辯；從不大聲說話；也從不提出任何要求。雖然安琪很珍惜他的好，但總覺得缺了些什麼。其實缺的就是「活生生的他」。

如果有時候覺得孤單或沮喪，又從來沒有與親近的人分享，就等於剝奪了讓對方瞭解我們的機會。我們以為，如果對方知道我們真實的想法及感受，就不會再那麼尊敬、喜歡或欽佩我們了。通常，如果想要隱藏自己的一部分，最後就會把自己的全部隱藏起來。我們所展現的，就只剩下沒有生命而疏遠的一面了。

表達自我可能不容易，又很困擾，但卻可以讓彼此的關係有機會改變與增強。以原住民凱莉為例，她在青少年輔導機構工作，常覺得和同事們很疏遠，部分原因是其他人都是白人，她覺得他們沒有真的想要瞭解她，她覺得他們漠不關心。

但有天她冒險走出自己的想法，分享了自己的一些故事，描述了她小時候被人辱罵取笑的往事，以及多少年來對於「正常」的渴望。這些表白大大改變了她與同事之間的關係，他們非常欽佩她。結果，同事們也受到她的鼓勵，開始願意分享自己覺得被遺棄或尷尬的故事了。

如果凱莉一開始沒有分享自己的故事，可能就剝奪了同事的機會，讓他們沒有辦法向她證明，她心裡「白人根本不瞭解也不關心」的刻板印象其實是錯的；也使得同事們沒辦法瞭解她，關心她。

只有覺得自己和對方都很真誠的時候，雙方才能建立、發展出良好的關係。這種關係，會使得我們的心靈更加自在（我可以放心當自己），可以滋養我們的心靈（老闆知道我的一些缺點，但仍然認為我很好）。

你有權利，有動力，但千萬不要覺得有義務

我們絕對有權利表達自己。如果到現在你還沒有發自內心的相信這件事，就該加把勁了。有權利並不表示有義務，否則權利就會變成自找麻煩。「我應該說出心裡的話，可是又實在太害怕了，我真的什麼事都做不好！」表達自我通常很難，找到去做的勇氣是一輩子的事。如果還沒有做到自己想要的標準，表示還需要努力，但不要變成是對自己的懲罰。

說出事情的核心

表達自我的第一步是找到自己有權利說話的自信；下一步就是確定自己想說的究竟是什麼。

從最重要的開始說

最好就從我們最關心的事情開始：「對我而言，這其實是關於……我的感覺是……我關心的是……」

我們都知道應該說出來對自己重要的事，但我們卻常常忽略了這點。查理的故事就是一個例子。查理是四兄弟中的老大，一直希望改善自己與十六歲小弟蓋吉之間的關係。蓋吉有閱讀障礙，蓋吉自己也因此覺得難過，因為哥哥們高中畢業的時候都名列前茅，讀大學也拿獎學金。蓋吉愛出風頭，不過成績很差，而且越來越喜歡借酒澆愁。

查理希望用自己的經驗和建議來幫助蓋吉：「你應該參加辯論隊，那個指導老師很棒，而且對你申請大學很有幫助。」「別喝太多，對你沒好處。」不論查理怎麼說，蓋吉都覺得被哥哥批評和施捨，總想要自我防衛。結果，兩兄弟越來越疏遠。

我們問查理為什麼這層關係對他那麼重要，他的說法卻為整件事帶出了新的觀點。原來查理很欽佩蓋吉一直那麼努力的想要成功，他也很慚愧，因為他以前對待蓋吉的態度很不好。真相原來是，查理非常需要感覺到自己是個好哥哥，疼愛弟弟，弟弟也敬愛他。當他明白了自己這樣的心態，不禁哭了出來。

查理終於把自己心裡的想法和蓋吉分享了，蓋吉聽了之後整個人愣住了。原來查理需要他，查理需要蓋吉協助，才能扮演好哥哥的角色。這是他們關係中的轉捩點。

從查理最初的談話中，完全聽不出這樣的需求，蓋吉也沒有讀心術，無法查覺到這些隱藏的含意。訊息的核心根本沒有說出來，深藏的感受也沒有露出半點線索，傳達出來的是完全不同的訊息：「蓋吉你什麼都不行，樣樣都得我幫忙，而且笨得連開口要求都不會。」

很不幸，這是許多高難度對話的典型錯誤。有時候我們會一直重複最不重要的事，卻還奇怪對方為什麼不明白我們真正的想法及感受。

處理高難度對話的時候，請自問：「我有沒有說出事情的核心？我有沒有分享最重要的事？」如果沒有，請自問為什麼，然後看看能不能找到勇氣去嘗試一下。

有話明說：別讓人瞎猜

我們常常會想要用很隱諱的方法說出自己認為重要的事情。我們使用的方法之一，就是不直接說出來，反而把它們隱藏在談話的言外之意。

不能仰賴言外之意。讓我們回想一下本書的「前言」，那裡討論過一個兩難的窘境：到底是要面對還是逃避。處理這種窘境常用的方法，就是透過迂迴、間接的言詞來溝通（尤其是你不確定有沒有權利提出問題的時候）。我們會嘗試透過笑話、問題、閒談或肢體語言等等方式間接的傳遞訊息。

這看起來是個很安全的中庸之道，既沒有逃避，也算是直接面對，且採用了「沒有真正提出問題」的方式來提出問題。問題是，用這種方法其實兩件事都做了（沒逃避，有面對），但兩件都沒做好。結果是，因為把問題提出來了，所以觸發了擔心會造成的問題，但卻沒有得到清楚說出來的好處。

請想像一下，妳和老公星期六通常都會在家睡懶覺，打掃房間，溜溜狗，或一起辦些雜事。最近老公迷上了高爾夫，每個星期六早上都要打個十八洞。妳星期六的休憩模式一直都很輕鬆，現在卻被打亂了，妳開始想念以前的模式。妳們夫妻倆其他日子也很少在一起，因此，妳越來越不能忍受他的新嗜好。

其實，如果想避免衝突，妳只要什麼都不說即可。但妳的不滿終究是要發洩出來的。或者，妳可能會間接的提出：「親愛的，這個週末家裡真的有好多事要做。」「高爾夫真的有那麼重要嗎？一定要打這麼多嗎？」「親愛的，你高爾夫打得太多了吧！」

這裡面沒有一句話可以傳達妳真正的意思：「我想要有多一點時間和你相處。」讓我們來看看每一句話的表面和言外之意是在說什麼：

「親愛的，這個週末家裡真的有好多事要做。」這句話不通。首先，這根本是個錯誤的主題。「做家事」和「花時間在一起」這兩件事完全不同，只能說有點相關。其次，即使家事真的很多，而這句話也只說出了「事實」，老公可能回答：「哪有那麼多家事好做？等我回來再說！」

「高爾夫真的有那麼重要嗎？一定要打這麼多嗎？」這是把陳述偽裝成問題的典型範例。很明顯這是想要透過言外之意傳遞訊息，但真正的訊息究竟是什麼，則不那麼明顯。妳的語氣傳達了憤怒或沮喪，但憤怒的原因或妳希望老公做什麼，卻不是很清楚。妳是不是氣老公做沒意義的運動，而不做社區服務或家事？是不是氣他沒帶妳一起去？是不是氣你們沒有足夠的時間相處？這些他怎麼會知道？

「親愛的，你高爾夫打得太多了吧！」這句話則是把主觀意見偽裝成事實。老公可能會搞不清楚「怎樣算打太多？跟什麼比？」「打多少才叫太多？」「打多少才是剛好？」「就算我打得太多，又怎樣？」當然，即使他知道這些問題的答案，也接收不到妳真正想要傳達的訊息。「你高爾夫打得太多了」和「我想多花點時間和你相處」之間的差距實在太大了。

如果想要改善上述的夫妻相處，就必須先弄清楚自己真正的想法和感受，然後直接說出來：「我希望有多點時間和你相處，而星期六早上是少數我們可以在一起的機會。所以，我開始有點討厭你打高爾夫的嗜好了。」

有時候我們會希望不用講得那麼明白，希望對方早就知道問題在哪裡，並想辦法解決。這種幻想常見，也可以理解。自己理想的伴侶或完美的同事應該可以讀出我們的心事，不用我們提出要求，就應該主動滿足我們的需要。很不幸，真實世界中還真的沒有這樣的人。彼此相處久了，我們可能會比較知道對方的想法或感受，但永遠不可能完美。我們一直遺憾著別人不能讀到我們的心事，結果使得我們促成了問題的發生。

避免「偷渡訊息」。有一種對溝通方式和上個段落提到的「仰賴言外之意來溝通」有關，且同樣對溝通有害，那就是哈佛商學院教授克里斯・阿吉里斯（Chris Argyris）所稱的「偷渡訊息」（easing in）。偷渡訊息就是為了想要軟化你想傳達的訊息，因而透過暗示及引導性的問題，間接傳遞出訊息。這在績效評估的時候最常看到：「所以，你認為自己表現得如何？」「你認為自己真的已經盡全力了嗎？」「我有同樣的問題，但如果……可能會更好，你認為呢？」

偷渡訊息傳達了三件事：第一，「我有個看法」。第二，「直接討論實在太尷尬。」第三，「我不想直接跟你說。」這三件事當然會增加雙方的焦慮及防衛心態。而且，聽到的那一方心裡肯定會浮現比實際更糟的訊息。

比較好的方法是直接說出自己的想法，讓主題清楚而且可以討論，同時也誠懇的指出，我們很希望知道對方有沒有不同的看法，如果有，又是什麼看法：「根據我的瞭解，你應該可以做得更好。但是，你比我更知道整個情況，所以，你有什麼不同的看法？」而如果我們不同意對方說的，就可以直接討論如何測試或以其他方式調整或處理雙方不同的觀點。

說話時，不要過度簡化自己的觀點

我們都學過，如果想要讓對方瞭解我們，就必須說得清楚而簡單。聽起來很合理，問題是：在我們腦子裡通常有很多複雜的想法、感受、假設及觀點。想要簡單，通常的結果就是不完整。

請想像一下，同事的一份報告讓我們有點困擾。我們在想：「報告裡的創意真是令人驚豔，內容卻寫得雜亂無章，讓人頭痛。」為了想要弄清楚，我們可能會說：「你的報告整理得雜亂無章，讓人頭痛。」或更糟：「你的報告真讓人頭痛。」

為了避免太過簡化自己的觀點，我們可以使用一種叫做「我……，可是同時我也……」的句型。前面提過「同時立場」的技巧，也就是各種不同的觀點、感受以及假設都很重要，而且應該加以討論。這個技巧可以適用於對方的觀點以及我們的觀點、對方的感受以及我們的感受，也適用於只存在於我們心中各種不同的觀點、感受和假設。在這種情況下，「同時」的功能是連接我們思考或感覺的兩個方面。雖然複雜，但卻更清楚而正確。「我……，可是同時我也……」的陳述例子如下：

我真的認為你很聰明幹練，可是同時我也認為你還不夠努力。

我很同情你的處境，可是同時也對你很失望。

我很氣自己沒有注意到你很孤單，可是同時我自己也有很多問題。

終於離婚了，這真是個正確的決定，我覺得輕鬆快樂多了，可是同時我偶爾也是會想念他。

我們會擔心被誤解，這是展開高難度對話時經常遇到的障礙。這個障礙也可以用「我……，可是同時我也……」的句型克服。

例如你覺得自己的團隊最適合承接一個新客戶，但又擔心別人說你這麼做是圖利自己，只想沾光並撈些好處。如果真的擔心這一點，就應該把你的論點說出來：「對這件事我想分享一個觀點，同時我必須承認，自己有點緊張，因為我擔心聽起來有點像是在圖利自己。所以，如果各位認為我所說的有任何不妥，請提出來一起討論。」

或者可以說：「我有很強烈的反應想要提出來，同時我也擔心，如果一開始沒辦法很理性的說清楚，可能會覺得有點尷尬，希望大家多多包容，並幫忙我繼續說下去，直到我能說清楚為止。」

用以下三種方式，清楚說出自己的故事：三大指導方針

很顯然的，自我表達的方式非常重要。如何說出自己想說的話，將影響到對方如何回應，也將影響到談話如何進行。因此，要分享重要事情的時候，就要用最能讓對方瞭解並做出正面回應的方法來進行，而清楚就是關鍵。

1. 別把自己的結論當成事實來說

即使很有技巧的進行溝通，高難度對話的某些部分還是會很困難，例如分享脆弱的感受、傳遞壞消息、對別人看待我們的方式感到難過等。但如果把自己的故事當成事實來說，就會是一場災難，可能造成反感、防衛心態以及爭辯，而這種災難其實是可以完全避免的。

我們常常會以為，自己的信念、觀點和判斷就是事實，但這是不正確的想法，也是很容易犯的一種錯誤。如果是在爭論最喜歡的電影、食物或運動明星，把自己的判斷當成是事實來陳述也無傷大雅。但在高難度對話中，這麼做就站不住腳了。事實就是事實，不是事實就不是事實。我們必須小心區別其中的差異。

假設我們針對「能不能打小孩」這個議題和朋友的看法不同，此刻如果把自己的觀點當成事實來陳述（「打小孩就是不對！」），那麼彼此之間的分歧可能就更大了。這個陳述是火上加油，讓已經火爆的氣氛更加不可收拾，朋友可能把這句話聽成是一種指控或冒犯，不但不想繼續談下去，反而可能回嗆說：「你是哪根蔥啊！有什麼資格這樣說！」

所以你應該這麼說：「我認為打小孩是不對的。」「有幾本書上都說打小孩是對孩子的一種傷害。」「我小時候就被打過，所以一聽到有小孩被打，就覺得好難過也好害怕。」「我不太確定為什麼會有這種感覺，但我就是很強烈的覺得，打小孩是不對的。」

這幾句陳述都表達了我們的觀點或感受，卻沒有咬定我們的觀點就是事實。

有些詞彙很明顯含有評斷的意味，例如「嫵媚」、「醜陋」、「不錯」、「不好」等。但更要特別小心「不妥」、「應該」、「專業」這一類的詞，雖然這裡面評斷的意味並不明顯，但仍然可能會激發像是「你有什麼資格跟我說？」的回應。

如果真的想說某件事「不妥」，應該在我們的話語前面加上「我的看法是……」但最好還是避免用這一類的詞彙。

這並不是說這個世界上就沒有事實了，也不是說所有的意見都一樣值得信服。這樣只是把「意見」和「事實」區分開來，讓雙方可以仔細的討論，達到更深的瞭解及更好的決定，而不是防衛和無意義的爭執。

2. 分享自己結論的依據

上一段說到，邁向清楚表達的第一步，是避免把自己的結論和意見當成事實。而第二步就是分享自己結論背後的依據，包括自己掌握的資訊以及詮釋這些資訊的方法。

第二章指出，我們通常只會來來回回交換彼此的結論，但卻從來不探討這些觀點的依據。我們掌握了關於自己、但對方卻渾然不知的資訊，這類資訊可能很重要，應該說出來。我們的生活經驗也影響著自己的想法、理由及感受，分享這些故事的時候，就像在清湯裡面加上肉絲，可以讓自己的觀點更豐富，也更容易讓別人接受。

你和太太爭論著要不要送女兒去讀私立學校。太太說：「我真的覺得今年就應該送去讀私立學校，她這個年齡很重要，我知道錢不是問題。」你回答：「我覺得她在公立學校也還好，應該繼續留在那兒。」

如果希望這樣的談話能有任何進展，你們夫妻倆就必須分享自己的結論有什麼依據：腦子裡有哪些具體的資訊？過去的哪些經驗影響了你對這件事的想法？你必須分享自己在私立學校的經驗——最初幾個月感到的恐懼、覺得好像永遠沒辦法完全融入。當時你父母付出昂貴的學費，他們甚至沒錢買車了，讓你覺得有非常強烈的罪惡感。在討論要不要把女兒送去私立學校時，你應該要把腦海中這些歷歷在目的細節都說出來。如果你太太不知道影響你的這些經驗，你再說什麼別的也都沒什麼意義。

3.別用「每次都」和「從來不」這一類的話來誇大事實：給對方改變的空間

激動的時候難免會用誇大的方式表達沮喪：「為什麼每次都要批評我的衣服？」「你從來不說欣賞或鼓勵的話，每次都是出問題的時候才聽到你放馬後砲！」

「每次都」和「從來不」的確可以傳達沮喪的感覺，但有兩個嚴重的缺點。首先，任何人都不太可能真的每次都在批評，而且，有些時候總還是會說些正面積極的話。使用這一類的字眼會引起關於頻率或次數的爭執：「哪沒有？去年你贏得跨部門創意獎的時候，我就讚美了你好幾次。」這一類的答覆很可能更會讓你火冒三丈。

「每次都」和「從來不」也可能會讓對方更不願意改變自己的行為。事實上，「每次都」和「從來不」都好像在暗示很難或根本不可能改變。其中隱藏的訊息是：「你到底有什麼毛病，老愛批評我的衣服？」甚或「你根本不正常！」

比較好的方法是假設對方根本不知道他的行為對我們有什麼影響，假設對方是個好人，假設對方一旦知道之後一定就會希望改變他的行為。我們可以說這一類的話：「你說我這身衣服讓你聯想到皺巴巴的舊窗簾時，我覺得好難過。批評我的衣服感覺就好像在攻擊我的判斷力一樣，讓我覺得自己很白癡。」如果你還可以建議對方怎麼說，那就更好了：「我希望可以常常感覺到你信任我。即使是簡單的『我覺得這個顏色很適合妳』，或其他正面積極的話，聽起來都會讓我很開心。」

溝通自己感受的關鍵在於方法：你使用的方法應該能邀請、鼓勵對方考慮新的行為模式，而不要暗示對方只是個白癡，什麼忙也幫不上。

幫助對方瞭解自己

想要瞭解別人的故事本來就不容易，而如果問題充滿了情緒，或者我們的觀點源自不同的世代或完全不同的企業文化，想要瞭解就更困難了。我們需要對方的幫助才能瞭解對方，而對方也需要我們的協助，才有辦法瞭解我們。

假設妳因為把小孩交給保母而覺得焦慮難安，但老公卻說妳應該「學會放輕鬆」，這時候就可以用他能夠瞭解的方式表達自己的焦慮：「就像你很怕坐飛機，起飛的時候我告訴你放輕鬆也沒用，而且可能還更糟。現在我的感覺就是那樣。」

每個人接收資訊的速度、方式都不同。有些人是視覺型的，需要利用影像化的比喻及圖片，如果是在職場，可能還需要使用圖表。有些人喜歡先掌握整個問題，否則什麼話也聽不進去。另外有些人會喜歡先知道所有的細節。請注意這些差異。

要求對方改述

改述對方的話，可以幫助自己確認真的已經瞭解對方，而且可以幫助對方知道我們已經聽進去了。我們也可以要求對方做同樣的事：「請讓我確認一下我有沒有說清楚，可不可以麻煩你重複一下到目前為止你聽到我說了些什麼？」

詢問對方有什麼不同的看法，以及原因

如果希望別人瞭解我們，第一步就是要清楚的說出自己的故事。但我們不能期待有速成的效果，真正的瞭解可能需要來回多次的溝通。如果對方看起來有點茫然或還沒有被我們的故事說服，先不要施加更大的壓力，也不要嘗試用不同的方式說，而應該詢問對方的看法，尤其是有不同的看法。

一般人常常會想要尋求對方同意，也許是因為這樣可以得到再次的確認：「這樣合理嗎？」「你不也同意嗎？」但如果詢問對方有什麼不同的看法，帶來的幫助會更大。如果我們尋求對方的同意，對方可能就不太會分享他的懷疑和異議，因為他不確定我們是不是真的想聽。對方可能會說：「是啊，我想應該是。」但我們沒辦法知道對方實際上是怎麼想。如果我們明確的詢問對方有什麼不同的看法，就比較可能發現對方真實的反應。然後雙方就可以開始真正的談話了。

* * *

堅定表達的秘訣就是，你知道自己是自己的主宰，自己最瞭解自己的想法、感受和歷史。我們絕對有權利說出自己在思考或感受到的事，任何人都沒有權利否定我們。但如果不是自己主宰的事，想要下定論可能就麻煩了，例如誰對誰錯、誰有什麼意圖、發生了什麼事等等。完整說出自己的經驗，就能清楚表達；挺身為自己說話，就能鏗鏘有力。

第十一章　解決問題：由你主動開始

即將和我們談話的對象，說不定已經讀過這本書了，也瞭解如何進行學習型的對話。但最好別指望這一點。

比較可能出現的狀況是，我們想要談瞭解，對方談的卻是誰對誰錯；我們想要談問題的原因，對方卻一直指責；我們傾身聆聽並認可對方的感受，對方回報的卻是攻擊、打斷和批判；我們盡力想要改善雙方的溝通，對方卻無所不用其極的破壞任何具有建設性的談話。

也許，對方還在擔心受到責備，或不瞭解我們在本書中學到的專門術語；也許，對方還不信任我們，不信任我們新的行為模式。畢竟，前一次和他談話的時候，我們的表現並不像現在這樣這麼優秀。

那要怎麼辦呢？

如何引導談話：使用配套措施

如果你希望對話有任何的進展，就必須起帶頭作用。在對話中，可以採取以下的配套措施：重組、聆聽、指出動態。不論對方是否願意配合，這套對策都有助於維持對話的正確方向。

如果對方往破壞的方向走，我們就可以利用重組的策略把對話帶回正軌；重組可以讓我們把負面的陳述轉化成有益的陳述。

聆聽不僅僅是讓我們走進對方世界唯一的技巧，也是維持建設性對話最好的策略。

運用「指出動態」這個方法，就可以處理對話中遇到的麻煩；如果對方主導了談話，而且又不願意接受我們的引導，此時「指出動態」就特別有效。

重組、重組、重組

重組就是擷取對方話中的精髓，轉化成更有幫助的概念。具體來說，就是「三種類型的對話」架構。

讓我們回去看看第四章中米蓋爾和雪莉的故事。雪莉領導一群工程師在巴西執行專案，最初米蓋爾很排斥雪莉的領導，但後來卻成了她最大的支持者。對雪莉來說，不幸的是米蓋爾的熱忱明顯演變成男女之間的愛慕。他接近她，表示希望和她共渡快樂時光，邀請她去海邊散步。

當雪莉跳出指責的框架，便看清楚原來自己對米蓋爾送出了複雜的訊號。她瞭解到，在這個問題裡面，她該負責的是，她沒有直接對米蓋爾表示自己的不悅，於是她決定向米蓋爾提出這個問題。她知道，如果希望對話成功，就必須持續重組談話，讓焦點從指責轉向探究原因。以下是他們的對話：

雪莉說：我早就該跟你提這個問題了，我們必須談一談……

米蓋爾：當然，如果妳覺得不喜歡，就該讓我知道！這就是妳不開心的原因。妳是團隊領導人，應該知道如何妥善處理這種事。

雪莉說：不論該不該，我想我並沒有處理好。我瞭解，就是因為我沒有盡早提出來談，才讓問題變得更嚴重。我不想討論這是誰的錯，只想弄清楚我們是怎麼變成這樣的。我想，雙方都做了或疏忽了某些事，才會讓狀況越來越糟。

米蓋爾：我想，整件事情可能就只因為妳是美國人；美國女生對這類事情太敏感，明明沒什麼事也大驚小怪！

雪莉說：美國女生是不是太敏感，我們大概可以吵一整天。但重點是因為我們有非常不同的文化觀點，所以我才會把你的說法看成是一種暗示，並且覺得不舒服；而你似乎覺得我們的互動並沒有超出工作關係，是這樣嗎？

米蓋爾：這倒是真的。從我來看，我所做的很正常，沒什麼大不了。

雪莉說：你說的「正常」，是指對於只有工作關係的兩個人而言很正常嗎？或者是指有工作關係的兩個人有了進一步的發展，也很正常？

米蓋爾：都有可能呀！我們可以試試看往下走。我可以告訴妳我有多喜歡妳，如果妳沒興趣，就別理我；如果有興趣，就可以告訴我妳也喜歡我。問題是妳反應過頭了，而且，妳早就該提出來談了。

雪莉說：我一開始說了，如果我早一點提出來談的話，或許就可以避免這種尷尬了。我想我覺得很沮喪，我一直想要忽略你的暗示，例如我一直拒絕你請我去酒吧或去海邊散步。但你卻蠻堅持的。

米蓋爾：知道嗎，有時候我也覺得事情不太對，我應該問問妳的感受，是不是哪裡冒犯妳了。也許一開始我們就該談談對彼此的期待。

在最後這句話裡面，米蓋爾終於瞭解了「探究原因」和「指責」之間的差異，開始願意承認屬於自己的部分原因。但要達到這一點，雪莉必須不斷引導米蓋爾停止專注於指責。

我們可以重組任何事

重組很有用，我們可以將對方說的任何話重組，朝向學習型談話邁進。請看下面的範例：

對方說：我沒錯，我不可能有錯！

我們可以這樣重組

重組前	重組後
真相	不同的故事
指控	意圖及影響
指責	原因
評斷、性格描述	感受
你的錯	你覺得怎麼回事

我們重組：我想確定我真的瞭解你的觀點：你對這件事明顯感受非常強烈，而我也想要分享我對這個狀況的觀點。

對方說：你故意要讓我難過！

我們重組：看得出來，你真的很氣我的行為，而我也覺得很難過，我不是故意的，能不能多談談你的感受？

對方說：都是你的錯！

我們重組：我知道問題有部分原因是我造成的，我覺得我們雙方都有責任。別再談誰對誰錯的問題了，讓我們看看事情是怎麼演變成現在的狀況的，看看我們各別做了哪些事情。

對方說：你是我認識最卑鄙的人了。

我們重組：聽起來好像你感覺真的很不好。

對方說：我不是惡鄰居！

我們重組：我一點也不覺得你是惡鄰居，我當然也不希望你把我看成是壞鄰居。我覺得我們對於處理這件事的方法有不同的意見，而且我覺得，這在好鄰居之間也是很正常的事。問題在於我們能不能一起想出好方法，兼顧雙方的利益。

當然，光憑單獨的一句話不太可能達到什麼效果，但這些範例可以讓我們知道如何開始。就像雪莉一樣，我們必須持之以恆，不斷的重組，才能維持有效益的談話。

「你……，可是同時我也……」的句型

第二種重組的策略是從「兩者擇一」轉向「兩者同時」。如果對方想要讓我們在我們的想法和他的想法之間做選擇，或在我們的感受和他的感受之間做選擇，我們就可以利用「同時立場」來拒絕這樣的選擇。

在前一章裡面，我們提到了「我……，可是同時我也……」的句型。如果是在互動式的談話之中，比較適用的就是「你……，可是同時我也……」的句型。舉例來說：「我可以聆聽、瞭解你想說的事情，可是同時你也可以聆聽、瞭解我想說的事情。」

黛西想要尋找生母。在過程中，她發現「你……，可是同時我也……」的句型很有幫助。黛西的養母喬依絲認為，黛西不可能找得到生母，而且尋找的過程一定會很痛苦。黛西用了「同時」的立場，包容了雙方的故事，藉此避免了與繼母之間的爭論。當養母喬依絲說：「我們愛妳，又把妳扶養長大，妳還需要生母給妳什麼呢？」黛西用「我……，可是同時我也……」和「你……，可是同時我也……」這兩種句型做了回答，她說：「妳可能說得對，我的努力最後也許只是一場空；即使我找到

了生母，也可能會很失望，她可能根本不想見我。但同時，我盡力去找，對我還是很重要，原因是……」

如果聽起來很複雜，那是因為真的很複雜。那也是為什麼黛西的答覆那麼有建設性又那麼有效的原因了，她告訴養母：「我想尋找生母，好像讓妳很難過，妳是全世界最好的媽咪，也是我唯一的媽咪，這是永遠不會改變的事實。這對我來說也很難過，因為看到妳這麼痛苦的樣子我就難過了；有時候我覺得自己很自私又不懂得感恩。但同時，我又真的很想解答自己心中的疑問。我希望當我開始找尋生母的時候，我們仍然可以繼續討論這件事對我們各別有什麼意義。」黛西堅持了自己的主張，同時也沒有否定或輕忽養母的憂慮。

每一刻都是聆聽的好時機

不論我們多麼擅長重組，最重要的原則是：除非對方覺得受到聆聽及瞭解，否則對話不可能朝正面的方向進行；除非我們已經用心傾聽了，對方也不會覺得受到聆聽及瞭解。當對方情緒激動的時候，請務必聆聽並確認對方話語中的感受存在。如果對方說他的故事版本是唯一合理的版本，請用你的話，把對方的話改述一遍，並詢問對方為何會有那樣的觀點。如果對方指控我們，請嘗試在自我防衛之前先瞭解對方的觀點。

當自己覺得不知所措或不確定如何繼續下去的時候，切記，任何時候都是聆聽的好時機。

堅持聆聽

我們常以為，傾聽者在談話中扮演的是被動的角色，其實不是如此，我們還是可以利用聆聽來引導談話的方向。

讓我們來看看賀普和他老婆莫妮莎之間的電話對話。莫妮莎是藥廠業務，經常需要出差，而距離正是兩人關係緊張的主要原因。

莫妮莎：我要早點睡，明天一大早就有個重要的簡報。
賀普說：所以要星期四才看得到妳囉？
莫妮莎：對呀，星期四晚上，我大概七點左右可以到家。
賀普說：好吧，祝妳一夜好眠……（沉默）我愛妳。
莫妮莎：晚安，星期四見！

賀普難過又沮喪的掛掉電話。他抱怨：「她從來不說愛我，每次我提起來，她都會說：『你又不是不知道我愛你，幹嘛要一天到晚掛在嘴上？』」

賀普顯然很重視莫妮莎愛不愛他這件事，因此，他不斷跟莫妮莎提出來，這也很合理。很多人都以為，堅持就代表維護自己的觀點，換句話說，賀普以為只要自己不斷的重複就好了。

但這樣是行不通的！

我們必須要找出堅持的方法，同時要記得自己是在做雙向溝通。在高難度對話中，堅持就表示，在維護自己觀點的同時，也要用心聆聽對方的觀點

在思考過「三種類型的談話」之後，賀普開始對莫妮莎的反應感到好奇。後來兩人討論到「要不要說愛」的時候，賀普強迫自己，只要聆聽、提出問題、嘗試瞭解莫妮莎的感受就好。

賀普說：當我說我愛妳的時候，妳究竟在想什麼？

莫妮莎：我在想：「好啦，他在等我對他說同樣的話。」所以我就偏不說，因為我覺得有壓力。而且，你根本就知道我愛你咩！

賀普說：有時候我深信妳愛我，有時候又不那麼確定。當妳說我知道妳愛我的時候，妳又怎麼能確定我真的知道呢？

莫妮莎：嗯，我一直都還跟你在一起呀，不是嗎？

賀普說：這個標準太低了。何況，我父母早就不相愛了，還繼續在一起好多年。也許那就是為什麼我有時候對這件事覺得不安……

莫妮莎：嗯，我想我的經驗剛好相反。我父母的感情很深，一天到晚在我們子女面前說些肉麻兮兮的話，我覺得好尷尬，如果真的彼此相愛，也不用成天掛在嘴上呀，只要表現出來就好了。

賀普說：怎麼表現？

莫妮莎：我也不知道，比如說對彼此好一點。例如你媽生病那次，我週末放下所有事情飛回鄉下去看她。我那麼做是知道你當時心情很難過，而我想在旁邊安慰你……

賀普和莫妮莎還有一段路要走，但是，僅僅透過聆聽，賀普已經讓兩人在「要不要說愛」這個雙方都覺得困難的議題上，做了有趣也有建設性的談話。

點出雙方的互動：讓問題更清楚

重組和聆聽可以把對話引導到我們希望的方向，大部分的對話都需要用到這兩種有用的工具，但有時候還是不夠。不管我們多麼會聆聽，也不論重組了多少次，對方仍然可能繼續打斷我們、攻擊我們、排斥我們。每次有了一點點的進展，對方又會有其他的理由說那個問題根本不是問題，或者表現出生氣的樣子，但每次我們問起的時候，對方又說：「沒事，沒事，我很好，一點也沒有生氣。」

像這種時候，「點出雙方在對話中的互動」這個技巧就很有用：把我們在對話中看到的狀況，當成要討論的主題攤在桌上。

這樣就像在扮演「對話醫生」，診斷問題，並提出恢復健康的處方。這類的診斷及建議的範例如下：

我注意到，每次一談這個問題，我們就沒有時間。也許我們應該特地約個雙方都方便的時間，專心討論這個問題。

我已經試過三次要說出我的想法，但每次你都把焦點放在我身上，不知道你有沒有注意到這個現象，但我對這樣的狀況覺得有點沮喪。如果你還有哪些重點是我不瞭解的，請告訴我。然後我希望能把我想說的也說完。

我注意到一個狀況，每次我問你，有沒有因為我說的哪些話讓你感到難過，你總是說：「不會，不會，當然不會，我不是那種人。」但是，你對我的態度卻像是受到傷害一樣。至少那是我看到的狀況。我想要弄清楚，我究竟做了什麼事讓你那麼生氣。否則，我認為我們很難談出個所以然來。

當我說出對我很重要的事之後，你就氣到令我有點害怕的程度。我不知道你為什麼有那樣的反應，如果你真的生氣，我很願意聽聽你的原因，但如果你只是想要威脅我改變心意，這是不管用的。我真的希望知道你為什麼生氣，而且希望我們之間能夠使用一種我覺得沒有威脅的方法來討論。

指出雙方之間的互動，對於消除誤會有很大的幫助。這樣可以引導雙方說出自己想到、感受到，卻沒有坦誠說出來討論的問題。

同時，這樣也可停止令人沮喪的互動。通常對方並不知道他正在做的事會讓我們生氣，但卻會使得我們的對話偏離主題，有時候甚至會升高緊張的氣氛。因此，其他方法都無效的時候，指出對話的動態可能是最值得嘗試的想法。

接下來要幹嘛？開始解決問題

通常只要整理出「三種類型的談話」，揭露事情的核心之後，就可以澄清雙方之間的問題了。但有時候也不一定。雙方千辛萬苦的瞭解了彼此的故事，弄清楚了狀況，掌握了相關的感受，最後還是得共同決定接下來該怎麼做。此時雙方可能還是會有不同的意見。

基本上，解決問題包括收集資訊、測試自己的感知、形成符合雙方主要利益的意見等過程。如果無法形成符合雙方主要利益的意見，就要找出公平的方法解決歧見。

要兩個人才能「同意」

高難度對話需要相當程度的妥協，相互滿足對方的需求。如果你覺得解決問題很困難，又會讓你焦慮，可能就是你太專注於想要說服對方了。掉入這個陷阱的人，就像已經上鉤的魚，拼命想要滿足對方那看似貪得無厭的索求，拼命想達成某種合理的協議，以便繼續往下走。難怪，這樣的框架把控制權完全交給了對方，在對方心滿意足之前，我們都必須繼續掙扎下去。

「上鉤魚兒」的模式有個缺點：事情關係到兩個人，除非雙方都同意，否則就不會達成共識。我們需要說服對方，而對方也需要說服我們，雙方需要的程度完全相同，誰也不比誰多，誰也不比誰少。因此，我們永達可以選擇扭轉情勢，邀請並堅持讓對方來說服我們。

只要我們對保持開放的心，做好準備，如果有絕對的必要，也可以把事情擺著而不要達成協議，我們可以照自己的意願堅持這麼做：「我瞭解，你下定決心要在這個星期審查你的條款，但你還沒有說服我必須利用假期來做這件事。」

對許多人而言，發現自己不必同意對方的時候，就感覺到了自由、輕鬆以及自主。

收集資訊並測試自己的感知

幾個月前，亨利就計畫要在這個週末和朋友一起度假。他整個星期加班，完成了新的展示品和工作計畫。星期五早上，亨利的老闆蘿莎跑來找他。

她解釋：「亨利，供應商出問題了，我們這個週末必須想出解決方案，才能讓下個月的假日銷售旺季有貨可賣。真的很對不起，我知道你這個週末已經有其他計畫，但我需要你留下來。我知道你和朋友一定可以重新規劃假期，是吧？」

如何檢驗我們心中的假設是否為真：亨利沒有反駁或爭辯，反而決定瞭解蘿莎擔心的原因。當亨利和蘿莎整理了他們的故事之後，發現他們對於公司與供應商之間的關係，有不同的看法。亨利相信，即使出了問題，這個供應商也會充分配合，連夜趕出他們的訂單。蘿莎多年來與供應商之間有過太多不好的經驗，她認為必須在第一時間把問題解決，才能確保旺季不會出狀況。

分歧的觀點通常深植於相互矛盾的假設之中。只要瞭解這一點，就可以提議採用公平的方式來檢驗誰的假設是可信的，以及可信度有多高。亨利建議，打電話給供應商，詢問接下來幾週供貨的情形，以及在遇到問題的時候是否有專人來配合解決。蘿莎則希望先詢問一連串假設的問題，並與對方可以負責的人建立個人關係。當然，羅莎和亨利必須都認為檢驗假設的方法公平且適當，這種檢驗才有說服力。

指出失落的環節。如果想要解決相互矛盾的觀點及結論，雙方就都必須清楚的指出，對方的故事中還有哪些是自己覺得沒有道理的；在傾聽對方推理的時候，還缺哪些部分才能讓對方的故事變得合理。因此，亨利可以說：「我想，我現在已經瞭解了，為什麼去年會因為存貨造成虧損。看來我們真的要及早解決這個問題，但現在還有三十天的時間可以用，所以我不懂，為什麼一定要在這個週末解決。」

指出有什麼可以說服自己。願意被說服，這是很有力的立場，可以讓我們誠實堅定的面對自己目前的觀點，同時也可以聆聽對方的觀點。「根據我的瞭解，似乎比爾裏理受過足夠的訓練，他可以利用這個週末先做存貨盤點，這樣我下週就可以立刻開始解決問題了。妳覺得呢？也許妳對比爾還不太放心，如果是這個理由的話，會比較容易說服我。」

詢問有什麼可以說服對方（如果有的話）。「我已經說了好多我認為不錯的理由，解釋為什麼我覺得我可以在這個週末休假。但妳還是堅持要我留下來，是不是還有其他的理由我沒聽到呢？如果沒有的話，我不知道自己是不是還能說些什麼來說服妳改變心意，如果有的話，我該說什麼呢？」

尋求對方的建議。「請幫忙我瞭解一下，如果妳站在我的立場，對這個狀況會有什麼感受和想法，妳又會怎麼做？為什麼？妳能不能想出一種把我留下來的方法，而且不會讓以後經常發生這種要我取消休假的事？」

創造可行方案

讓我們回到本書一開頭鄰居和那隻吵死人的狗。當你後來終於向鄰居反映的時候，才知道原來他覺得社區聽得見狗的叫聲，就安全多了。而他把狗留在戶外的原因則是擔心狗會不小心傷害到他們家剛出生的小嬰兒。

你認為他的說法很合理，同時你也可以表達：晚上無法入睡讓你感到多麼沮喪、疲憊。你們雙方開始要想出解決方案的時候，可能又會陷入僵局。你的答案（把狗送走）對方顯然不願接受，而對方的答案（帶耳塞或關窗戶）也讓你覺得荒謬。

許多困難的狀況都需要有創意的解決方案，以盡量滿足雙方的需求。但有創意的解決方案可能不明顯，需要努力尋找，往往要透過雙方共同腦力激盪。「不知道我們能不能找出有創意的解決辦法，滿足你和我的需求。你覺得呢？願意嘗試一下嗎？」通常，堅持下去都會有所回報。

腦力激盪可以得到一些不錯的構想。例如你可以讓你兒子花點時間和鄰居的狗玩，這樣狗就可以得到更多的運動和關注；同時也可以滿足你兒子想要養狗的願望。或者鄰居可以考慮再養一隻狗，讓兩隻狗互相作伴；或者晚上十點以後把狗放到室內，並關上嬰兒房的門。或者對方可能要求你在受到狗叫打擾的時候打電話給他們，讓他們立刻處理，免得你又整夜失眠。

更重要的是，你們雙方必須認清，如果還要繼續當鄰居，就必須共同找出滿足每一個人（你、對方、那條狗）的解決方案。

詢問對方應該採用哪種標準

通常，如果想要解決衝突又想要維持良好的關係，最好的方法就是不要試圖與對方討價還價或威嚇對方，而是雙方先決定：在建立解決方案時，該採用哪種標準，或哪種公平的原則。如果找不到有創意的解決方法，不妨詢問對方還有沒有什麼公平的標準可以採用，以及為何要採用那個標準。

在那隻狗的個案中，地方政府可能有噪音相關法令，或附近其他飼主讓狗保持安靜所使用的方法。業界或地方慣例、法院判例以及道德規範等，都可以是解決問題的依據，任何人都不必放棄自己的立場或感覺丟臉。

當然，並非所有的標準都有相同的說服力。有些標準看起來比較中肯，比較受人接受，或與你們面臨的時間、地點、狀況直接相關。在探討不同標準的公平性時，這是必須討論的另一個議題。

相互體諒的原則。高難度對話已經進入了解決問題的階段，此刻應該要記住，我們都傾向於相信自己做事的方法就是「對的」。這樣的心態會引導我們將問題歸咎於對方，並因此把我們的方法當作「解決方案」。舉例來說：「如果你願意改變，就不會有問題了。」

沮喪是可以理解的，但這樣的說法很難讓人信服。人際關係的挑戰及趣味，就是源自每個人的差異，偶爾的沮喪是參與人際關係的代價。前面提過，一方永遠在讓步的關係是不可能持久的。好的解決方案通常都要互相滿足彼此的某些差異，或者可能是要做一些交換：某些問題用這種方法，其他問題用另一種方法。這就是相互體諒的原則。

如果仍然無法達成同意，請考慮自己的替代方案

並非所有的衝突都能透過相互協議獲得解決。有時候，即使經過高技巧的溝通，仍然無法達成雙方都能接受的可行方案。這時候就會面臨一個決定：退讓，接受低於自己要求的解決方案，還是承擔協商破裂的後果？

讓我們再回來看看亨利和蘿莎的案例。蘿莎是老闆，亨利是重要的員工。如果兩人無法針對亨利週末加班的事情達成共識，彼此就面臨了選擇。兩人都必須想一想，如果無法達成共識，接下來要怎麼辦。

如果要在沒有共識的情況下離開談判現場，需要滿足兩個條件。首先，需要解釋你為什麼離開，以及我們有哪些利益與考量，無法在目前討論出來的解決方案獲得滿足。讓我們想像一下，如果亨利不理會蘿莎，仍然決定去度週末，他總不好扭頭就走，而應該明白說出自己的感受、利益以及選擇。他可以說：「蘿莎，真的很抱歉，我非常希望當個好員工，盡可能為妳效力。通常，我會很樂意在週末和晚上加班工作，希望妳以前也都注意到了這一點。我也很不願意讓妳自己去忙；但同時，我這次度假對我很重要，我很早就向妳報告過了，而且我整個星期也都很努力的工作，為的就是希望週末可以離開。我不喜歡被迫做這樣的選擇，但既然已經是這樣了，我還是選擇去度週末。」

現在亨利需要第二件事了：願意承擔後果。他星期一回來的時候，可能發現自己已經失業。如果他可以接受這樣的結果，甚或寧願有這樣的結果，那麼，和朋友去度週末就顯得更有道理了。

但更可能的結果是，他回來以後發現，蘿莎雖然不高興，卻更尊重他以及他的時間。她甚至可能會道歉，或要求討論以後如何避免發生這一類的事情。

如果亨利不想承擔失業的風險，最好就選擇週末留下來工作。他會很失望，因為不能和朋友一起去度假，但總算知道自己已經很有技巧的處理了這次的談話，最後也做了明智的選擇。

還有後續

事實上，大部分高難度對話並不是單獨一次的談話，而是一段時間內一連串的意見交換和探索。假設亨利和蘿莎這次把問題解決了，他們之間還是會出現許多其他問題，工作的壓力還是很大，而他們也必須共同找出方法，在工作與亨利的私人度假之間，求得平衡。

在第一章裡面，老麥和小傑這兩個老朋友，因為一份財務簡介的設計稿而鬧得不愉快。這兩人需要找出方法來修復友誼、探討未來還要不要合作、如何合作。你和鄰居的例子中，你們現在決定讓你兒子照顧那隻狗，或晚上把狗關到室內，然後再看看後續發展如何。不論怎樣，都會有後續談話，才能追蹤事情的發展，而如果有必要，還得找出新的因應方法。

第十二章　5個步驟全面運用對話技巧

小傑想要和老麥再談一次。

他解釋：「我以為只要不談那份財務簡介的事，我們的問題就解決了。」但過了幾個月之後，老麥還是不太理小傑，兩人的友誼也變得怪怪的。小傑知道自己應該主動找老麥談，卻不知道要談什麼。小傑相信，最壞的情況就是：老麥根本不可理喻。

步驟一：透過演練「三種類型的談話」做好準備

小傑在準備和老麥談話的時候，先坐下來自行演練了「三種類型的談話」。他針對老麥對這件事的可能看法，以及問題中分別屬於各方的原因做了一份筆記（如後）。在過程中，小傑發現了幾件事。他體認到，老麥可能並不知道小傑放下手邊其他的事熬夜趕工。小傑不確定老麥是不是故意要威嚇他。他看到了，自己沒有立刻或在完成財務簡介稿之後儘速向老麥說出自己的感受，因而導致了後來的問題。

小傑因此更加堅定想要改變這些原因，想要說出自己的感受。小傑說：「我重新思考我對整個過

小傑的筆記

<table>
<tr><th colspan="3">談事實</th></tr>
<tr><th>不同版本的故事</th><th>影響／意圖</th><th>原因</th></tr>
<tr><td>我的故事
我放下重要的工作去幫他的忙，他卻為了一點小瑕疵生氣，硬逼我整個重做，連一句感謝的話都沒說。而老麥對於自己核准送印的事也不負半點責任。

他的故事
老麥指望我把事情做好，但我卻讓他失望了。然後我跟他爭辯，卻不願意重新做。
嗯，這有一定的道理吧！</td><td>我的意圖
幫朋友的忙。
把工作做好。
說服老麥，那個小瑕疵沒什麼大不了！

對我的影響
感覺像被霸凌了。
沒有得到感激。
沮喪。

老麥的意圖
儘快完成簡介。
確定簡介做得完美。
威嚇我？

對老麥的影響
沮喪？
失望？
與客戶關係緊張？</td><td>問題中有哪些屬於我的原因？
當時或事後都沒有告訴老麥我很生氣。
沒有問老麥更多問題，以便瞭解他的困境。

哪些屬於他的原因？
老麥也沒有把那個瑕疵找出來。
他沒有早一點找我，所以事情才變得那麼急。
他一直追問「你要不要重新做？要還是不要？」感覺就像是在霸凌。</td></tr>
</table>

<table>
<tr><th>談情緒</th><th>談尊嚴：自我認知議題</th></tr>
<tr><td>影響我歸咎原因和判斷的情緒有哪些？

憤怒

沮喪

失望　事情並不順利，而老麥已經雇用了其他人。

難過

罪惡感　真希望先前做得更好。

尷尬／慚愧　真是個愚蠢的錯誤！

感激　老麥過去的支持。

悲傷　雙方的友誼跌落谷底。</td><td>發生的事對我的自我認知有什麼威脅？

哎呀！可能和我的自我認知有很大的關係，主要是因為我自認為是個追求完美的人，真的很難接受自己會犯這麼愚蠢的錯誤。

此外，我真希望之前的談話能處理得更好。通常我在處理客戶問題這方面還不錯的。

而如今，我是賠了夫人又折兵。既沒有捍衛自己，又失去了老麥這樣的客戶和朋友。</td></tr>
</table>

程所抱持的假設，我不再認為自己完全對，也不再認為問題都是老麥造成的。我最大的體認就是，我完全沒有從老麥的觀點來瞭解整件事。但現在願意試試看。」

小傑一面準備和老麥談話，一面寫筆記，筆記內容似乎顯露出他心底的疑惑。用這種方式來準備一場對話，似乎很可笑，但結果卻更能讓小傑敞開心胸，聆聽老麥想說的話，也更好奇想要知道自己還不知道的事（例如老麥的意圖，或老麥認為小傑有什麼錯）。

更重要的是，小傑變得更有自信了。他接受自己在問題中的角色，因此覺得更踏實。雖然他不再確信自己的故事是「對的」，老麥的故事是「錯的」，可是小傑完全肯定雙方的故事都很重要。

步驟二：檢視自己的目的，然後再決定要不要提出來

重點在於，小傑更有安全感了，他覺得不論老麥會有什麼反應，都值得嘗試向老麥提出這些議題。「一開始，在考慮要不要再次提出這個問題的時候，我心裡想：『如果老麥認為這件事情根本不重要，甚或嗤之以鼻，我該怎麼辦？我會覺得自己很蠢，或像是徹底失敗了一樣。』我也曾有過算了的念頭，但那樣就像是逃避，而不是有意識的決定放手。」

「所以我決定還是提出來，但又很緊張。然後我想起『不要嘗試控制對方反應』這件事，我提出來是因為我覺得重要，而且我會盡力。如果老麥不想談或不願意敞開心胸，至少我也試過了，而且會很高興我自己站起來了。」

下面我們摘錄小傑和老麥的談話。為了清楚起見，我們為他安排了一位隱形顧問，在他遇到困難的時候予以輔導。我們也讓小傑有機會可以凍結時光，隨時展開對話、暫停對話，而且，如果對話進行得不太順利，還可以重頭再來。

步驟三：從中立的敘事開始

以下是小傑第一次嘗試展開對話，以及那次得到的結果。

小傑：聽好了老麥，你想說什麼都行，但是關於那份財務簡介設計稿的問題，我做得那麼辛苦，你卻對我那麼刻薄，而且你也知道！

老麥：那件案子，一開始我找你就錯了。我以後不會再犯同樣的錯了！

＊＊＊

小傑：暫停一下，這樣不對。

顧問：哪裡不對？

小傑：不知道，可是他的反應不太好。

顧問：請注意，你是從自己的故事開始談的。

小傑：我應該要從中立的敘事談起才對。好，讓我重新來過。

＊＊＊

小傑：老麥，我一直在想，那份財務簡介設計稿的事，到底是怎樣。我覺得整個過程真很沮喪，可能你也有同樣的感覺。最讓我擔心的是，那件事好像影響了我們的交情。不曉得我們可不可以談談？我想更清楚知道你是怎麼看這件事情的，還有你對我們的合作有什麼感受。我也想告訴你，有哪些部分讓我不舒服。

老麥：唉！小傑，問題就在於你辦事情不夠仔細，犯了錯又不承認。你拼命找藉口的時候，我就真的不爽了！

＊＊＊

小傑：看吧，他開始攻擊我了。我以為只要從中立的敘事開始，他就會溫和一點。

顧問：不過，老麥這次的反應比你第一次嘗試的時候好多了。事實上，你的開場很好，掌握到從中立的敘事切入的重點。不要忘了，堅持到底。老麥並沒有立刻體會到你正要嘗試進行學習型談話，你要有心理準備，他可能會有點防禦心態。

小傑：如果他攻擊我，我又該說些什麼呢？

顧問：他已經陷入他自己的故事裡了，這時候你要用真誠的好奇的心態聆聽，提出問題，同時特別注意他言語背後的感受。

步驟四：探索對方的故事及自己的故事

小傑：你覺得我是在找藉口，是嗎？針對這方面請再多講講。

老麥：其實，小傑，你根本不該和我爭圖表的問題，只要重做就好了。

小傑：所以你認為，既然圖表歪了，我就該修正重印就對了。而且，聽起來好像是我提出質疑的時候，就讓你覺得很洩氣。

老麥：對呀，當然洩氣啦。客戶已經掐著我的脖子了，她對我們也有很多不滿。

小傑：為什麼呢？

老麥：因為她以為，這個圖是錯的，雖然沒這回事，但像這種時候就千萬不要跟她爭。這就是讓我洩氣的地方，小傑，你好像不知道「客戶永遠是對的」這句話！

小傑：所以，客戶是故意想要找個碴來出出氣了，是嗎？

老麥：感覺真的就像那樣。如果有任何差錯，她第一個會注意的地方就是收益圖。她的投資客戶對她最近的一些投資決策已經很不爽了。對啦，那個圖只不過是歪了一丁點而已，通常我們是不會要求重做的，但這次不同，我們非得弄得完美無缺才行！

小傑：我真的不曉得背後還有這樣的故事；聽起來這段時間你也蠻心力交瘁的。

＊＊＊

小傑：暫停一下！

顧問：做得很好！

小傑：或許吧。這樣很有幫助。我可以體會到他是怎麼看事情了，但他好像還不知道我是怎麼看事情的。我應該在什麼時機說明我這方面的故事呢？

顧問：你很用心聆聽他想說的話，或許老麥現在也會願意聽你說了。

＊＊＊

小傑：老麥，從我的觀點來看，我接下這份設計稿，純粹只是想幫你忙，到頭來你卻是這樣對我，真是太不夠意思了！

＊＊＊

顧問：暫停！沒錯，你想要帶進自己的觀點，可是前面應該加一句轉折的話，表示你已經瞭解他對這件事情的觀點，同時你也想要說說你自己的觀點。開始說自己觀點的時候，如果是想要說出你的感受，就直接說。可是你剛才說的卻是對老麥的評斷，這樣沒用。只說自己的感受就好。

＊＊＊

小傑：我開始體會到你是怎麼看事情的了，這樣對我很有幫助。我也想讓你知道我的看法和感受。

老麥：洗耳恭聽！

小傑：嗯，我不太擅長談自己的感受，不過我會盡量試試看。你說的有些話讓我很難過……

老麥：小傑，我不是故意要讓你難過，我只想要把簡介做好！有時候我覺得你太敏感了。

＊＊＊

小傑：這下可好，虧我聽了他老半天，輪到我講的時候，根本還來不及開口，他就打斷我。老麥就是這樣，老是打斷我說話，我永遠沒機會把我的想法說清楚！

顧問：這就是你必須要堅持的地方了，你可以稍微堅定一點，把自己的故事說出來。你可以打斷他的話，爭取機會把自己想說的說出來。你必須非常明確的表示，你還在說明自己的觀點，而且希望他仔細聽。

＊＊＊

小傑：請等一下，你要評論我的感受之前，讓我多說一點我的觀點。

老麥：沒問題！但我想說的是，你把我們生意上的事看成是針對你個人了……

＊＊＊

小傑：看吧，又來了。他老還是打斷了我，他愛這個樣子。

顧問：他真的很會打斷別人，所以，你對這一點有什麼感覺？

小傑：我覺得挺洩氣的。

顧問：所以，你現在有幾個選擇。你可以選擇放棄，但我覺得還太早。你也可以做更多的聆聽，聆聽永遠都會是個好主意。但我們先假設你現在不想再聽了，那麼就可以試試另外兩件事。第一，你可以直接再次強調你要把自己的觀點說清楚，但我懷疑這樣究竟會不會有用。第二就是告訴他，講話被打斷讓你很沮喪。

小傑：如果我這麼說，他一定會打斷我然後告訴我不應該覺得沮喪。我想我會再試一下，堅持要說出來。

＊＊＊

小傑：老麥，我瞭解你認為我把事情看成是針對我個人了，我們可以待會兒再回來談這個問題。但我想先說一下，讓你清楚知道我對這整件事的看法。

＊＊＊

顧問：帥呀！你先從聆聽開始，然後改述他說的話。對他而言，就不必繼續再說同樣的事。而你現在就有很好的機會繼續講自己的故事。

小傑：我漸漸掌握到一點訣竅了。

* * *

小傑：所以，拜託耐心聽我說完。事情是這樣的，你打電話來的時候，我心裡在想：「天啊，手上的工作都忙不完！明天就得把另一份文案趕出來，今天晚上還約了跟老婆一起吃晚飯。」然後我繼續想：「我可以打電話給文案的客戶，告訴他們會晚一天交件；然後再打電話給老婆取消晚餐的約會。」因為，老麥，你說你的案子好急，火已經燒到屁股了，而我真的是想幫你的忙。

老麥：這一點我很感謝……

小傑：但你從來沒說啊！從我的觀點來看，我做了這些犧牲之後，我聽到的第一句話竟然是：「老兄，搞什麼烏龍啊！」你可以想像我為什麼會惱火了嗎？

老麥：我真不該那麼說，小傑，其實我是想說謝謝你。我猜，當時我大概是被心煩的事壓得喘不過氣了吧！有趣的是，老實說，我當時並不覺得是你在幫我的忙，當然，現在是知道了。我當時只覺得，其實現在也還這麼覺得，把生意交給你是我在幫你的忙。當時我是可以打電話給其他人的，但我以為你會想接這筆生意。

小傑：我是想接呀。從我的角度看，當時只想趕快把東西做出來，所以並不覺得是你給的恩惠。但我確實是感謝這筆生意。

＊＊＊

小傑：越來越好玩囉。

顧問：做得好，繼續！

＊＊＊

老麥：小傑，我還是想跟你談點別的事。如果把全部的事情都攤開來說，我真的還是很氣你死不認錯。知道嗎，那個圖明明就不行，可你硬要說沒問題！

＊＊＊

小傑：哇哩咧，對話又僵住了。

顧問：高難度對話本來就會這樣，起起伏伏的。你要繼續努力。

＊＊＊

小傑：老麥，不是我不認錯，而是我真的什麼都沒錯！

＊＊＊

顧問：先慢一點。你現在正在關鍵點上面，有可能會發展成更大的爭執，也有可能適當的把事情解釋清楚。

小傑：可是我沒看到問題在哪裡。

顧問：請回頭想一下老麥說的話，他說他真的很氣你死不認錯。他在「影響」和「意圖」這兩件事情上犯了一個大錯：他以為他知道你想做什麼，以及你的意圖是什麼。

小傑：但他其實並不知道。

顧問：對！所以，他錯在明明不知道你的意圖，卻自以為知道。如果你在對話中犯了這個錯誤，就會產生剛才的結果，使對方展開自我防衛，然後雙方就會進入毫無意義的爭辯。

小傑：要怎樣才可以不為自己辯護呢？

顧問：處理影響和意圖的最好方法並不是自我防衛。首先，你必須確認對方的感受存在，然後才能嘗試澄清自己真正的意圖。

＊＊＊

小傑：你是說我的回答讓你很洩氣。

老麥：的確是。我也不想當壞人，只想把事情做好。

小傑：讓我解釋一下。我當時不是想要假裝什麼事都沒錯，也不是想要把問題推到你頭上。我當時真的覺得那個圖已經很好了，但在我們談完之後，我知道我的反應並不完整，背後有些資訊我還不知道。我不太確定現在會怎麼看那份圖表，但我確信，如果我認為應該要重做，一定會第一個承認。

老麥：這部分我不知道。但我仍然覺得，你有時候會喜歡為自己犯的錯誤辯解。

小傑：我才不會！

＊＊＊

顧問：在「釐清意圖」這方面你做得很好，這不容易。現在我們來到了另一個關鍵點：在你內心的深處，難道真的不在意自己犯錯嗎？

小傑：當然在意！我痛恨犯錯，也難以容忍。每次只要一犯錯，我就想抓狂，尤其是愚蠢的錯誤。

顧問：那，為什麼你曾經說你不在意犯錯？

小傑：我想，應該是我不想坦承：自己有時不肯認錯。

顧問：是這樣的，老麥不知為何，就是感覺到你很在意自己犯錯。你最好能跟他分享一些你的「自我認知型談話」。雖然這樣會有風險，但風險也不會太大，因為他早就知道了。

＊＊＊

小傑：事實上，老麥，我有時候真的不太知道怎麼認錯，甚至要說出口都很難。

老麥：很好，很高興聽到你這麼說。我只希望你肯承認，然後我們就可以進行修正的工作了。

小傑：我不想把兩件事情給弄混了。在圖表方面我的確有錯，同時，至少在那個時候，我強烈認為問題不大，實在沒必要重做。

＊＊＊

顧問：太棒了。你承認了自己內心真正的一個問題，而且也很成功的運用了「同時立場」，清楚表達了你認為自己做了很好的判斷。

小傑：那我接下來該怎麼做？快完成了嗎？

顧問：就快了。你覺得還有什麼其他重要的事要說？還有什麼其他重要的事要瞭解？

小傑：我們已經談過了我在簡介設計稿上犯的錯誤，但是完全沒有談到老麥犯的錯。畢竟是經過他的核可，然後才送印的。

顧問：這個問題很重要。現在看看你能不能把它當作是雙方共同造成的原因提出來，而不要變成一種指責。

＊＊＊

小傑：老麥，我還想提另一個議題。我覺得你好像認為簡介印歪了完全是我的錯？

老麥：小傑，不必再爭這個問題了吧。我不想用這件事情打擊你，我瞭解你為了簡介設計稿的事情很辛苦，我也很感激你。

小傑：我知道。我只想用不同的角度來看這個問題。你認為，既然整件事情是我在做，所以圖表的問題就是我的錯。但我最初認為，因為你也審核過了才交待我付印，所以你也有錯……

老麥：沒有，我從來沒說我校對過，校對是你的工作。我當時想說的是，如果沒有錯誤的話，就可以拿去印了。

小傑：那就是我要說的重點。我認為我們彼此有點誤解，所以問題是我們共同造成的。我並不是說誰對誰錯的問題，但如果我們能更清楚的瞭解對方的意思，就比較不會搞出這些麻煩了。

老麥：那當然，但又能怎樣呢？

小傑：重點是，如果我們可以更小心的溝通清楚，就比較可以避免未來發生類似狀況。我當時應該直接問你有沒有仔細看過那份簡介，若我有問，你當時可能就會清楚的告訴我：你並沒有仔細看。這種做法對當時可能會很有幫助，對以後應該也會很有幫助。

老麥：我覺得蠻有道理的。

＊＊＊

小傑：哇，這樣討論比相互指責容易多了，而且也更有幫助。

顧問：同時請注意，探究原因的時候，你們的注意力很自然就集中到解決問題上面了。讓我們再向前邁進一步。你們對於簡介要不要重印各有自己的觀點。現在來嘗試解決這個問題。

步驟五：解決問題

小傑：老麥，讓我們想一下，如果以後我們對事情有不同的判斷，該怎麼處理。例如簡介設計稿需不需要重印之類的事。

老麥：在這種情況下我會從客戶的角度想，因此，就應該照我的方法做。我不認為這會是一種共同的決定。

小傑：就最後的決定來說，我完全同意應該照你的指示去做。而在這個案例裡面，你也應該這麼做。只是我在想，不知道在你做最後決定之前，可以怎麼樣納入我的判斷，希望這樣對你也有幫助。我可以想像得到，有時候你可能已經有了定見，但在我們討論之後，或許會讓你再改變心意。

老麥：這倒是真的。所以，如果我們可以更瞭解談話的目的，我就不會以為是你想要做最後的決定。我就會知道，你只是想要告訴我你的意見。

小傑：有道理！

老麥：但有時候我會沒時間跟你詳細談。

小傑：我完全可以瞭解，但如果你明說一下的話，我會覺得更好過一點。否則，我會不知道你在談話中為什麼那麼生氣。

老麥：所以，我可以簡單的說：「我現在沒時間談」。

小傑：對呀！最好也能告訴我原因。例如你中午之前必須把什麼事趕出來；或收益是最敏感的問題；或我們可以之後再談。這麼說只需要五秒鐘，我就不會因為你不聽而生你的氣了！

老麥：我可以瞭解為什麼那樣會讓人生氣。

＊＊＊

顧問：小傑，你和老麥一定會合作愉快。做得漂亮！

小傑：每次只要一有狀況，我都忍不住想向老麥提出最困難的事，這就是我們交情上的問題，我只想確定沒有任何事會傷害到我們的友誼。

顧問：請確認一下你的目的。「確定沒有任何事會傷害到我們的友誼」，聽起來像是你在代替他說話，有點想要控制他的味道。如果你想要問一個問題，請確定要問出開放式的問題。只要問他對你們的友誼感覺如何。如果那個問題真的傷害了你們的友誼，希望他敞開心胸的說出來。

＊＊＊

小傑：很高興我們解決了這些問題。我覺得和朋友一起工作不太容易，不知道你會不會覺得這件事傷害了我們的友誼。

老麥：嗯……你覺得咧？

小傑：坦白說。跟你談清楚之後，我現在覺得好多了。在我們談之前我還很生氣，而且可能還有一點難過。如果我們一直不討論這件事，我很容易就會以為不能再當朋友了。

老麥：我很驚訝你這麼說。對這一類的事情，我們當然可能會有不同的反應。我不爽的是我們的工作關係，但我覺得我們的友誼沒什麼問題，這兩碼事我分得很開的。但既然你顯然覺得不容易分得清楚，我很高興能一起談談這個問題。

＊＊＊

小傑：看起來我們又是好朋友了！

顧問：你處理得很有技巧。

小傑：謝了！我想以後我們應該不會再有類似的問題了。

顧問：這點我不敢說，我覺得你最好還是假設以後還會碰到這種問題，可是現在你已經知道這類事情可以談，那麼以後的誤會也就不會造成那麼多情緒問題了，也比較不會威脅到雙方的關係。但這次會不會是你和老麥最後一次的高難度對話呢？我很懷疑。

有句話說，「人生就是一連串狗屁倒灶的事。」確實如此。閱讀本書到現在，你已經具備了一些技巧，可以處理這些狗屁倒灶的事了。

高難度對話檢查表

步驟一：演練「三種類型的談話」，以便做好準備。

弄清楚事實

自己的故事是如何形成的（資訊、過去的經驗、規則）？對方的故事呢？

這個狀況對自己有什麼影響？對方可能的意圖是什麼？

雙方各做了什麼事情，造成這樣的問題？

瞭解情緒

探索自己的情緒足跡，以及自己經歷過的複雜情緒。

鞏固自己的自我認知

自己對自己最在意的是什麼？必須接受什麼才能更加鞏固自己的自我認知？

步驟二：確認自己的目的，然後再決定要不要提出議題。

目的：希望透過這次談話達到什麼目的？將自己的立場轉變到學習、分享以及解決問題。

決定：這是解決問題並達成目的最好的方法嗎？這個議題真的埋藏在我們的「自我認知型談話」裡面嗎？能不能透過改變屬於自己的原因來影響問題？如果決定不提出來，有什麼辦法可以幫助自己放下？

步驟三：從中立的敘事開始。

將問題描述成雙方故事之間的差異，雙方的觀點都值得討論。

分享自己的目的。

邀請對方加入成為夥伴，一起解決問題。

步驟四：探討對方的故事和自己的故事。

仔細聆聽，以便瞭解對方對於整個狀況的觀點。提出問題。認可爭論及指控背後的感受。改述對方說的話，以便確認自己是不是聽懂了。嘗試弄清楚：雙方是怎麼演變成目前的狀況的。

分享自己的觀點、過去的經驗、意圖、感受。

重組、重組、重組，不要讓談話偏離主題。把真相重組成觀點；把指責重組成探究原因；把控訴重組成感受。

步驟五：解決問題

創造可以滿足雙方重要考量及利益的可行方案。

尋找理想狀況的標準。記住相互體諒的準則；一方永遠在讓步的關係很難持久。

討論如何繼續溝通。

關於高難度對話的十個問題

關於高難度對話的十個問題

1.難道天下沒有絕對的事情嗎？難道不可能有些事就是對的，有的人就是錯了？

2.如果對方就是存心不良，例如為了達到目的而說謊、故意欺負人或擾亂對話，那該怎麼辦？

3.如果對方真的很難溝通，甚至疑似有精神疾病，該怎麼辦？

4.書中提到的方法，可以用在那些具有權勢地位的人（例如我的老闆）身上嗎？

5.如果我是老闆／父母，為什麼不能直接命令部屬／小孩？

6.書裡的觀點，似乎非常美式風格。在其他文化中行得通嗎？

7.如果不是面對面的溝通怎麼辦？如果是透過電話或電子郵件，我該採取哪些不同的做法？

8.為什麼你要建議大家「把情緒帶進職場」？我又不是心理治療師，他們的情緒跟我有關嗎？而且，商業決策不是應該要根據事實嗎？

9.真實世界中，哪來的美國時間可以全都照著做？

10.我的「自我認知型談話」一直卡在「要不就……要不就……」這兩個極端情況：要不就是百分百完美，要不就是糟透了。好像一直闖不過這一關，我該怎麼辦？

1.難道天下沒有絕對的事情嗎？難道不可能有些事就是對的，有的人就是錯了？

有些讀過本書的人會懷疑，我們是不是認為事實不重要，我們是否相信所有的想法都很合理。不論是在實際的個案討論中（要不要關廠、誰是真正的作者、小孩要不要禁足一個月），或是在深奧的價值觀和信仰的討論中（醫療照顧是人權嗎、墮胎是謀殺嗎、我的神才是唯一的真神），都會出現這個懷疑。

事實不是相對的，但有時候很難下定論

事實的確存在，但我們有時判斷正確，有時判斷錯了。以日常的例子來說，晚餐的帳單是三十元，你以為百分之十五的小費應該是六元，可是錯了，因為百分之十五是四塊半。但是，你可能認為百分之十五的小費太少了，百分之二十才是「合理」的小費。這是一種判斷，不是事實。就算這個判斷是根據事實（假設你有去訪問調查，顯示這個地方的人都習慣付百分之二十的小費），但從數學上來看，百分之十五的小費仍是四點五元。這些都是事實，但並不表示百分之二十就是適當的小費金額。

如果你希望對話有意義（尤其是牽涉強烈情緒、龐大利益、複雜觀點的對話），關鍵的第一步就

是明確的將「事實」與意見、假設、價值觀、利益、預測和判斷區分開來。

例如五歲的兒子把晚餐摔到地上，這是事實；但他應不應該受到處罰或應該受到什麼處罰，就是判斷。你今天早上幾點鐘到公司，這是事實；但老闆認為遲到表示工作態度不佳，就是判斷。數十萬人在盧安達大屠殺中死亡，這是事實；但美國應不應該干預，就是利益、價值觀以及假設的問題了。

大部分的事實是可以說明、查證及評估的，但有時很難對事實做出定論。法庭劇就有許多這種例子。證物影片顯示，沒有任何人在相關時間出現。但錄影的時間設定有沒有錯？影片有沒有被剪接過？這些問題一定都有正確答案，但我們很難判斷它們到底是真的還假的。

如果還牽涉到記憶，就更加不確定了。研究顯示，一般來說證人的記憶很不可靠，即使他們事發的當下很專心，一樣不可靠，我們甚至可能會出於下意識而竄改記憶，記錯事件發生的地點，記錯出現的人物，即使記憶本身還很鮮明具體也一樣。

腦部科學家正從神經學的角度，嘗試瞭解記憶的運作過程，也證實了竄改記憶的現象很常見。例如，最近的一些研究發現，我們每次回想或重述一次自己的記憶，把記憶再儲存回去大腦時，實際上就又改寫了一次。即使是在短短的二十四個小時之內，假設某事件被我們描述了十八次，可能就有十八個版本了。

因此，即使是在討論事實，只要兩邊意見不同，就必須去瞭解對方看到了什麼、有什麼想法。為什麼會意見不同？是單純搞錯了？是因為資訊不足？資訊有問題？是選擇性記憶和修正過的記憶？還是事實本身比我們所知的更模糊？

並不是所有故事都同樣合理，要透過「學習型談話」才知道

如果雙方對於事實的詮釋、判斷有不同意見，就更需要瞭解對方故事的基礎是什麼。而這牽涉到「相對性」的問題——對方跟我的說法都很合理，雖然我們常覺得對方的說法看似無理。

我們並不是說所有的解釋和故事都同樣合理。有些解釋的確會比較合理，或至少大部分的人認為比較合理。原因有很多。有些故事把整個情況說得比較完整，也就是說，這個故事有比較多有用的資訊。有的故事裡並沒有包含太多的假設，縱使有的話也不是太極端的假設，或者它的假設與當時的狀況、時間、地點比較有關係。也有些故事的邏輯沒那麼跳躍，或是沒什麼相互矛盾之處。

但同樣的，如果要用這些標準來比較故事的價值，並讓我們有最大的機會改變對方的想法，第一件要作的事是「學習型談話」：瞭解彼此的故事，他的故事從哪來、基礎是什麼，以及雙方的故事如何相關。不管我們想說服的是對手、隊友還是觀察小組，這個動作都很重要。

故事的底線在哪裡？如果認為對方的看法「根本就不對」，請花一點時間，反過來重新檢視自己的假設：對方是否知道一些我們不知道的事？花一點時間檢視自己的想法，試著理解對方的想法，這樣很有幫助。通常，可能各種解釋都很合理。有一幅著名畫作「雙像圖」，有人看到一個老女人，有人看到一個年輕女孩。因此，在瞭解對方想法的時候，先去看合理的地方，先別看不合理的。用自己的話把聽到的重新說一次，說說自己有什麼不同的想法、為什麼這麼想，並問對方聽了之後有什麼反應。找出不同的資訊。對於模糊不清、殘缺的資訊，想想哪裡不一樣，哪裡的假設不同。這樣有助於

解釋為什麼雙方想的不一樣。

當然也有可能，不管我們的「學習型談話」多麼有用，對方就是不為所動，不願承認我們或其他人的看法。若一直無法達成協議時，我們必須開始評估什麼時候應該採取替代方案。不過，大部分的人都太早放棄，在還沒真正瞭解對方的故事、評估對方的故事說完了沒之前，就先放棄了。

在放棄之前，先問問自己這個問題：對方還需要知道什麼，才有可能被說服、改變想法或重新思考他的論點？就算對方表示沒有任何事情可以說服他，我們還是獲得了很有用的資訊：再去試著說服對方只是白費力氣。另一方面，如果對方的答覆比較客氣，我們就看到了一線生機，想想自己能不能滿足對方的需求。（也順便問問自己：我還需要知道些什麼，才能改變自己的想法。）

不論有沒有絕對的真理，人類察覺真理的能力其實很有限

擁有特定信念的人，會認為自己的想法才是絕對不變的真理。跟這種人要如何相處？這些人可能是有宗教信仰的人，依據聖經、摩西五經或可蘭經等神聖的指示來行事。也可能是排斥信仰的無神論者，只堅定相信觀察得到、衡量得到的事實與證據。

不論有什麼信仰，問題都只在於怎樣才能有效談話或不被這些看法給困住。雖然好像有信仰的人比較難說服，我們的答案和任何「學習型談話」中的答案都一樣：尊重並試著瞭解對方怎麼看事情。

如果我們自己認為信仰是絕對的真理，可能就會這樣想：「『相互瞭解』是一般性原則，真理是例外。真理是絕對的，我們要『幫助對方看見真理』。」請別這樣想。我們不可能讓對方跟我們用一

樣的角度看事情。若過度急切的想要單向說服對方，只會拉大彼此間的距離，不可能增加彼此的瞭解。

當然，問題就在於一般人對於什麼才是真理有不同的看法。不管我們有多確定，持不同看法的人也跟我們一樣堅定不移。即使有的團體全心信奉特定的絕對真理，裡面的成員對於真理的應用與意義，也有不同的意見。我們曾在某間神學院舉辦溝通研討會，有幸親眼見證到宗教人士心底對於神最深沈、最細緻的感激：他們是當今社會的道德領袖，也是信徒的「牧人」，面對無窮挑戰，同時又要維持適度的謙遜，因為人類真的難以測度神的心意。現場有位神學家說：「雖然我們是神照著祂自己的形象創造出來的，但我們身為人，自己的理解能力卻很低。我們都有一千瓦特的靈魂，卻只配置了四十瓦特的燈泡。」①

科學家也發現了這個問題。科學家認為，一定有可觀察得到的事實及命題，如物理定律，科學家們也致力拓展人類已知且理解的知識極限。可是這些科學家對於知識的現況，也抱持著健康的懷疑態度。他們知道，下一個科學發現，很可能就會顛覆此刻我們在航太、醫療或粒子物理學等領域所認定的真理。

因此，關鍵問題就不再是絕對的真理存不存在，而是我們有沒有辦法看到，或是可以看到多少。也許，人類唯一可以確定的事，就是沒有任何人可以絕對肯定任何事。不論你信不信神，這就是來自神的真理。

這並不表示，我們不可以熱情地用自己的想法討論我們關心的議題。而是說，在討論時應避免傲慢，應保持適當的謙虛，尊重別人。畢竟，就算是我們自己的觀點，有時候也會隨著時間而改變。同樣的，與我們意見不同的人，也不一定就是壞人或頭腦簡單，他們說不定也已經仔細想過你們爭論的議題了。

如果追尋「真理」是旅程而不是終點，那麼，我們就很需要與看法不同的人好好聊聊，這樣可以照亮我們的盲點，發現、檢驗我們的假設，讓我們更深入、更廣泛的瞭解自己。

我們可以做得更好

撰寫本書時，我們身處的這個世界，正面臨著社會、政治、宗教及道德分裂的挑戰：政府的規模與角色、醫療改革、教育改革、墮胎、同性戀婚姻、移民政策、國土安全、氣候與能源政策等等，當然也別忘了經濟。

在這些議題上，人們慢慢覺得，溫和派的人越來越少，觀點對立的人之間的隔閡越來越大，雙方都懷藏著惱怒和憤恨，雙方都認為自己是對的。為什麼會這樣？因為這些問題太嚴重了，帶來的恐懼太大了，也因為我們都厭倦了冷漠，開始痛恨貪腐、說謊、愚行、包藏在號稱「明智」的作為及公共政策底下的私欲。

本書作者們究竟是怎麼得到這樣的看法？對於這些爭論的實質內容，我們個人抱持的見解並不重要，但我們卻相當重視這個過程。當分歧越來越大、越來越激烈的時候，良好的溝通就越重要，卻也越困難。當想法越來越激情，我們就越有責任看清問題真相，並聽聽不同看法的人是怎麼想的。這種聆聽的目的，不一定是要達成協議甚至是找到共同基礎，但至少應該要瞭解隔壁的人在想什麼。不是媒體、網路、網誌或保險桿上的貼紙及標語，而是我們旁邊的人，或許是對街的人或同一個社區的人。

請看看以下這句話：當我們對自己最關心的問題表現得越激動，就越有可能在心中醜化與我們看法不同的人。這句話可能會讓你很生氣，你也可能很反對這種可笑、以偏概全的說法。但反過來想：如果其他人認為你的觀點自私、膚淺、卑鄙甚或邪惡，你認為他們懂你嗎？他們所聽到、看到的，能代表你看到及感受到的嗎？不能！他們也會把你醜化，可以隨時忽略你而不必面對下列這些事實：你和他們一樣有關心；你也是有原則有信念的人；每個人都有極限、很脆弱，但你卻努力做著應該做的事。

而對方也是一樣。②

---

①Father Dominic Holtz, O.P. 於二〇〇九年二月二十七日，在密蘇里州聖路易阿奎那學會（Aquinas Institute），與Celeste Mueller, Eric Wagner, C.R., Scott Steinkerchner, O.P., Dominic McManus, O.P., Ann Garrido, D.Min., 及 Sheila Heen等人，關於真理研討會（the Truth Symposium Project）的談話。

②這是我們舉辦的「公共議題對話專案」（Public Conversations Project）裡面很重要的一堂課。這個專案的目的，是要讓對於墮胎及同性婚姻等議題持不同意見的激進者，可以進行理性的對話。參加這些「學習型談話」的學員經常會很驚訝的發現，他們內心的價值觀竟然和長期「敵手」的價值觀有那麼多相同之處。通常他們都會瞭解，彼此意見的最大差異處，竟只是對共同關注問題的重視程度有些微差異。而且他們一定會看到「對方」最人性的一面。如欲進一步瞭解，請瀏覽公開談話專案網站：www.publicconversations.org。

2. 如果對方就是存心不良，例如為了達到目的而說謊、故意欺負人或擾亂對話，那該怎麼辦？

我們不太可能百分之百肯定知道對方的動機是什麼。對方展現出一些我們認為是故意或有事先規劃過的打算，說不定只是因為他們碰到某個我們所不知道的刺激之後，突然生出來的魯莽情緒反應，或者是因為他們已經沒有能力保持積極正面的態度了，於是不假思索做出衝動的回應。我們常會很驚訝的發現，有些顯然是自私的謊話，原來竟是某人心裡真正的信念。

不論如何，每個人都撒過謊，而且有時候確實居心不良。當然，很多時候，對方會為了達到目的，有意無意扭曲事實、威脅恐嚇、拖延時間、混淆情況、傷害欺負或誤導別人。

要因應這些情況，我們有三個初步建議：首先，不要鼓勵這種不好的行為。如果我們為了避免爭執而讓步，讓對方為所欲為，等於是告訴對方，惡劣的行為是有效的，然後我們很快就會看到更多類似的行為。

第二，避免「以牙還牙」的反應。要記得，我們的名聲太重要了，重要性遠超過這一次的互動。因此，即使對方說謊，也不值得我們跟著說謊，賠上正直的名聲。

請注意，值得信任和獲得信任是兩件不同的事。如果對方還沒有贏得我們的信任，我們沒有義務要信任他。如果對方使出「激將法」，我們也不要忘了「同時立場」——如果對方說：「難道你不相信我？」我們就回答：「事實上，我還不夠瞭解你。如果你說的是實話，我想你應該可以提出證明或保證。」我們不必一直表示友善，只要專注在自己的目標，並想辦法達成它就好。

第三，試著瞭解為什麼對方覺得他的意圖和行為是合理的。我們常常認為人會做壞事，是因為他個性很卑劣，對方說謊是因為他本來就是壞人。不幸的是，當我們這樣假設，我們就只能兩手一攤——對方沒救了。在現實中，一般人常認為自己的意圖是合理、正當的（例如，都是因為對方先這樣對我），或在當時的情況下，自己會這麼做是為了避免損失。雖然我們可能不同意對方的觀點，但若能瞭解他的邏輯，對情況就很有幫助。只要對方有邏輯，我們就有可能說服對方採取其他合理的措施。

讓我們來看看下面的例子。

柯林的故事

柯林和馬特合夥經營一家網路設計公司，兩人各持有一半的股權。柯林說：

馬特平常蠻講道理的，但是當他真的想要某樣東西時，就會利用憤怒和威脅當手段。有次我們在討論品牌問題，他突然爆怒吼道：「所有東西都要重做，我受夠了你老是打安全牌！」我說我很喜歡公司現在的方向，他就威脅我說：「如果不照我的意思做，我就退股，看誰要買我的股權就賣給誰！」一開始他這樣的時候，我都會讓步，這樣的情形也持續了一段時間。

但是，每次馬特想堅持自己做法的時候，就會拿出發脾氣這一招，而我也越來越不願意繼續忍受他了。所以，最近我開始以牙還牙，他怒吼我就吼得更大聲。但結果只會讓衝突升高，現在感覺好像事情已經失控了。

在這個情況裡，柯林試過讓步以及以牙還牙這兩招，但都沒用。

讓步。有時候是該讓步，例如：我們被說服了，對方確實沒錯；對方考慮得多，我們考慮得少；有辦法比沒辦法好，而且事情也必須立刻解決。但在處理上述案例的這種麻煩時，長期來說，讓步一點用也沒有。讓步等於肯定了麻煩的正當性，而且麻煩會越來越多。

如法泡製：以其人之道還治其人。在某些關係中常常會發生「你來我往」的情況，而且雙方都能接受。曾有人告訴我們：「我們夫妻三不五時就打打鬧鬧的，過了之後就忘了。難道你覺得這樣不行嗎？」我們的答覆是，如果對你們兩人都有效，那就可以。重點是要兩人都覺得這種互動方式很好，而且對兩個人來說，這種互動的意義必須是一樣的。

另外也有很多人覺得這樣的關係讓他們很不舒服，原因是：「對方這樣對我，就是不尊重我，他明明知道知道我會有多生氣。」像柯林這種人，經歷了激烈的爭辯或人身攻擊後，可能要花好幾個小時甚至好幾天，情緒才能平穩下來。

如何因應對方的情緒

柯林覺得被卡住了，原因不難理解：如果讓步沒什麼用，而以牙還牙也沒用的時候，那到底該怎麼辦才好？

首先，反被動為主動。如果可以想像馬特的想法，並找出破口大罵的原因，就有助於解決問題。例如，馬特可能覺得柯林是想透過拒絕改變來威脅他，甚至覺得柯林是故意的，所以他才會發飆。將對方的想法加以深入分析，就可能找到新的有效溝通方式。但我們先假設馬特之所以破口大罵，是因為他真的相信「破口大罵是有效的」。那柯林還能怎麼做？

點出互動模式：明白指出問題。我們在第十一章說過「點出互動模式」這個技巧的優良效果。如果聆聽跟持續努力解決問題都沒用，那就試看看點出兩個人的互動模式吧。

在點出互動模式時，我們必須把談話中看到的狀況明白說出來，然後聚焦討論。重點在於，搞清楚對方做決定的潛在規則是什麼。在這個案例中，每當馬特希望柯林同意他的想法時，就採用下列潛規則：「只要我一生氣，就得照我的意思做。」如果是這樣的話，很明顯這並不是經營公司或維持工作關係的好辦法。如果改用「你來我往」這一招，問題就更明顯了：當雙方都用這一招，結果會變成怎樣？如果根據誰哭喊得比較大聲，來決定資源要分配給誰或選擇哪一個行銷活動，這樣的企業是不會成功的！

點出互動模式時，柯林應避免針對馬特的意圖下結論，因此不該說：「你想利用發脾氣來堅持自己的做法。」馬特可能不知道或不承認自己在發脾氣，而且很可能會對於利用發脾氣達到目的的說法很不開心。這樣一來，對話就會變成無謂的爭辯，開始討論馬特到底想做什麼了。

其實這時候柯林應該從「中立敘述」來描述眼前的困境，並請馬特一起來解決問題：「你堅持要重做我們的品牌宣傳資料，而我希望維持現狀。現在我們意見不同，該如何決定怎麼做？」如果馬特回答：「如果不照我的方法做，我就不幹了。」柯林就可以點出當下的互動模式：「所以，決定事情的方法之一就是根據誰比較想不幹了。這種決策步驟，好像不太健康，也不太能做出最好的決定。我想，比較好的方法是先退一步，重新看看我們為什麼要做這些東西，然後再……」

點出互動模式可以立即讓事情變得中立（透過中立敘述來達成），而且也可以讓雙方保持中立（柯林不能強迫馬特，但馬特也不能強迫柯林）。柯林的立場很堅定，鎖定在單一主題上：「你可以來說服我，但我目前還沒被說服，而只有我才能決定什麼時候要被說服。你生氣只表示你的感受很強烈，但我要看到可以說服我的實際數據、理由以及原則。」

把後果說清楚。根據柯林的描述，很難真的知道他到底有多生氣。是對馬特的行為有點煩嗎？還是覺得自己像個受氣包？如果是後者，柯林可能會想要發表一份「適可而止」的聲明，要求馬特克制他的脾氣：「我已經受夠了你的咆哮和恐嚇，而且我不要再繼續容忍下去了，你最好適可而止。」

若只是在自己腦子裡演練這招，感覺似乎不錯。但是，當我們仔細思考這招到底有沒有用的時候，問題就來了。想想看，當柯林發表他的聲明時，馬特的心裡又在想什麼呢？他可能會想：「柯林你瘋了，我又沒生氣。」或「這只證明你太敏感了。」或「別指揮我該怎麼做。」或「我就是比你暴躁，那又怎樣？」

另一個要思考的角度是，從馬特的立場來看，當他對柯林說他受夠了柯林的安全牌的時候，就已經做出了他「適可而止」的聲明了。那份聲明並沒有對柯林產生什麼好影響，因此我們也沒什麼理由相信，如果柯林對馬特做相同的聲明，會產生什麼好結果。

所以，我們必須提供一些不同的建議：柯林可以在腦子裡堅持適可而止，堅持是對的，但不要想去掌控馬特（真的去叫他適可而止），而應該專注於柯林自己看到什麼、想到什麼、需要什麼以及會做什麼。重點可能包括：

- 這是我所看到的。
- 這是對我產生的衝擊。
- 你可能不同意我的看法，或覺得你自己的行為是合理的。
- 重點不在於我們之間誰對誰錯，重點是我不能接受目前的互動方式。
- 你要改變這種行為。
- 如果繼續這樣，我就會這麼做。

柯林並沒有「堅持」自己是對的，他只是「認為」自己是對的，但他無法真正「知道」自己是對的。他唯一能肯定的是，自己沒辦法接受馬特的做事方法，柯林需要馬特搞清楚這一點。他不想控制馬特，只是想要給馬特一些資訊，讓馬特能明智的選擇要不要改變、要怎麼改。當然，要採用這個方法之前，柯林必須仔細思考，如果馬特不改變會有什麼後果，並跟馬特說清楚。

以上提到的策略，也可以用來對付其他的負面行為。如果對方老是改變話題，或利用對話來攻擊我們，我們就當先盡量瞭解對方在想什麼，並敞開心胸誠心解決問題。但如果對方依舊故意轉移話題或出言威脅我們，我們就可指出當時的互動模式（第十一章有很多範例）。最後，有必要的話，就告訴對方，如果對方不改變的話，你會怎麼做。

3. 如果對方真的很難溝通，甚至疑似有精神疾病，該怎麼辦？

本書一再談到，人跟人之間的互動很複雜，我們的互動會有麻煩，是因為不同的人針對風格、行為、假設以及利益產生了衝突，而不是因為有人是絕對的好人，有人是絕對的壞人。

雖然如此，但有些人真的就是比較不好相處。

抑鬱症、焦慮、躁鬱症、上癮、強迫症、自戀、注意力缺失症以及其他精神病症（程度從輕微到嚴重各有不同）都可能讓人變得很難相處，①讓朋友及同事擔心，使得效率降低，自己的心情沮喪又絕望。若你曾和患有精神疾病的人一起生活或工作過，就一定都知道這有多難。面對精神疾病患者，良好的溝通技巧或許有用（許多種對話技巧其實最初都是為了因應這樣的情況而發展出來的），但更重要的應該是家人、同事、社區以及精神醫療專業人員的支持。

至少還有另外兩樣東西可以幫得上忙。首先，雖然我們常常把精神病患者的想法及行為說成是「瘋了」或「沒道理」，但事實上，許多症狀裡頭是有它的道理在的。某些強迫症患者會覺得，他必須要遵循特定行為模式，否則後果很可怕（雖然這些後果通常都是幻想出來的）。而其他人往往會覺得他的想法根本沒道理，難以接受。但這其實是一種自我治療，病人用這些模式來對抗焦慮。

同樣的，成癮的症狀也有它的道理：上癮是追求一時的快樂（或降低痛苦）、逃避眼前的痛苦。

如果我們的目標是「只要拖過今天」，那麼「忽略明天更大的痛苦」的這種做法，就有道理了。但這並不因此就表示這個道理是對的、合理的，或可以當成一種好的選擇。

如果我們可以深入瞭解這種疾病，就比較容易理解我們關愛的人或同事的行為，比較容易知道我們能不能或應該怎麼幫助他們，也更知道我們無意間做的哪些事會導致他們的病情加重。

畢竟，在對抗抑鬱症、躁鬱症以及精神或情緒疾病的過程中，病人絕不是故意要打擊或傷害身旁的人。相反的，這些疾病扭曲了他們的世界觀，而他們通常都已經在盡力處理這一切了。可是，這也不代表他們因此就不必對自己的行為負責任。讓我們提醒自己，對方做出這麼多讓人不開心的事，是因為他病了。這樣想的話，我們就沒有那麼不舒服了。

請記得，除了臨床診斷出來的精神疾病之外，其他不是那麼極端的情況也可能嚴重妨礙人際關係：有些人的情緒難以捉摸、容易生氣、多愁善感、自私或極端不願敞開心胸以不同的角度看事情。例如我們順口問問同事假期過得如何，她立刻反擊說她「只請假三天而已！」她的這種反應，彷彿是要為自己開脫罪名似的。但如果你能瞭解，她誤把我們的問題「理解」成指責：「為什麼度假度那麼久？」那麼你就比較能體諒了。

我們偶爾都會逕自認定對方有不良企圖（這是第三章的重點），但有些人卻是常常認定別人有不良企圖，而且自己還非常堅持（「我知道，那就是在指控我！」）這樣的想法不但會逼瘋人，而且還會讓人一直鑽牛角尖。

遇到這類情況時，最好能記得，我們是沒辦法控制結果的。我們不可能強迫對方改變，或做我們要他做的事。此外，如果我們把「可以叫對方做這個做那個」當成對話成功的指標，就等於是讓對方掌控了對話的結果，搞得自己更生氣。我們的目的應該是盡力促成良好的互動，並確保自己的行為不會讓別人不開心，也不會變成麻煩的原因。

只要記住上述的提醒，就會有很多方法可以改變困境。雖然情況、情節各不相同，但一定要先試著瞭解對方在想什麼、為什麼這麼想，不論我們覺得他的理由怎麼那麼奇怪，怎麼跟我們想的差那麼多。讓我們用下面這三個例子來詳細說明。

艾蒂的故事

艾蒂的媽媽和阿姨蘿繽長期不合，因此艾蒂也很難做人：

蘿繽阿姨一直說我媽多自私、恐怖，而且還要我同意她的說法。這五年來，我一直很溫和但堅定的為媽媽辯解，也努力讓蘿繽阿姨不要有這麼偏頗的想法。但蘿繽阿姨在電話裡簡直就像在嘶吼，瞎扯一些陳年往事：「妳媽老是怪我從來都不記得給她孫子寄生日卡片！真是沒良心又撒謊！」我想冷靜解釋我媽的想法。沒用！我也曾試著讓她瞭解，她這麼說對我有什麼影響：「蘿繽阿姨，每次妳說我媽壞話的時候，我就好難過。」沒用！我試著同情她，承認她很委曲、很辛苦。沒用！我指出蘿繽阿姨對於這段不和的關係也要負責任。沒用！有時候我也生氣了：「妳竟敢這樣說我媽！」一樣沒用！

三個有用的對策

「幫忙」和「改正」不一樣。艾蒂知道蘿繽阿姨孤單又難相處，而她想要讓蘿繽阿姨感覺舒服一點，所以決定和蘿繽阿姨往來。至少這是艾蒂表面上以為的。但如果她再深入一點思考，就會發現自己的動機不僅僅是幫助蘿繽阿姨，還想改正她、改變她的行為。艾蒂對於該怎麼講話以及該怎麼相處有自己的想法，她希望蘿繽阿姨可以符合她的期望。

但這樣的改變，其實已經不是艾蒂可以控制的了。在艾蒂的心中，自己就像是《野獸冒險樂園》（Where the Wild Things Are）裡面的海上孩子王麥克斯。麥克斯有一次因為船難漂流到一個荒島，上面有很多隻超壞的恐怖「野獸」。他揮舞魔杖、口唸咒語「不許動」，那些野獸就真的一動也不動了。

在我們的世界可沒這種事。我們必須拋棄這種控制的幻想（雖然很難），才能展開有效的改善之道。

想想蘿繽阿姨怎麼看這件事。在這些對話中，一定有對蘿繽阿姨來說很重要的事，否則她不會一直嘮叨個沒完沒了。「連結」對她來說很重要，處得不好總比老死不相往來要好。蘿繽阿姨可能想要被人疼愛，有家的感覺，以及在家庭中有個重要的角色。除此之外，蘿繽阿姨這麼沮喪，我們可以推測她覺得沒有人願意聽她說話。她想要告訴別人她很氣自己的姊姊，卻沒有人想聽。艾蒂必須承認這些感覺的確存在，並把對話帶往另一個方向。

對話方向大轉變。艾蒂可以努力把談話帶到另一個方向。通常這不是個好點子，但如果事情一直卡在原地，或完全搞錯方向，還不如從不同的方向引進一些活力。

例如艾蒂可以這麼說：「我媽當然是插在妳屁股上的一根刺！為何這樣，我也不知。也許我們家每個人都是別人屁股上的刺！但我知道，我媽愛妳，妳也愛她，這一點對妳們倆都很重要。」

這種說法可能有效的原因有幾個：首先，這樣有點搞笑，輕鬆愉快的口吻可以讓對方覺得問題沒那麼嚴重，又不是世界末日。第二，一開始就很同情蘿縯阿姨。艾蒂承認媽媽是插在屁股上的刺，看起來似乎是背叛了媽媽，但也可能是事實（某種程度上來說，任何人有時候都可能是根刺，尤其是在家庭裡面）。況且，過去這幾年裡，蘿縯一直努力勸服別人聆聽她的沮喪，要別人別再幫她姊姊辯護。第三，這句話傳遞了愛。透過「妳們彼此相愛，而這一點對妳們倆都很重要」這句話，艾蒂讓蘿縯阿姨感覺被愛，感到她在家中也有很重要的地位，她就不會那麼害怕孤單了。②

彼得的故事

彼得是露西的老闆，兩人在一家大藥廠工作。彼得說：

露西是一位很聰明的科學家，工作非常努力，在實驗室裡的直覺很準，但跟她一起工作卻很辛苦。如果有任何人想要給她一點意見，她會很強硬的拒絕，說出一大堆理由如對方的看法錯了、這是偏見、這種說法太政治化等等。我最近因為她兩位屬下抱怨她太嚴厲而找她聊，她的回答是：「這要看問題是哪來的。」然後又補充說，她最近已經改善口氣很多了，也已經試著表達對同事的感激，因此她覺得那兩位屬下想要用這種方式來打擊她，真是格外可惡。我問說他們的感受有道理嗎，她說完全沒有道理，而且顯然他們之所以攻擊她，就是因為忌妒她很專業。

三個有用的對策

認清「盲點」。彼得的故事顯示，露西的觀察能力不良。在整個過程中，露西完全沒有發現憤怒、防衛、厭惡、脆弱等的任何訊號，這就是我們所說的「盲點」。溝通上常常出現的三大盲點是語氣、臉部表情以及肢體語言。聆聽的人會非常清楚的觀察到這三點，但發言的人卻不會。「我是很氣他們沒把事情做好，但我什麼也沒說，他們怎麼會知道我生氣？」他們當然會知道，因為對他們來說，這個訊息是用非口語的方式傳達出來的，只是說話的人沒有發現罷了。

對露西來說，這表示她漏掉很多資訊，沒有去瞭解對方為什麼會這麼做。從露西的角度來看，她已經改過自新了，她對人很好，又能包容能力差的同事。她沒有發現自己一些細微的小動作（例如翻白眼、嫌惡的語氣），其實會帶來很大的影響，並且一直造成問題。然後，當其他人認為自己被她虐待的時候，她會認為「可是我沒有虐待他們呀！」她搞不清楚，為什麼明明沒有虐待他們，他們卻要說自己受到虐待呢？她相信，他們對她有負評，背後一定有陰謀，他們都是愛忌妒、有野心、愛抱怨又難相處的人。

露西認為，針對她的所有負面意見跟反應，都是不公平的。原因就在於，她是真的認為不公平，這也是她唯一想得到的解釋。

以下兩樣東西或許可以讓露西突破自我封閉，開始去感受外界。

讓露西看見她遺漏掉的訊息。如果露西看到自己在錄影中的表現，或許就可以發現她一直沒有察覺的行為了。假設別人用同樣的行為（翻白眼、嫌惡的語氣）來對待露西，而她自己也察覺到對方的那種細微小動作，則當她在錄影中看到自己的這種行為，應該就可以辨識出來。當然，這個過程可能很痛苦。如果露西恍然大悟，原來她以前不知道自己竟然是用這樣的方式在溝通，那麼露西就比較容易接受部屬對她的負面意見。然後，彼得也就可以和她一起重新思考她部下的問題該怎麼處理。

思考別人的觀點代表了什麼。或許彼得也可以說：「先不要管這些抱怨是不是真的。讓我們假設，如果是真的怎麼辦？代表什麼意思？對妳又有什麼影響？」

我們知道，一般人之所以不斷爭論事實為何，原因就是其他人的想法威脅了他們的自我認知。思考別人的觀點，就可以直接處理問題，也許可以讓彼得幫助露西找到一個好方法，降低露西的心理衝擊——露西會比較願意接受，原來她的行為，產生了她意想不到的結果。

馬坦的故事

馬坦的團隊很不喜歡新來的老闆：

以前的老闆很好相處，也盡量根據事實來做決策。如果我們有不同意見，可以很放心的跟他提出來，至少他也會聽。但新來的老闆就很有階級意識，甚至有點獨裁。他很少鼓勵我們提問，有時候不願聽我們的問題，我們感覺得到，如果不照他說的去做，下場一定很慘。我們不想讓他這樣亂來，所以想要反抗他，但每次都立刻讓衝突升高。不管我們對他「點出互動模式」還是要求討論，都不管用。

三個有用的對策

恐懼也會引起反擊。有位顧問分析，在馬坦的案例中，那位新老闆面對這些衝突的時候，其實很害怕。馬坦知道，新老闆野心很大，也想要讓自己隨時看起來都是個成功人士。而顧問的分析點出了一個事實：每逢部屬提出新老闆沒想到的建議或問題時，部屬跟新老闆就會產生衝突。顧問相信，新老闆其實是在擔心，部屬的建議可能會讓他丟臉、難堪、下不了台。

把關鍵問題說清楚。顧問建議，馬坦和團隊成員不要像之前那樣，什麼都要問得一清二楚並堅決反對了。不妨直接問新老闆究竟在擔心什麼：「如果我們往這個方向走，你擔心會發生什麼事？」當他們這麼問的時候，很驚訝的發現其實老闆早就想過了，他講出了一種可能發生的不利狀況，而團隊中竟然沒有人想過這個狀況可能出現。團隊瞭解老闆的擔心之後，反而能開始正視問題，處理問題：「其實我們也會擔心吔！所以，讓我們確保那種狀況不會發生吧。如果我們保證不讓這種狀況發生呢？」結果，整個團隊也沒有料到老闆竟然會這麼回答：「沒問題，只要確定這個狀況不會發生，你們想怎麼做都行！」

兩個小提醒

請記得，問題的發生，大家都有責任。我們不要輕易認定有些人比較難相處，因為這樣很容易讓我們覺得這件事跟自己沒關係。如果我們拿出挑釁的態度，會讓本來就很難相處的人變得更難相處。我們應該隨時思考：自己是否有意或無意製造出困境，或讓情況變得更難處理。想要看清自己的問題並不容易，所以可以請跟這件事沒有利害關係的中立觀察者幫忙。

耐心和堅持會有回報。如果有人不肯承認自己要對某種狀況負責任，原因通常是他擔心自己的自我認知受到了威脅。這時候，對方可能就需要我們去幫他，找出好方法，和他討論他的責任是什麼，同時又要維護他的自我認知，幫他更仔細的觀察自己。

很多人不熟悉「各種觀點都可能是合理的」、「問題的發生大家都有責任」、「找出原因，不要歸咎」、「人不是完美的」等說法，他們需要一點時間才能理解、適應這些說法。如果你遲遲沒有看到對方改變，請不要太早放棄或覺得驚訝。很可惜的是，往往當對方開始逐漸敞開心胸配合的時候，我們已經心灰意冷，因此沒有發現到對方細微的改變。

---

①我們通常會認為某人要不就是「有精神疾病」，要不就是「沒有精神疾病」；要不就是「有問題」，要不就是「沒問題」。但其實這不是有或沒有的問題。學者John Ratey 和 Catherine Johnson 在他們的著作《影子綜合徵狀》(Shadow Syndromes) 中主張，有些人雖然臨床診斷並沒有精神疾病或人格分裂，仍然可能出現生理引發的病狀，也就是一些知名病症的「影子」形式，例如強迫症、抑鬱症、焦慮、成癮以及盛怒等等，而這種病狀恐怕比我們想像的多。

②二〇一三年十月十三日《紐約客》雜誌刊登了一篇文章，內容提到想從舊金山金門大橋跳海的人。文章中說，有一位名叫凱文的機車巡警「擁有特殊的本領，可以知道誰想要跳海，並且說服他們打消死意。他已經成功說服了兩百多個想要跳海自殺的人，而沒從沒有在最後關頭失誤。」凱文的技巧是，不直接談要不要跳海，而是採用讓話題大轉彎的方式。他會問：「你明天有什麼計畫？」如果對方沒有計畫，他就說：「那我們就來約個計畫吧。」如果露西感受不到別人的那種訊號，就代表她可能患有類似自閉症亞斯伯格症候群。不過她在其他方面具備高功能，如果給予一些協助，她就很有機會提高對於她自己以及他人這一類訊號的認知能力了。

4. 書中提到的方法，可以用在那些具有權勢地位的人（例如我的老闆）身上嗎？

應用本書的技巧來進行下對上的溝通，當然比上對下的溝通要難太多了——不管你是想在公開會議上還是一對一的對話上和老闆唱反調。雖然許多老闆都說，他們希望部屬勇於挑戰權威，但實際上只是說說而已。假如員工曾因提出尖銳的問題而受到懲罰（就算只是很小的懲罰），以後就再也不提了。人都是參照外界的潛規則來決定自己的行為，而不是參照官方說法。

我們並不鼓勵各位讀者單純因為覺得「這是對的事」或者是覺得很刺激，就貿然開口說話。這本書的目的也並不是要教導各位滿懷正義，大聲說出該說的話，然後慘遭炒魷魚。基本上這是成本效益的問題。雖然偶爾真的有些正當的原因，值得你大聲說出來，就算被開除也不足惜，但大部分情況並不是這樣。發表意見的後果很少會那麼慘，而且常常會有看不見的好處。若你充滿自信，有技巧的發表意見，或許人們在短時間內會討厭你，但長期下來一定可以贏得同事甚或老闆的尊敬。而且，很多時候，發表意見一點也不惹人討厭。

不同的人會有不同的感受，所以發表意見才這麼困難。調查顯示，很多老闆都相信自己在員工眼裡是效率高、會做事、有愛心的老闆；但實際上沒幾個員工是這麼想的。這也不意外。

那該怎麼辦呢？

運用影響力。讓我們先分清楚兩種力量：控制力和影響力。控制力是單方面讓某件事情發生的能力，而影響力則是影響別人想法的能力。在某些範圍內，老闆的確握有控制力，可以不經過討論就把我們開除或調去其他部門，或叫我們去做吃力不討好的事。（當然這樣講有點誇張。通常會有一些正式或非正式的規則，約束老闆片面行使權力。）

相反的，我們不可能開除老闆或把他調走。事實上，如果你明確的承認他們才是做決定的人，反而更可以讓他們願意聽聽你的想法。因此，我們可以跟老闆說：「我知道你必須想很多，總之，你決定要怎麼做，我就照做。而我只是想確定，當你在思考這件事情的時候，有幾個重點你有想到……」這時候老闆可能更願意接受我們的影響力，因為他們不必採取防衛姿態保護自己的地盤。我們已經給他們清楚的訊息，承認他們的地位，這樣可以幫助他們放鬆聆聽別人的意見。

然後，我們才告訴老闆我們在關心什麼、為什麼會關心。許多人都聲稱自己「已經用盡辦法」去影響老闆，可是當我們問：「你有沒有告訴老闆，這件事對你很重要？」他們居然回答說：「我覺得老闆一定知道啊！」原來，他們從來沒有認真的說出來「這件事對我很重要」。

明確說出某件事對我們有多重要，以及為什麼它很重要，就會對其他人產生影響力。雖然對方不一定會被說服（這還要看我們提出的論點，以及有哪些要考量的事），但這種說法一定會有影響力。目的不是要威脅老闆，而是提供他必要的資訊，幫助他做出明智的決定。

經常有人問我們，如果對方是自己的老闆，要如何討論「問題的發生，大家都有責任」（也就是本書中講到的「原因系統」）。大部分情況下，我們或許無法告訴老闆：「當然，有部分是我的問題，但你的問題比較多！」但這並不表示我們就不能討論這個話題。不論老闆承不承認，不管是什麼問題，他們一定都是問題的一部分，只是程度多少的差別罷了。老闆的問題可能是：他真的很難相處、他太相信自己的想法、他期待我們看出來他的想法、他明確告訴我們不可以問問題、他說要聆聽大家的意見，沒想到真正表達意見的人卻被懲罰了。

使用請求的語言。問題要怎麼說出口才好？方法之一是使用所謂請求的語言，不要用「問題的發生，大家都有責任」這種語言。不要說：「我之所以沒辦法準時完成，原因是你一直等到星期五下午才叫我做。」而可以說：「我保證不會再發生這樣的事了，我們已經確定要重做甲、乙、丙這三件事。另外，如果比較複雜的案子可以給我長一點的前置作業時間，那麼應該對我很有幫助。如果是星期三就給我這個任務，而不要等到星期五，我就可以在新案子和手上的案子以及既定的行程之間做一些調整。你覺得這個提議怎樣？」

聆聽。有趣的是，請求及聆聽也很有說服力。第九章說到，聆聽不僅僅是接收資訊，好的聆聽可以影響對方，幫助關掉對方內心的聲音。如果對方感覺到我們在聽他說話、認同他所說的，就會更願意聽我們說的話。聆聽也可以幫助我們瞭解對方關心的是什麼，這是創意解決問題的基礎。

幫老闆說出重點。好好的跟老闆解釋：大家來談一下可以帶來的好處：「我希望這個案子可以很成功，所以需要多一點的協助，幫我詳細瞭解整件事情，這樣案子才能順利進行下去。」當然，如果希望這個方法成功的話，我們必須敞開心胸學習。如果我們對話的目的只是要證明老闆錯了，那我們也就危險了。如果對話前我們心中已經有成見，就很容易會遇到問題。

敞開心胸學習，並不等於放棄自己的想法。如果我們不懂新老闆的點子，那麼對話的目的就是「弄清楚自己可能漏掉了哪些資訊」，以及「我們可能知道哪些老闆不知道的資訊」。畢竟，如果新的老闆提出一種特定的做事方法，那麼就算部門裡面的老鳥都認為這點子很瘋狂，也應該去探究一下，老闆的建議是否有他的道理。

如果老闆不願意繼續對話了，可是團隊又很希望繼續對話，那麼就應該重組對話（前面說過，重組就是擷取對方話中的精髓，轉化成更有幫助的概念），指出雙方的立場：「我知道大家都想趕快結束，同時，我認為，對我們更重要的就是這個案子要成功。我雖然也非常希望可以成功，但對自己是不是可以完成任務沒有什麼信心。具體來說，我有想到幾個反對意見，如果我們知道怎麼回應這些反對意見，一定會對事情很有幫助。例如……」

如果老闆拒絕討論我的問題／我們的關係，該怎麼辦？首先，跟嚴謹的老闆一起工作時，最好不要蜻蜓點水式的現在聊一下，待會又談一會兒。應該跟老闆約好一段時間，專心跟他談。

要怎麼開始會議？用中立的敘述來說出自己心裡在想什麼，並指出老闆為什麼應該要關心這件事。例如：「我想談談鼓勵同事們提出議案的方法，因為我覺得這樣對士氣和生產力會有影響。」「我想談談在會議中針對你的看法提出反對時候，最好要怎麼提。你有什麼建議？」

我們不可能強迫老闆談特定的問題，但我們自己可以堅持下去。如果老闆認為繼續談下去只會顯得我們有多遜多弱，這樣就很難堅持下去了。所以，事前的充分準備就非常重要，請先做好功課，盡量試著擬定解決方案，這樣，跟老闆談的時候，就可以自信地說：我已經盡力了，最後才來找老闆，因為老闆才能夠搞定一切。

老闆濫用職權時，我該怎麼辦？史丹佛商學院教授羅伯・薩頓（Robert Sutton）在他的《拒絕混蛋守則：建立文明職場，在不文明的職場中生存》（The No Asshole Rule: Building a Civilized Workplace and Surviving One That Isn't）一書中教導讀者如何應付職場中攪亂我們生活的那些「惡棍、無賴、渾球、暴君、虐待狂、獨裁者、毒舌、自大狂和其他各種各樣的混蛋」。作者描述了這種人會如何打亂我們的情緒、影響身體健康和經濟狀況，然後建議：「不管這些人對你的事業有多重要，絕不要容忍。」實際上，很多人基於各種原因，還是忍氣吞聲。

霸凌的原因可能很多。（順便一提，不一定只有老闆才會霸凌，而且研究指出，女性跟男性一樣都會是施暴者。）霸凌者可能患有精神疾病或情緒障礙，或者後天的經驗讓他們學到，如果他們想要為所欲為，最簡單好用的方法就是霸凌別人，或者他們以為他們特殊的企業文化就是要霸凌。對於某些人而言，這種態度是因為他們相信，可以隨便發飆就代表自己很成功。

這些行為有問題的人，通常都不知道原來自己是這樣的人。請看這個例子：你告訴老闆，你的團隊沒有達到第三季目標，他聽到以後火冒三丈，狠狠罵你和團隊成員、客戶以及他認為應該負責的任何人。你提醒老闆，他看起來氣炸了，但他回說：「我沒有生氣；只是數字實在太難看了。」從他的角度來看，憤怒只是他調適自我情緒的方式：好像只要有「原因」，發個脾氣「也沒什麼大不了」。不過這樣的心態會讓問題更難解決。

跟濫用權力的人交手時，往往會牽涉到我們的自我認知。我們會因為對方使出憤怒及羞辱的技倆，就對自己沒自信，認為自己沒價值。其實，我們不要被他們的話影響，但也可以思考一下他們說的是否有道理。我們可以想辦法評估自己的工作成效。雖然說起來簡單做起來難。但努力嘗試一定會有用的。

有時候最好的策略就是避開問題，改用其他方法達成目的，只有在必要的時候才和那種人打交道，盡量培養其他人脈，盡量避免衝突。同時還應該跳脫「零和」的心態：或許我們想要休一個禮拜的假，卻只得到連三天的長週末，這樣也可以了。有個我很想要的任務，卻分派給了別人，不過我可以在這個任務中提供意見，那也不錯了。累積一些小的收獲，長時間也就可以心平氣和的面對其他情況了。

你也要熟知體制內的正式申訴管道。如果老闆不好相處或濫用職權，我們可以向人力資源部反應，或向工會投訴。如果老闆不願意好好溝通，可以結合多位同事聯名提出問題。如果再也受不了老闆的行為，我們可以提出警告：除非他改正，否則我們就辭職或採取其他行動。

最後，我們可能會發現自己面臨兩個選擇：「有什麼替代方案？」「這樣值不值得？」我們並不是說，如果看不到其他解決辦法，就應該辭職（尤其如果還有家人需要我們扶養）。但有時候只要知道還有退路，就能有信心對抗霸凌行為。建立信心最快的方法，就是知道在最壞的情況下也活得下去。

面對這些複雜的情況時，薩頓教授做了一個很有說服力的總結：如果覺得困住了，就可以……告訴自己，這些濫權的行為不是我們的錯，也不會神奇的自動消失，用這樣的方式保護自己的身體和心靈。我們也可以勇於迎接有機會獲勝的小戰鬥，這些小小的勝利可以讓自己感覺能夠掌控情況，並有助於改善狀況。如果我們繼續堅持戰鬥，就會有更多人加入我們的行列，久了之後，每個人都會過得更好。但這些建議也有缺點：可能會讓人們安於不良的現狀——即使有機會跳脫。

5.如果我是老闆／父母，為什麼不能直接命令部屬／小孩？

可以呀！常有讀者誤解我們，認為我們反對做決定與執行決定，認為我們覺得言談比行動重要，以及誤認為我們主張每個人的發言權是平等的、除非所有人都同意否則什麼事也不能做。

其實這些都不是我們的主張。不論你是公司執行長還是父母，我們都希望你能夠儘早做出最好的決定，清楚解釋你的決定，並對這些決策的執行和結果負責。

可是，不管你是負責決策、負責執行還是負責解決問題，往往不可能透過「交代下去」就搞定一切。在做決定的時候，最好能分清楚自己是在做下列哪一類事情：

- 命令（我決定，然後告訴你我的決定）。
- 問意見（我問你有什麼意見，然後我決定了之後再告訴你）。
- 尋求雙方共識或協商溝通（我們一起決定）。
- 授權（你決定）。

不論你選擇的是哪一類，請務必告訴對方你對他的期待是什麼。如果你是在問他有什麼意見，而對方卻以為你是在尋求雙方共識，那麼當對方知道你聽了他們的意見卻不接受的時候，可能會覺得很驚訝。關鍵就在於一開始的時候，每個人都要搞清楚自己的角色。事先講清楚，總比已經做出他不喜歡的決定後才跟他再講要容易得多。

我們都有過這樣的經驗，別人告訴我們：「責任是我在扛，叫你做什麼你就給我做什麼！」「這件事交給你了，好好做，準時交！」「午夜前給我回來，不許喝酒！」「叫你的班底給我好好合作，全心服從我的命令！」

聽聞前述命令的人，通常都沒有照做；就好像我們猛踩油門，車子卻一動也不動。車子不在乎我們怎麼規定它，車子也不會關心我們要去哪裡，車子更不會在乎我們是不是氣炸了。但我們知道有一件是肯定沒用的，就是繼續猛踩油門。可是，這就是老闆及父母常做的事：我們只會不斷的「吩咐」，即使沒有得到預期的結果還是繼續「吩咐」。

如果車子拋錨了，我們第一件要做的事就是找出原因：沒油了？傳動系統有問題？電池沒電了？

我們想要影響別人行為的時候，常常就是跳過了這個步驟。他們為什麼不照我們要求的做呢？本書提出的一個答案就是「原因系統」（出了問題，大家都有責任）。當事情不對勁的時候，不太可能由單方面獨力改正。如果問題是我們和員工共同造成的，那麼，單向的命令就不太可能解決問題。

不過，進行雙向溝通也不表示就要我們放棄老闆或父母的角色、權利及義務。一切又必須回到「同時立場」的概念。

讓我們來看看親子之間的關係。青少年可不可以酒後開車？不可以！這點無須徵求孩子的意見。

但在你清楚、堅定的傳遞這個訊息後，對話還沒有結束，我們還必須聽聽孩子怎麼想，有什麼感受，他們有沒有疑問。

這時的聆聽，並不是因為要針對「不可酒後駕車」的規定進行協商，而是因為這個規定還有一些相關的問題需要說明或解決，尤其是能不能確實遵守的問題。吸毒爽一下和喝酒一樣嗎？只過兩個路口算不算是開車？孩子最好用什麼方法聯絡我們？如果孩子還沒成年就喝酒，然後打電話要你去接，你會怎麼處理？你的孩子在喝酒、趕流行以及性行為方面有些什麼壓力？要怎麼處理這些壓力？

讓我們再看一個職場的案例。你已經決定一名員工必須留職觀察，那麼除了告訴他這件事外，還要討論什麼嗎？畢竟，你都已經決定了。

請記得「同時立場」。身為老闆，你已經做了清楚、堅定而不可改變的決定。同時，如果想要瞭解問題的各種原因，建立人與人之間的互動並改善工作關係，以及確定你有把決定和後果都說清楚，就需要有一次雙向的對話。

雙方的對話可能會像這樣開始：「我懂，你認為留職觀察的處分並不公平，讓我們來談談這件事。我想聽聽你的看法，也想說說我的看法。但在開始之前，我想先澄清一下，我並不是在跟你協商這個問題，也不是想跟你共同做出決定。我已經做出決定了。跟你談的目的是弄清楚為什麼我們對這件事的看法差這麼多，以免之後再碰到同樣的問題，這樣或許我可以更有效的協助你。」

這就是已經做了決定，但仍然需要雙向溝通的例子。現在讓我們看一個相反的例子：已經做完雙向溝通，但仍然需要做決定。請想像一下，你剛剛和一位員工進行了一次有效又深入的學習型談話，他每次的工作都遲交，你已經知道你和他在這個情況裡分別有什麼問題，也檢討過組織跟體制如何拖慢了他的效率，你也依據本書第四章「建立了原因系統」。

現在是做決定的時候了。員工希望的結果是解決各種拖慢他效率的問題，也就是說，他會改正他的問題，你要改正你的問題，同時要解決組織跟體制的問題。他相信，這樣他的生產力就會大幅上升。

你有不同的看法。在仔細考慮這個問題之後，你認為，因為有些關鍵問題是那位員工沒辦法控制的，這表示他能力不夠，沒辦法做好他在組織中扮演的角色。改善其他問題是會有幫助沒錯，但還不夠。你認為還應該將他調到責任沒那麼重的職位上。

該怎麼做呢？如果你是該做決定的人，就做決定吧！討論過你們雙方各自肩負的責任之後，可以讓你更清楚知道問題的原因在哪裡，也可以幫助你做出明智的決定。對話之後可能產生好幾種解決方案，但不會更換做決定的人。

每次一定要從聆聽和探詢開始嗎？

不用。我們在第十一章說過：「每一刻，都是聆聽的好時機。」意思是說任何時候都可以聆聽。如果所有事情都一樣重要，先聆聽當然會比較好。但事實上並不是所有事情都一樣重要，所以總會有例外的情況。讀者如果以為只需要聆聽就可以讓對方接受自己的看法，那麼可能會很失望。例如，如果老闆想要談談員工的工作效率問題，可能會有如下的談話：

老闆：在準時完成工作這一方面，你覺得自己表現得如何？
員工：很好呀！
老闆：但你不覺得有好幾次延誤了重要的事情嗎？
員工：其實並沒有真正延誤到。
老闆：那，溫哥華那件案子怎麼說？
員工：我覺得進行得不錯。
老闆：但你不覺得是延誤了嗎？

其實根本可以不用這麼拐彎抹角的先說一大堆。老闆應該做的是直接表達自己的立場：「我們來談談溫哥華的案子，那個案子遲了三天。現在讓我們來找出原因，評估一下這次延遲造成的衝擊，討論如何避免同樣的事。」一旦把問題攤到桌上，並說出自己的想法，然後才切換到詢問模式，並且交互使用「探究原因」及「堅定立場」這兩種技巧。

要怎麼判斷我們有沒有用對方法？可以用對話的目的來判斷。如果想要知道某件事，就應該提出問題；而如果想要傳達某件事，就應該直接陳述。如果你交互運用「探究原因」和「堅定立場」這兩種方式，就可以整合想法，搞清楚你不知道的事，並建立有效解決問題的基礎。

本書特別強調聆聽的原因是，對話中最常出現的錯誤就是沒有好好聆聽，而非立場不堅定。如果我們在談話中覺得生氣、難過、害怕或有壓力，內心的聲音就會全力嘶吼，也不再對於對方的故事感到好奇。因此，如果想要在高難度對話中仔細聆聽，就必須不斷提醒自己（或請其他人隨時提醒你）：「我可能會生氣，可能會以為已經知道對方在想什麼，但一定會有我需要知道的其他事情。除了立場堅定之外，我還必須發問，然後繼續問。」

6. 書裡的觀點，似乎非常美式風格。在其他文化中行得通嗎？

美國以外的讀者常說，本書是非常「美式」的問題處理方法，他們說：「在韓國／哈薩克／哥倫比亞這些地方，我們不是這樣說話的啦！」

我們的回應是：「其實，大部分美國人也不是這麼說話的。」世上沒有任何沒有一個國家的人，在日常生活中會運用到我們書中的範例。我們的案例目的是要讓讀者搞懂觀念，幫讀者瞭解，「真正出於好奇」的問題及「別有目的」的問題（其實是一種指責）差在哪裡。我們相信，只要把觀念弄清楚了，就可以把這本書裡面的詞句，轉換成每個人自己家裡、職場或其他地方自然、習慣而適當的措詞了。

當然，如何把這些觀念應用在不同文化裡，也很重要。在全球化的影響下，這個問題就比以前更加重要了。

我們發現，不管在哪裡，高難度對話的基本架構（對話時我們內心聲音所掛念著的）都是一樣的。不論是南非人還是美國南卡羅萊那州的人，都同樣的會專注在到底誰對誰錯、該責怪誰的問題上。不論是印度人還是美國愛荷華州的人，都會情緒激動。不論是土耳其人還是美國田納西州的人，都會遇到自我認知的問題（有時候會說成是「保護面子」的問題）。

內心的聲音以及「三種類型的對話」，似乎是全人類共同而且基本的現象，不同文化之間的差異只在於有沒有表現出來、什麼時候表現出來以及怎麼表現出來而已。

美國人給人的印象是比較直接，不太重視階級。美國人可以在電視實境秀裡自由批評自己國家的政治領導人，也可以承認自己犯了什麼罪，有什麼感受。相反的，英國人好像就不太願意聊自己的感受。在許多亞洲國家，人們不願跟老闆唱反調，或者盡量避免和老闆講話。因此，讀者很容易就會以為，作者沉浸在美國文化裡面，所以才鼓勵讀者直接提出問題，不要逃避免得讓情況變糟。

當然，這些都是刻板印象，各地又有複雜多元的文化。例如在美國，不同的地區甚至對街的兩個不同家庭，對於「直接」就會有不一樣的解釋。有些美國公司還有階級意識，而有的美國公司則對自己扁平化的組織感到驕傲。某些行業講求「彬彬有禮」，另一些行業則偏愛直接、積極的溝通模式。性別平等是法律，卻不見得是事實；對於不同性別適當角色的認定，還是有很大的差異。

讓事情變得更複雜的是，外人常常只根據一些錯誤的解釋，來瞭解另一個文化的溝通模式。例如，美國人可能會以為日本不允許任何人對老闆大聲講話。不過許多日本人指出，雖然他們不會明白直說，但如果不滿某個決定，還是可以對老闆送出明確的訊息。這些訊息有時候可以透過肢體語言、說話時的用字選擇甚或沉默不說話來表達。事實上，這就是一種溝通，只是轉換成了在那個文化中適當的表達方式。在場的美國人可能無法感受到那些訊號，因而以為沒有任何人「說話」。這完全是表達的時間、地點以及方式的問題。

對於怎麼樣的直接或間接才算適當，每個人標準不同，而這通常牽涉到如何維持雙方關係、這段關係的重要性等問題。有些地區或家庭的規矩就是要大聲嘶吼或很激動的討論：「不用講那些肉麻兮兮的話，如果我真的喜歡你、尊敬你，就會告訴你我怎麼想。這樣的關係才正常！」而在其他地區或家庭，就不喜歡直接的衝突，而是用暗示、透過第三人、隱喻的方式來說，免得直接的衝突會毀了彼此的關係。在某些環境及對某些人來說，結果決定了兩人的關係：「如果你想要維持關係，就必須滿足我的要求。」而對於其他人，可能就完全相反：「只要能確保我們的關係，我願意滿足你的任何要求。」

但我們認為，你不必在「維護關係」和「好好溝通雙方的問題」之間做選擇。即使兩人意見不同，還是可以尊重對方並保持良好關係。真正能夠維繫並強化雙方關係的，是有沒有認真聽對方說話、對他說的話有同感、用開放的心胸面對他的說服，而不是雙方看法有多麼一致。你可以直接表示你對事情的看法，說明對方的說法怎麼樣影響了自己的想法，以及這個影響有多大，而且只有在自己確實被說服了之後才表示同意，不會在嘴上說或在心裡想：「我沒錯，根本就是你不對。」相反的，我們可以這麼想：「你可能沒錯，而我也可能遺漏掉了什麼（這也不是第一次），但目前我並沒有看到我真正遺漏了任何東西。」

不論你是在哪一種文化的薰陶之下成長，如果想要做到這一點，就必須先做到我們在第二章到第六章所說的，讓自己內心的聲音做各種心態上的轉變：

如果心態不改，單純的「直接」溝通是沒用的。不論我們是講法語、阿拉語文還是馬雅語言，都不可能百分之百圓融。如果不經大腦，就在對話中大剌剌批評別人或認為自己才是對的，這樣絕對不會成功。

另一方面，如果我們已經改變了自己的想法，不管身處在什麼文化，都可以讓溝通變得比較直接一點，即使是在重視階級制度的文化中面對老闆也是一樣。過去十年來，我們曾經輔導過來自六大洲的人，聆聽他們內心的聲音，並成功協助他們改變想法，協助他們參與重要的討論。有些人擔心我們可能會讓別人「丟臉」，但等他們理解了我們會把共同的問題明白說出（當然，是從中立的敘事出發），而且並沒有要責怪的意思，他們也就放心了。

也許更重要的是，就是因為不同文化之間有很大的差異，這些技巧可以讓我們克服跨文化溝通的挑戰。跨國企業的員工或分布各個地區的團隊，常常需

	高難度對話	學習型談話
談事實	問題是，誰的故事是對的，而誰的故事又是錯的。 這是二選一的問題。	不知道為什麼我們對事情有不同看法？我們的訊息及道理分別是什麼？
	對方故意要這樣影響我。	我不喜歡對方對我的影響；不知道對方有什麼打算。 我知道自己打算做什麼；不知道這是不是就是對方對我的影響。
	這是對方的錯。	我們都要對這個結果負責任。讓我們找出原因，並想辦法解決問題。
談情緒	我覺得是他的錯，我可以讓他知道，也可以什麼都不說（因為可能說了大概也沒什麼用）。	我對自己和他的行動都有一些感覺。我可以分享我的感受而不必罵人；也可以用同理心認同他，但不必承認他的故事是對的。
自我認知	他惡意攻擊我的自我認知！我並不是這樣的！	實際上，他說的可能也有些道理。我真正擔心的是什麼？怎樣才能讓他的故事有道理，而同時又不會否定自己呢？反之要如何才不會否定對方呢？

要透過電子郵件及視訊會議來溝通，一不小心就會得罪別人。如果可以談談這些無意間對別人造成的影響，將可以維持良好的工作關係。如果情況混亂或情緒沮喪，應該去找屬於我們自己的原因；如果一些我們認為無關緊要的事情，卻讓烏拉圭或烏干達的同事反應很激烈，就應該懷著好奇心去瞭解；這樣就可以讓我們找出彼此在利益、價值觀、假設以及潛規則方面的差異。

7. 如果不是面對面的溝通怎麼辦？如果是透過電話或電子郵件，我該採取哪些不同的做法？

許多人在工作以及私人生活，都用電子郵件和簡訊當作主要的溝通工具。有趣的是，不論對方是跟我們有時差還是鄰居，情況都是一樣的。電子郵件有利也有弊，應該好好使用，以避免引起更多衝突。

要聯絡時，電子郵件非常有效，可以讓我們有時間思考之後小心回覆，而且可以針對特定的談話主題做連貫的記錄。如果對方的郵件讓我們很火大，可以在回信前花點時間先消消氣；如果累了，可以晚點再回；如果真的沒時間閒聊，可以先發個信，至少讓老媽知道你心裡有她。很多人會用寫信的方式，為自己不敢面對面談的問題先起個頭。對於和朋友保持聯絡或催促進度等的事，電子郵件超級好用。

但是，如果想要透過電子郵件處理複雜的人際關係問題，就會有麻煩。為什麼呢？原因正是我們前面列舉的優點。電子郵件不是對話，而是一連串的自言自語；我們沒有機會打斷對方並要他講清楚；沒辦法看到對方的反應及怎麼處理；更不能在確定要怎麼解釋這封信及有什麼情緒反應之前，先檢驗自己對於對方意圖的假設到底對不對。

電子郵件沒有辦法傳遞語氣、臉部表情或肢體語言，而我們要透過這些才能理解發話者的目的（第三章告訴我們，即使是面對面的談話都很難做到）。如果收到一封電子郵件，上面說：「我一直在等你的報告。」對方究竟是想說：「我看了以後很高興。」還是「你慘了？」鄰居發的電子郵件全篇用紅字，她是生氣嗎？激動？她很白目不知道發生什麼事？或者只是裝傻？如果朋友寫說：「你真是個廢物！☺」這是親密的玩笑還是惡意的攻擊？如果你回信去問，朋友又回說：「如果我真的認為你是個廢物，就不會在電郵裡面說了。還是你覺得我會呢？;-)」即使有表情符號，依舊很難判斷到底對方心底在想什麼。

很多人以為電子郵件是一個沒有情緒的溝通空間，畢竟只是一些文字罷了。但實際上，電子郵件可能是組織中最情緒化的溝通管道。雖然很少直接寫出來，但情緒就在文字裡，會引發收件人的情緒反應，然後直接或間接地反擊回去。時間一久，只要自己的收件匣裡出現某個名字，自己就會變得恐懼或焦慮。打開電子郵件的時候，我們就會用沮喪、怨恨及歸咎的有色鏡片來讀信。

公開場合也經常發生這種事情。電子郵件可以同時寄給很多的團隊成員、家人或朋友。他們是觀看的觀眾，風險越來越高，也會讓每個人的自我認知更加鮮明。我想在信裡回嗆寄件人，但想起副本有給老闆，於是又會想：「不要講得太狠好了，免得我反而變成那個很難搞的人。」即使是兩個人之間的信件往來，但雙方都知道，隨時都可以轉寄給任何人，甚至還附上一句評語：「你能相信嗎？」

即使有這些問題，電子郵件還是很管用。簡訊也一樣有它的挑戰性：句子只寫一半，然後用一堆縮寫，這些都可能造成更多的模糊及誤解。

那麼，要如何避免互相推卸責任和誤解對方的惡性循環呢？

讀電子郵件的技巧

先別急著歸責。我們常會針對寄件者的目的及人格來批判。若我們累了、覺得壓力很大或有點脆弱的時候，就更有可能會鑽牛角尖。請提醒自己，我們並真的不知道對方到底想做什麼。讀對方的信時，誤解的可能性跟沒有誤解的可能性一樣高。寄件者可能有好幾種目的，可能心存好意，或者更可能是根本就沒有打算對你做什麼。一個星期沒有收到對方的訊息，當然有可能是對方想要讓你覺得緊張，但更有可能只是對方真的太忙了。我們認為別人攻擊我們，但對方很可能認為那是因為他被我們攻擊，所以採取防禦手法保護自己。我們從來沒有攻擊過別人嗎？別人也從來沒有覺得被我們攻擊過嗎？

暫停。如果有一封電子郵件讓我們很不開心，先停下來。除非有緊急的原因必須立刻回覆之外，什麼也不要做。「因為我現在真的很生氣」並不是回信的好理由。至少要經過一個小時，最好是過一個晚上，等到自己比較平靜的時候，再回來處理那封信。通常，我們會對當時那麼強烈的反應感到奇怪。但是，如果一段時間之後還是在氣頭上，就打電話或當面談。

打電話或當面談。電子郵件的問題在於，它無法解決因它而起的衝突。這個說法是真的。讀電郵的時候，如果產生了情緒，例如覺得很煩、搞不懂、感覺受傷或焦慮，就應該換一種溝通模式。你可能會想：「但是我的文筆不錯，我會格外小心，認真推敲，低聲下氣。」別傻了！在衝突中寫的任何東西都可能會被誤解。當同事收到你那封講得很大方、列出很多道理又用字華麗的電子郵件時，他可能會這麼想：「真可愛。」或：「假惺惺！她寄的信都是這樣，說什麼『我很冷靜也很理性』之類的屁話，真是噁心加吐血！」所以省省吧！直接打電話過去，或找對方當面談。

寫電子郵件的技巧：

要清楚說明自己的目的、理由以及感受（如果這些情緒適合分享的話）。一定要用盡各種辦法來表達自己。不管信是要發給附近的同事，還是半個地球之外不同文化背景的承包商，清楚說明自己的目的、理由及感受，將有助於避免誤解：「我會這麼問，是因為我老闆也會問同樣的問題，我希望可以確定我們的答案是一樣的。」或「我不太清楚究竟要不要做或什麼時候開始做……」或「我認為現在就進行，沒什麼不好，如果等到不得不做的時候才做，就要花大錢了」或「我很難過，竟然又發生這樣的事情，所以，我們必須弄清楚到底發生了什麼事，然後想出有效的辦法，盡量避免類似的事情再發生」。就算你只說「發生這樣的事我也很難過。」也好過沒頭沒尾的說「好啦！隨你怎麼說。」如果想要說自己的感受，可以直接說出口，這樣對話才有辦法進行下去。隨便三言兩語帶過，只會讓人感覺像是在批評，對方一定會感到不滿，進而破壞雙方的關係。

如果需要晚一點再回應，請讓對方知道，不要讓對方懸在那裡。電子郵件最常發生的溝通中斷就是沒有立刻回覆造成的。一方提出了一個問題，收到的人在想：「這是個好問題，我還不確定答案是什麼，我得想想或問問某人。」所以在沒有得到具體答案之前，就一直沒回信，所花的時間往往遠超過最初的估計。這時，等答案的人就一直晾在那兒，不知道為什麼沒消沒息。他心裡會問：「他為什麼不回我？」然後害怕地告訴自己：「一定是我得罪他了。」或「顯然他不在乎。」或「他故意躲我。」也許在心中決定：「我沒辦法再和這種人合作了。」這種想法，是我們可以預期的，也可以避免的。如果我們沒辦法立刻回答對方，可以先簡單回個訊息，告訴他為什麼沒辦法立刻答覆，以及預計什麼時候會再跟他聯絡。「請讓我跟丹確認一下，過幾天再跟你聯絡。如果你到星期二還沒有收到我的答覆，請來信提醒我。謝謝！」

步步為營。如果不清楚對方上一封電子郵件背後的語氣或意圖，請不要自己瞎猜，可以在答覆之前寫封簡短的信搞清楚狀況。「你在生氣嗎？你要我早點回你嗎？」向對方開火之前，最好先把模糊不清的地方弄清楚，免得越吵越兇。

問對方會怎麼做、是怎麼想的，以及我們漏了什麼訊息。因為電子郵件的特色就是自言自語，所以，利用電子郵件溝通的時候，更需要主動邀請真誠的對話，並詢問對方的反應。我們當然有可能會遺漏一些重要資訊。只要以開放的心胸接納對方的想法，對方就更願意告訴我們他心裡在想什麼，這樣有助於早點把誤會或錯誤的假設弄清楚。

打電話

就高難度對話的溝通工具來說，電話的風險雖然比寫信低，但畢竟還是有風險的。雖然可以在話筒中聽到語氣，但看不到臉部表情，因此很難瞭解那些不明顯的情緒跟話裡的意思。我們可以聽得到對方的抱怨，但看不到他眼中的脆弱與哀傷。如果透過電話，和年紀大了的老媽談她怎麼應付老爸越來越嚴重的老年癡呆問題，很容易就會直接跳進去解決問題（「妳需要別人來幫妳」），或給老媽打氣（「一切都會沒事的！」）。你要記住，媽媽需要的可能是適時的安慰（「媽咪，妳壓力好大，我都很難想像。」）和感激（「妳已經承受了那麼多，現在還能這麼堅強，實在太讓我感動了」）。

8.為什麼你要建議大家「把情緒帶進職場」？我又不是心理治療師，他們的情緒跟我有關嗎？而且，商業決策不是應該要根據事實嗎？

每個組織都有它們可以接受、允許表達的情緒，也有它們覺得應該要藏起來的情緒。通常組織文化中可以接受壓力、沮喪、驕傲、忠誠以及熱情等情緒。而失望、沒自信、忌妒以及傷害等情緒，就比較不被接受，而且比較不會有人直接表達出來。

不論有什麼樣的潛規則，許多組織的官方說法仍然是：請專注於工作，不要把情緒帶進公司，情緒會讓我們分心。

身為人類，我們不可能拋開情緒，我們頭腦及身體運作時就是會夾帶情緒。因此，我們閱讀電子郵件、坐著開會或聽別人談論我們的工作時，都會有一些情緒反應。驚訝、生氣、疑惑、背叛、焦慮、害怕、憤慨等，說也說不完。

我們的職場到處都是情緒（不管公司怎麼勸告大家別帶情緒）。事實上，我們認為，把情緒趕出職場（如果你做得到的話）並不是件好事。就是因為工作的時候帶著決心、自信、滿足、承諾甚至是焦慮、沮喪這一類的情緒，才有辦法堅持下去，繼續面對那些看似無解的問題，找出有創意的解決方案。

從另一面來看，我們並不是因為負面情緒本身而分心，而是因為我們沒有正視這些情緒，沒有直接、有效並誠實的處理它們。

除此之外，做決定的時候其實要有一些情緒。因腦部受傷而有情緒障礙的人，常常會連在做非常簡單的選擇時都覺得困難，像是應該什麼時候開會。他們可以列出好幾種可行方案以及每種方案可能會有什麼後果，但就是沒有辦法決定要選哪一個。①

既然職場上就是有情緒，那麼問題就應該是怎麼處理情緒。通常我們不會公開討論情緒，而是讓情緒來決定對話的動力，如提高音量、隨便回信、偷偷嘲笑別人等。我們常把情緒轉化成爭論、指控、閉嘴不說話及耍孤僻，而當我們把情緒轉化成爭論或指控，或者忽略情緒的話，就沒有機會直接處理實際的狀況了（亦即，情緒本身以及為什麼會有這種情緒）。因此，很多人會覺得受到虐待、工作關係緊張、士氣低落，而情緒就開始妨礙工作，影響效率。

為什麼會這樣呢？因為在某個議題變成高難度對話的主題之前，通常已經產生了兩個問題：實質的問題或者歧見已經出現（哪種策略最好？應該由誰來處理這個問題？既然錯誤已經發生了，我們應該要賠償多少錢？），以及大家在對話中所產生的感覺（被忽視、被公開羞辱、被排擠、被誣賴）。

工作關係中出現問題時，如果沒有瞭解、處理這些問題，就很難解決業務上的其他問題，讓工作正常推動。要處理工作關係的問題可能很簡單，只要說：「我很沮喪，好像我們一直在繞圈子。」或「沒有選我去做那件工作，讓我有點失望。」或「我不知道為什麼搞定這件事情會那麼難。」也可能需要費比較多的功夫，從對方過去的經驗去瞭解他對事件的看法，以及不同的故事所代表的意義。

我們並不是叫人們整天在職場裡閒聊自己的感覺和情緒。我們只是說，越是直接處理情緒，通常就可以越快掌握事情的核心，而且越有機會找到滿意的解決方案。

在工作上分享自己的情緒是不是有點冒險？

有可能。關鍵是我們分享什麼、什麼時候分享、怎麼分享。如果在我們的企業文化中，大家都不直接談自己的情緒，那麼驟然打破這種模式，會讓人覺得很不自在。有時候，談情緒甚至會被認為是軟弱、不專業或浪費時間。

在這樣的文化裡，就該慎選可以被接受的表達方式，並在一開始的時候就說清楚，任何關於情緒的討論，都是為了要達成企業的目標。如果只說：「我覺得很難過，而且我認為這個情況本來就會發生。」別人可能很難聽懂我們要表達什麼。不妨這樣說：「我希望找到更好的方法，可以讓每季都提前完成工作。我知道自己在開完會之後常常覺得很沮喪，我想你們也是。我們能不能談談為什麼會這樣，並且如何設計出更好的開會流程。」

時機、地點和環境都很重要。假設你手上有一件很急的事，此刻就不適合討論自己對工作有什麼感受。在辦公室走道上談情緒，也不太適合，可是在每季與老闆固定的例會上就比較適合。

最後，如何提出情緒也很重要。如果討論情緒的時候採用了情緒失控的方法，像是哭泣、尖叫、噘嘴、翻白眼或抖腳，就會讓我們看起來很弱、很無助、很不專業。②

至於要分享哪一種情緒這個問題，有些情緒的風險可能比較低，例如真心感謝同事或部屬完成工作，這樣的情緒很少人會拒絕。分享對於新案件的熱忱，或對於良好工作表現的驕傲，幾乎一定會受到歡迎。如果你表達「承認搞不清楚自己的角色或工作範圍」、「對你的決定可能引發的衝擊而感到焦慮」、「對他人的觀點感到好奇」等情緒，也等於是邀請對方和你一起解決問題。

如果要改變你和同事的相處模式，可以從分享這類低風險的情緒開始。你自己開始這麼做，可能會鼓勵其他同事跟進，很快的就可以在整個大企業文化的小角落裡發揮影響力。畢竟，「企業文化」實際上就是由許多個人關係組成的。而我們改變的每一個關係都會提昇整個企業文化。

商業決策不是應該理性地根據事實擬定嗎？討論情緒有什麼用？

很多人擔心，討論情緒就會做出錯誤的決定。當然，如果不小心，是有可能的！

讓我們看看一九八六年初美國太空總署和莫頓聚硫橡膠公司的工程師所面臨的重大決定：天氣這麼冷，發射挑戰者號太空梭安全嗎？一開始莫頓工程師在電話會議中跟太空總署說，他們認為不安全。在後續的討論中，太空總署一位領導人說，莫頓公司最後決定怎樣，他就會照做，但他也表示在看到莫頓公司的意見時感到「極為震驚」，而且氣溫過低的資訊也來得太慢。「極為震驚」這個詞本身非常的強烈而驚悚，似乎也導致了莫頓公司最後改變初衷，表示情況安全——從旁觀者的角度來看，一個人的情緒狀態，其實和發射太空梭安不安全之間，並沒什麼關係。③

但不談情緒也可能會做出錯誤的決定。我們應該要承認情緒的存在，討論情緒，適當的評估情緒。

例如，在決定要怎麼調派人力之前，最好也能先瞭解一下客戶對於人力配置的喜好。在組織改造的時候，如果能夠瞭解員工對自己職涯前景的害怕和擔心，就比較容易找到有創意的問題解決方法，也有助於搞清楚問題，有效降低員工的抗拒。例如，如果員工覺得冒風險會被懲罰，而懲罰又打擊了士氣以及以後冒險的意願，那麼管理階層就必須參與這樣的討論。如果員工的言論被打壓，沒辦法討論自己受到的不公平待遇，那麼管理階層就永遠不會知道，目前的制度其實讓部屬沒有辦法盡情發揮能力。

在這種情況下，提出情緒並不是為了要做出某個決定，而是指出考慮其他方法的理由，應該要進一步的探討及追蹤。例如在發射挑戰者號太空梭的討論中，莫頓公司在回應「極為震驚」的評論時，可以不必改變自己的建議，而是去瞭解對方關心的問題，並進一步詢問：「關於太晚通知你氣溫過低的問題，我們大家壓力都很大。我們剛剛才知道預期發射時的溫度比以前都要來得低，但我們擔心的問題也是隨著時間才慢慢的越來越多。我們應該討論未來的溝通流程，確保不會再發生太晚通知你的情況。因此，關於我們對數據的詮釋，請告訴我們你認為哪裡有問題，或者你為什麼對數據有不同看法。」

當然，太空總署的工程師也可以做同樣的事：「我聽到了你們關心的問題，同時也瞭解你們應該最清楚這些數據的意義。因此，讓我困擾的是，我並不是很懂這些數據。不知道是不是你們看到了什麼我們沒看到的資訊。是不是可以再一次仔細解釋你們的理由？」情緒是討論的一部分，但是決策本身不應該被強烈的情緒牽著走。

將情緒納入商業談話更重要的原因，可能正是希望我們的思維不要被情緒吞沒。聆聽、瞭解以及確認對方情緒的存在，正是舒緩情緒的方法，讓有那些情緒的人更容易冷靜下來，並接受對方的觀點。

例如，某位員工沒有獲得晉升，他很可能會覺得失望又難過。但是，如果他又不能和你討論他的反應，就可能感覺被背叛了、沒有受到賞識、沮喪、受忽視，然後就可能怪罪到你頭上，說你很難相處、你不喜歡他、有偏見等等。

相反的，如果你能引導他的情緒，表示你關心他的反應，他可能就比較能夠接受你沒有晉升他的理由，並繼續和你努力衝高他的績效。雖然聆聽他的感受以及真心去瞭解他，並不會改變你的決定，但對你們的關係和士氣都很有幫助。當然，你也可能在聆聽的時候，多知道了一些改變你想法的資訊。

我們不願意把情緒帶入商業或私人對話的主要原因，除了不太習慣表達情緒，就是直覺上擔心：處理情緒的唯一方式就是滿足對方的要求，例如「解決」員工憤怒的唯一方法就是讓他晉升。

當然不是這樣的。好好管理情緒的關鍵就在於把「確認存在」和「做出決定」這兩件事分開，同時放掉處理情緒的責任。這樣做有助於弄清楚我們的目標：「我想要談談我們對於這個狀況的感受，以及我們各自在想什麼，以便在做這個決定的時候盡量掌握更多資訊。當然，我最後的決定會根據我對於你績效的評估、那個職位的要求，以及我認為怎麼樣對公司最好。」這樣做可以讓你聆聽並瞭解員工有多失望和生氣，但仍然可以根據事實決定要不要讓他升職。

①請參考《笛卡爾的錯誤：情緒、理智和人的大腦》(Descartes' Error: Emotion, Reason, and the Human Brain), Antonio R. Damasio, (Pengiun, 2005), pp. 193-94。

②但我們認為，在某些情況下，哭泣不但是可以的，甚至是應該的。例如足球球員在宣布自己退休的時候會哭，這種哭泣被視為真性情。在工作場所也一樣，為私人或工作上其他強烈的情緒感同身受，可能會忍不住哭泣，往往可以讓兩個人彼此更心靈相通或相互扶持。重點是環境背景。例如，如果是因為對手的律師「看起來很兇」而哭，可能就不太適當了。

③這個決定最終釀成了一場災難，太空梭於發射後七十三秒爆炸。這篇報導取材自這項決定的重要參與者——莫頓聚硫橡膠公司工程師 Roger M. Boisjoly 的線上文獻。（（http://www.onlineethics.org/Topics/ProfEssays/thiokolshuttle/shuttle_telecon.aspx）。

9. 真實世界中，哪來的美國時間可以全都照著做？

沒有人會願意花時間去瞭解為什麼其他人反對你如此英明的解決方案。如果部門裡面有同事很難搞，或更糟的如果有兩位同事處不來，不斷拖垮團隊效率，又影響每個人的假期，很少有人願意花自己的時間去處理他們的問題。

畢竟，我們有一大堆事情要做：整理數據、做簡報、做實驗、回信、接孩子放學等等。這些都是要立刻完成的事，而且有了成效之後，就可以很爽快的把它從我們的待辦清單上劃掉。相反的，展開一場亂七八糟的談話就沒那麼吸引人了。我們得投入情感與精力，讓自己累得要命，而且還不保證會有什麼好結果。難怪我們都會選擇專心投入眼前比較沒有爭議的任務，避開愚蠢的談話。

但這根本是一種假選擇。這種選擇的意思是，我是否應該：

- 花時間解決這個高難度對話？還是
- 省下我的時間和精神，然後等問題像變魔術一樣的消失？

如果只有這兩種選項，我們就不需要這本書了。如果真要做出選擇，以下才是比較務實的思考方式。

我們已經在花時間及精力思考這些問題了。在我們工作及私人關係中沒解決的衝突，一直在消耗我們的精神及注意力，而我們還不自覺。還有，我們還花了很多時間對自己生氣、對同事發洩、對配偶抱怨、想出一個暫時的解決辦法、躺著想應該怎麼說、在網路上搜尋對方人格分裂的資訊來支持我們的看法。

我們分配時間的方法只會讓事情更糟。和其他同事閒聊，固然可以讓我們有地方發洩沮喪，卻可能讓我們忘了要直接解決問題。在閒聊中，我們成功傳遞了自己負面的觀點及煩惱，讓這位同事聽了兩邊的牢騷而不知道該怎麼做人，使他捲入這場衝突。若向朋友或配偶抱怨，會更強化我們已經偏頗不客觀的故事，認為對方就是「難搞」，而自己就是無辜的受害者。即使朋友看得出來我們做的事情只會讓問題變得更糟，我們也很少容許他來質疑我們——雖然這樣可以幫助我們認清對方的想法，和我們自己有哪些問題。閒聊完畢，我們離開的時候以為朋友已經站在我們這邊，因此，更加深信我們這麼生氣是有道理的，等我們真正進行對話的時候，更有可能丟出偏激的指責及主張。

要把精力用在有用且有效的方向。既然都已經在思考這個問題了，就該採用有益的方法來利用時間和精神。與其一味向第三人吐苦水、爭取他同意我們的說法，為什麼不聽他的建議和指導呢？朋友和同事都可以幫助我們理解對方在想什麼，瞭解我們自己的問題，思考對方的目的，發現我們反應過度的認知問題。他們可以幫助我們思考問題的核心是什麼，以及我們應該怎麼清楚分享自己的想法。

現在花七分鐘，可以節省以後的七小時

讀者有時候會誤會作者的建議是「用心處理每一次對話，而且每一次都應該持續進行、可能永不結束」。且讓我們在這裡說清楚：生命很短，沒有人有那麼多精力。

事實上，我們認為，很多這一類的談話都可以很快結束。如果能越早提出議題、抓出誤解或提出問題以辨明目的，就可以越早解決問題，繼續向前。把事情擱著發酵的時間越長，問題就會變得越大。所以，現在投資七分鐘，瞭解為什麼你和客戶對於專案範圍好像有不同的期待，可以節省你未來七個小時（或七個月）的狀況外、沮喪、成本超支時間。

提出問題、解決問題的技巧越純熟，談話就越有效率。與其一味堅持要供應商滿足你的要求，不如問對方有什麼困難，這樣更有助於瞭解對方為什麼不肯配合，而對方也更願意和你一起解決問題，就這樣避免掉了十分鐘的吵架，沒有沮喪地掛掉電話，也不用再打電話找對方的老闆、自己的老闆或其他供應商。

哈佛教授史蒂文森・卡勒巴赫（Stevenson Carlebach）說過一個比喻：我們用在高難度對話和日常輕鬆談話的時間比，就像是狗狗與人類在年齡上的差別一樣。我們往往會錯估一場高難度對話持續的時間，錯估的程度達到七倍！而實際上並沒講那麼久。

事實上，與我們合作過的一些人發現，他們內心的時鐘已經走得不一樣了。有時他們講了一個彷彿是一世紀的高難度電話對話之後，他們看著電話顯示幕上的實際通話時間，才驚喜的發現，那通講了「一世紀」的電話，其實只用了四分鐘，而且所有重要的實質問題都談到了。

這樣的時間才花得值得！

10. 我的「自我認知型談話」一直卡在「要不就……要不就……」這兩個極端情況：要不就是百分百完美，要不就是糟透了。好像一直闖不過這一關，我該怎麼辦？

讓我們從下面的案例開始。

東尼的故事

不論是在公司或家裡，每次被批評的時候，我就會反擊回去。結果只會讓衝突升高，或者對方就跑走不管了。可悲的是，即使我知道對方的意見是對的，同樣的事情還是會發生。我每次都下定決心只要簡單回說：「這對我很有幫助，我一定努力做到。」或「謝謝，讓我們談談。」但每次到了這時候，我的反應還是一樣，好像自己從來沒有想過這個問題似的。我知道這樣會傷害我的人際關係，但就是改不掉。

反省之後，東尼看清楚了，這種行為的根源是一種錯誤的信念：優秀高尚的人不應該讓別人失望或辜負別人的期望。他擔心，如果讓別人失望，就會被排斥、被否定，而更重要的是，他擔心沒辦法接受自己：「我知道，我不想傷害別人，不想讓別人失望。」為了逃避這種難以承受的罪惡感或羞愧感，東尼在遭受批評的當下會認為，那樣的批評一定是錯的，或根本就是存心不良。他希望透過憤怒來證明其實是別人錯了，尤其是提出問題的那個人。

情緒平靜下來後，東尼可以看得出自己的反應是多麼的激動，但在事情發生的那時候，他卻沒辦法看清究竟是怎麼回事，也沒辦法想到其他的做法。理智上他知道，人非聖賢孰能無過，即使是優秀、幹練、高尚的人，也會偶爾讓自己放個假，做出不聰明或只想到自己的選擇，甚或做事不經大腦。但在情緒上，他就是沒辦法接受自己不夠完美。他的內心恐懼絕望，就讓自己的情緒本能主宰了一切。

我們都瞭解這樣的沮喪。

想要改變這樣的行為，以及改變對自己和人際關係的假設，為什麼會這麼困難呢？難道沒有解決的辦法嗎？

自我認知是從哪來的？

自我認知源自於我們天生本質，①加上生活經驗以及主觀選擇（我們說的故事）的複雜交互影響。我們沒辦法改變自己的本質（雖然新的神經可塑性科學質疑這個假設），也沒辦法改變過去的經驗，但我們可以對這些經驗有不同的解釋。

當我們還是嬰兒或小孩的時候，會自然而然的認為，不論從父母那裡得到的東西不論是好是壞，都是應該的，然後會編個故事來解釋為什麼應該是這樣。「因為我不乖，所以才被打。」「因為我很可愛，所以父母很愛我。」「因為我一直對妹妹很好，所以被獎勵。」

早在我們會說話之前，就已經開始發展自己在人際關係中的形象了。②我們有位同事生長在衝突不斷的家庭，身為家中的老二，她常常因為化解兄弟姊妹之間的爭執而得到父母的獎賞。因此，她把自己的形象設定成「理性而不會發脾氣的人」。長大後，朋友們都很欣賞她公平處理緊張衝突的能力，但她覺得自己很難堅持得到真正想要的東西，也很難表達自己激動的情緒。她認為自己是化解衝突的人，而不是製造衝突的人。

這種形象可能源自於我們每天的經驗及人際關係，但也可能會源自於精神創傷或某個改變生活的事件。東尼的爸媽在他五歲的時候離婚，而他認為就是因為自己，他們才會分手。他得到的教訓是：「都是我不好，所以爸爸才會離開；我再也不允許自己有不好的表現了。」這說明了為什麼覺得自己有任何不完美的時候，東尼都會感到非常不安。當然，另一個人可能會從離婚得到不同的教訓：「乖乖的也沒用，人還是走了；沒有人靠得住。」這可能會讓一個人變得非常獨立，也可能完全相反，在這個事件中犧牲受害。

東尼在生活中會繼續累積新的經驗，他會跟我們每個人一樣，根據對自己的看法詮釋這些新的經驗。如果有人說他把事情搞砸了，很可能就會威脅到他自我認知當中的重要支柱：「我再也不允許自己有不好的表現了。」如果這根支柱倒了，就沒有任何東西可以支持他了。為了要維護這根重要的支柱，他會死命地反擊：「那不是我！不可能是！」

雖然東尼現在知道了他在自我認知中的問題，但他要花很大的力氣去改變。原先的自我定義是那麼熟悉，藏在他的心底且幾乎感覺不到，而現在卻要用這麼陌生又可怕的東西來取代。雖然他還沒完全了解，但東尼看到兩種選擇：保留這根支柱（否認），或讓這一切瓦解（誇大）。

解決的方法有哪些

就像我們在第六章說的，把這個進退兩難的問題攤出來，拋掉不切實際的「全拿或什麼都沒有」假設，調整我們的自我期待，讓它更貼近現實。但如果像東尼一樣堅持不住，還能怎麼辦呢？

調整自我認知很難，是因為雖然東尼已經發現他的自我認知有問題，也知道這個問題造成的影響，但他並沒有真正找到一個方法，讓他接受自己是可以讓別人失望的。幸好，以下有些方法可以幫助他克服這個難關。

探索自我認知的根本原因，重新詮釋過去的經驗。想想你的自我認知是在哪裡形成，以及怎麼形成的，這樣做很有用。除了父母離婚之外，東尼回想起另外兩件可能塑造他自我認知的重要經驗。其中一件是有一次他哥哥海特的成績很差，慘遭就讀的教會學校退學。東尼聽到爸爸大聲罵人，並說他哥哥是「廢物」，他一連好幾天都聽到哥哥是哭著睡著的。另一件是在東尼五年級的時候，他因為寫的一篇報告得到學校的獎勵。他父母親只簡單說了一句「不錯喔！」就沒有任何其他表示的時候，東尼覺得又驚訝又難過。從這兩次的經驗當中，東尼確定愛的條件是必須要成功，而且，就算表現得不錯也不見得就可以得到愛。

請想想看，很多年後當東尼問他媽媽，當時父母對於他得獎的反應時，他有多驚訝。因為他媽媽竟然說：「我們真為你感到驕傲！我們家從來沒有人有這麼好的成績。但我們故意不要讓你覺得這很了不起，因為學校有個心理學家告訴我們，有天賦的孩子如果得到太多獎勵，可能會以為成功的人才有人愛。」至於他爸爸對他哥哥成績的反應，那就更複雜了。他爸爸後來承認，他很後悔自己太嚴厲了，他說：「我只是不希望看到海特犯了和我當年一樣的錯。」

所以，爸媽的愛並不是像東尼想的那樣要有條件，只是爸媽用他不懂的方式在表達對他的愛。小時候的經驗讓東尼對於人際關係有了一些狹隘的想法，多年來也就一直生活在這個狹隘的限制之中。他看清了這一點，同時也找到解釋這些重要記憶的不同方法，從此解決了他的自我認知問題。

東尼的哥哥面臨的是不同的挑戰。海特把爸爸說他是個「廢物」這句化深深記在心裡，從此不想當領袖出風頭，即使有機會也不幹。後來他知道，在學校功課不好的部分原因是他有閱讀障礙，另一部分原因是學習模式的問題，他需要在聽到細節之前先看到問題的全貌才有辦法理解。但在某種程度上，海持還是把自己看成是那個十五歲因為功課不好而被退學的「廢物」。因此，他一方面下定決心不要再經歷同樣的情況，同時也不相信自己是個可以背負責任的人。

但有許多同事認為海特體貼又聰明，還常常問他的意見，他們並不懂為什麼海特老是不愛說話。有位海特的好友邀請他參加活動，海特在活動中對這個朋友敞開心胸，朋友才知道發生了什麼事。朋友說：「海特，你會對同樣狀況的十五歲孩子說什麼呢？你會說他們注定要失敗一輩子嗎？還是會說應該要從那樣的經驗中學到教訓，然後下次可以表現得好一點呢？你現在已經不是那時候的孩子了。」在這樣的鼓勵下，海特終於可以重新看待自己，當年的男孩已經變成男子漢。之後，帶著幾分的猶豫和自信，開始以戒慎恐懼之心擔任領導人。每次的成功，都讓海特更加有信心，以前那個畏縮的男孩消失了。

這些都不容易。我們有些人在身體或精神上曾經被爸媽、老師、同學或鄰居傷害，可能深深影響了我們的自我認知。尤其如果是精神傷害，可能造成心理上的改變，讓我們沒有辦法積極或樂觀的描述自己發生了什麼事。

回頭看自己的經驗並不是要補救任何事情，而是從自己過於簡單的認知標籤底下重新觀察，找到事件發生的背景，同時，如果有必要的話，也可以為事情的發生感到遺憾。如果你堅信高中時候功課不好就表示自己是個「笨蛋」，這絕對不是個理性或有用的推論。相同的，若一個人被貼上「聰明」的標籤，也有可能讓他在解決問題的時候，既不敢冒險又容易覺得沮喪（這點往往會讓人覺得驚訝）。這些人會擔心，每一次新的挑戰都關係著他們的名譽。在現實生活中，我們時而快時而慢，時而堅強時而軟弱，時而勤奮時而懶散，每天都會有千百種很小很小的方式展現自我，絕對不可能用一個特質就可以把自己說得一清二楚。

我們在經驗中學到的「正確」教訓也不會自動變得清楚。同樣是經歷了情緒混亂的童年，某些人就可能認為小時候學到的適應力讓他懂得如何經營穩固的婚姻；而另一些人則認為因為被拋棄了，所以自己人際關係一直不順利。

在東尼的案例中，他的反省讓自己放下了「要不就這樣……要不就那樣……」、沒有中間地帶的自我認知。他不再像以前那樣很擔心讓別人失望了。在這種新的、較平靜的空間裡面，他也更能想起，自己想要嘗試用其他方法回應別人的批評。每一次好經驗都會讓下一次的努力更容易。

創造積極正面的經驗。除了重新解釋過去的經驗之外，我們也可以創造新的經驗，提供積極強化的力量，改變自己的行為以及對自己的看法。這可能需要把自己還不確定的事情先看成事實，目的只是為了看看會發生什麼結果。例如，東尼可以找出同事給的負面意見，並把自己想像成「可以從意見中學習的人」。他知道自己並不是那樣的人，但只把這件事當成是一個實驗，他可以假裝自己就是那樣。而當他以那樣的人來聆聽及工作的時候，他就是那樣的人了，至少這一次是。這個時候，他就累積了一些正面的經驗，雖然是「人造」的經驗，但也是真實的經驗。

請人幫忙刺激並強化新的行為模式。我們往往會在遇到壓力的時候就掉回舊有的行為模式。我們的神經已經這樣反應太久了，如果沒有外力的協助，自己很難發現，也就沒有辦法長期打斷這些固定模式。

為了增加督促的力量，我們可以請朋友或同事幫忙。東尼就請了兩位同事協助：「我正在努力練習接受意見，我覺得很不容易也很不自然，但你們可以在我拿出防衛心態的時候，幫忙指出來。我請你們直接指導、監督我做這件事。同時，我也拜託你們一定要有耐心，我知道我一定會出錯，但在我出錯的時候，請記住，我正在努力想要把事情做好。」

對自己好一點。我們都會盡力讓自己的經驗有意義，通常在這個過程當中並沒有人指導我們，我們都會做出一些選擇，有些選擇後來證實是對的，而有些也錯了。

生活並不輕鬆，請對自己好一點。

完完全全接受自己，包括自己的錯誤、失敗、缺點、軟弱、自私以及愚蠢，並且原諒自己的這一切。這是找回平衡、繼續成長的關鍵一步。對某些人來說，這種深深關愛自己的感覺只是一時的衝動；但對大部分的人來說，這種小小改變與每天的自我提醒是一輩子的事。這樣做並不是找藉口或把責任推給別人，這麼做只有一個簡單的目的，就是接受且關心真正的自己。

如果對自己還不滿意，我們可以道歉或覺得傷心，而且可以就從現在開始努力做得更好。

---

①例如 Jerome Kagan 認為，嬰兒「驚嚇反應」的力量是一種很準確的性格預測指標，可以預測他將來是愛冒險還是沉默寡言，是活潑外向還是害羞內向。請參閱 Jerome Kang 及 Nancy Snidman 合著《氣質的長影》(The Long Shadow of Temperament)(Belknap Press, 2004)。

②請參閱 David Kantor 及 William Lehr 合著《家裡面》(Inside the Family) (Meredith Winter Press, 2003)。

下課前，還有一句話要說……

許多讀者跟我們聯絡，抱怨他們的孩子／兄弟／老闆／商業夥伴有多難相處，他們好像很渴望有人可以幫他們。我們通常都會問一些問題，提出幾個建議，但他們很快就否定了我們的建議。他們說：「以前就試過了」、「沒試過耶」、「沒用的」。

好多年之後我們才發現，事實上那些讀者並不是想要尋求意見，而只是希望我們能認同他們的放棄。「我累了，受夠了，可以不玩了嗎？」因此，我們開始提供不同的答案：「聽起來你已經盡力了，已經試過所有方法了。」

很多人很喜歡這種回答，甚至高興到無法藏住心中的喜悅。我們幾乎可以聽到他們回去的時候會怎麼說：「親愛的，我已經和專家談過了，而他的專業意見就是：你媽真的沒救了，根本沒辦法相處！」

練習高難度對話的路並不輕鬆，經常會很沮喪，尤其是看不到自己的坦誠獲得回報，也沒有人肯定自己願意負責的態度的時候。其實，我們都在努力突破固有模式，想要解決吵了那麼多年的架。改變即將發生，只是需要一點時間。

經過幾個月不斷的嘗試以及無數的挫敗之後，你會看到一絲的喜悅，畢竟有些事情正在緩慢改變中。你會收到紙條，謝謝你對假期的安排；或是聽到沒那麼煩人的語音留言；你會看到溫暖的曙光，或發現爭吵的原因已經消失。

如果覺得這些現象可以帶來更大的改變，而且可以說服自己更多一點的耐心，那麼這些小小的改變可能就足以支持你繼續走下去了。

但我們並不是建議你應該不計代價持續投入，也不是建議你堅持守著那段不斷破壞你自尊的關係。你也許在面對偏激老闆這方面有了一些進展，但你的家人可能仍然因為你越來越嚴重的週一上班恐懼症覺得很困擾。你可能開始同情妹妹遇到的麻煩，但她的毒癮還是在繼續影響你的婚姻。你已經盡力，但還沒看見效果。

你可以放棄。

正如我們說過的，你沒有辦法改變其他人。當你終於放棄自己有能力改變別人的念頭時，其實是放棄了自己從來沒有真正擁有過的東西——控制力。如果對方不願意去想他們怎麼樣造成了問題，或是不願意為自己行為造成的影響負責，你是不可能強迫他的。你所能做的只是好好的看看自己，敞開心胸，用不同的角度看事情，改變自己的行為，並誠實面對自己覺得重要的事。

你也可以邀請別人加入，和你一起改善問題。至於要不要接受，當然就由對方決定囉。

放棄並不容易，你希望自己是忠誠而樂於提供協助的人；希望自己是關心同事的工作夥伴也是可愛的女兒；你對其他人、公司、鄰居和學校做了承諾，你就一定會做到。如果想要放棄，就必須為自己和所愛的人做一個好選擇，和自己進行一次高難度對話，也唯有這樣才能真正原諒自己。那可能會是最最困難的談話，但會值得的。

祝大家好運！